跟谁都能聊得来

杨岳城／编著

中国纺织出版社

内 容 提 要

敏感内向的人，往往不善聊天；乐观开朗的人，虽然易于交流，却也常常因为说话直截了当而得罪人。不管是哪种性格的人，都应该掌握聊天的技巧。如果与谁都能聊得来，则工作和生活一定会大有改观。

本书以聊天的技巧为基础，把握人们相处时的微妙心理，告诉我们如何与形形色色的人更好地交流。掌握一定的聊天技巧，你很快就能提升自己聊天的能力，从而让自己更出色，让生活更美好。

图书在版编目（CIP）数据

跟谁都能聊得来 / 杨岳城编著. -- 北京 : 中国纺织出版社，2017.3 （2024.1重印）
ISBN 978-7-5180-3143-6

Ⅰ. ①跟… Ⅱ. ①杨… Ⅲ. ①心理交往－通俗读物 Ⅳ. ①C912.11-49

中国版本图书馆CIP数据核字(2016)第308368号

责任编辑：闫 星　　　　责任印制：储志伟

中国纺织出版社出版发行
地址：北京市朝阳区百子湾东里A407号楼　邮政编码：100124
销售电话：010—67004422　传真：010—87155801
http: //www.c-textilep. com
E-mail: faxing@c-textilep.com
中国纺织出版社天猫旗舰店
官方微博http://weibo.com/2119887771
北京兰星球彩色印刷有限公司　　各地新华书店经销
2017年3月第1版　2024年1月第10次印刷
开本:710×1000 1/16 印张:16.25
字数:195千字　定价: 49.80元

前言

不管是在日常生活中，还是在紧张的学习、工作生涯中，每个人都难以避免地要与他人聊天。很多木讷的人做不到的事情，善于左右逢源的人往往能够与他人自来熟，或者是与他人套交情，水到渠成地就把事情办成了，让人心生羡慕。假如我们也能拥有这样的好口才，岂不是工作、生活都会风生水起?！没错，你想得完全正确。

人与人之间的交流，主要就是靠聊天。看看我们的生活吧，有几次是与他人一本正经地谈判或者开会商议呢?大多数情况下，生活中的大事小情，或者是工作中无须上纲上线的决策，都是在闲聊中就拍板了。因而，只有聊得好，很多事情才能迎刃而解。倘若一开口就让他人火冒三丈，那么即使你能力再强，也无法做到一呼百应，更不可能成为众人瞩目的焦点。由此可见，会聊天，和谁都聊得来，是多么重要的事情啊!

闲聊，已经不再是我们曾经以为的那样漫不经心。从人际交往的角度来说，会聊天是一种与众不同的能力。会聊天的人，即使面对陌生人也能侃侃而谈，即使面对最严肃的面试官，也能面不改色地谈笑风生，就像诸葛亮舌战群儒时那样风度翩翩，让人钦佩。也许有人会说，我当然知道聊天的重要性，但是偏偏爹妈生我的时候就没为我准备三寸不烂

之舌，不管我多么努力就是做不到侃侃而谈，怎么办？没关系，其实聊天的能力并非全部是天生的。先天的因素只占很少的比重，最主要的是取决于你后天的锻炼。只要你抓住每个机会，与形形色色的谈话对象聊天，再掌握一定的聊天技巧，你很快就能提升自己聊天的能力，从而让自己更加出色。

从现在开始，就让我们努力练就个好口才吧。只要恰到好处地运用聊天的能力，你的生活、工作都会随之改变，从而风生水起！

编著者

2016 年 5 月

目录

CONTENTS

第1章

跟谁都能聊得来：会聊天是一个很牛的交际本领

第2章

初次见面别冷场：热情的寒暄是聊天的基本功

第3章

说点对方想听的：每个人都有自己感兴趣的领域

第4章

掌握好聊天尺度：别让好好的谈话陷入尴尬

第5章
场面升温的技巧：调动好情绪让气氛热络起来

第6章
八面玲珑聊天术：这样做让你跟谁都能聊得来

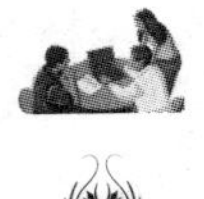

第 7 章

聊天的基本话题：保证你不会无话可说的技巧

第 8 章

顺利接下话头儿：首先你必须弄清楚对方在想什么

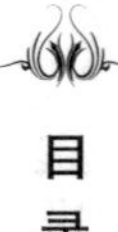

第9章

掌握“秘密武器”：适当时候不妨吊吊对方胃口

第10章

学会花样提问法：问对问题能让对方主动开口

第11章

表达不同意见时：学会不伤和气的说话方法

第12章

学点幽默的艺术：让喜欢交际的你聊得更愉快更轻松

第13章

掌握推销的技巧：与顾客接触要靠口才赢得人气

第14章

清楚聊天的禁忌：千万别问这些会惹恼人的问题

第15章

聊天的基本礼仪：要使谈话变得容易，你应该这样做

第 1 章

跟谁都能聊得来：会聊天是一个很牛的交际本领

现代社会，会聊天已经成为生存必不可少的技能。因为时代的发展，要求我们每个人都能融入群体之中，成为社会中活跃的一员。不管是工作还是生活，我们都难以避免地要与他人打交道，而语言则是彼此之间和谐交流、融洽相处的最佳途径。只有会聊天，你才能迅速与陌生人熟悉起来，也只有会聊天，你才能成为人群中的焦点，引人注目。总而言之，会聊天绝不仅仅是会说话而已，而是一个非常重要的交际本领。

言谈是一个人最与众不同的魅力所在

现代社会，人们越来越重视人脉。毋庸置疑，对于每个人而言，丰富的人脉关系都是丰厚的资源，能够给人生发展带来不尽的便利条件和千载难逢的好机遇。那么，我们如何才能拥有好人缘呢？除了少数由于身体缺陷限制的人之外，大多数人都需要依靠语言进行交流。因而，要想拥有好人缘，建立强大的人脉关系，得体的言谈举止是必不可少的，能够最大限度地体现你的独特魅力。

言谈，也是我们了解一个人的最直截了当的方式，也是最快捷的。俗话说，画虎画皮难画骨，知人知面不知心。也曾有古人说，路遥知马力，日久见人心。这些话都告诉我们，要想在短时间内真正了解一个人是很难的。但是，假如你能够打开对方的话匣子，则可以迅速对对方的脾气秉性以及各种价值观点有粗浅的了解。同样的道理，别人也会通过观察你的言谈举止，尤其是你的语言表达，来探查你的内心世界和思想境界。由此可见，言谈绝不是随口说说那么简单和轻易的事情。要想展现自己的独特魅力，我们就必须多多注意言谈举止，做到谨言慎行，才不会给自己的脸上抹黑。

石油大亨保罗·盖蒂曾经是美国首富。不过，他年轻时家境贫寒，除了一片贫瘠的土地之外，几乎一无所有。直到有一天，他为了给土地浇水，因而雇用工人挖井。突然，他惊讶地看到土地上越来越深的钻洞里冒出了浓黑的石油。从此，他的水井变成了取之不尽、用之不竭的油井，他原本贫瘠的土地也变成了无穷无尽的财富源泉——油田。从此之后，他不再种田，而是雇用了很多年轻力壮的工人，为他开采石油。

曾经深受穷困困扰的保罗·盖蒂，对于事业非常用心。一有空闲，他就会去油田里四处巡视，随时掌握工人们的开采情况。然而，让他郁郁寡欢的是，他每次巡视时都会看到有些工人浪费原料，而且丝毫不以为意。为此，他数次找来领班的工人，让他监督工人全心全意地工作，杜绝任何浪费的情况。然而，即便他三令五申，情况依然没有好转。为此，保罗非常苦闷。后来，他为此专程请教一位管理企业的专家，专家一语中的："因为那是你的油田。"听了专家的话，他恍然大悟。保罗马上召集领班的工人，说："从现在开始，我决定把25%的经营收益分给你们。从此之后，你们也是油田不折不扣的主人。"果然，如此简单的一句话，让领班的工人们马上犹如换了一个人似的，保罗巡视时再也看不到磨蹭时间和浪费原料的工人了。为此，他感慨道："付出25%的收益，的确是物有所值的。"

面对管理的难点，保罗非常郁闷。幸好，他咨询了企业管理的专家，这才一语惊醒。古人云，听君一席话，胜读十年书，的确是言符其实。因此，保罗一定对这个专家佩服得五体投地。人们常说，行家一出手，就知有没有。其实行家即使不出手，只要出声，也能让人马上从他的话中得知他的真实水平。其实，言谈不仅能表现我们的才学和能力，也能表现出我们与众不同的独特魅力。从现在开始，千万不要张口就来啦！我们一定要努力地改变自身，提升自己的素养，才能更好地展现自己的魅力！

聊天点睛：

很多人说话的时候，从来不顾及他人的感受，总是心里怎么想就怎么说。虽然这份坦荡让人钦佩，但是所谓交流一定是双方的。不管是面对身边的亲人朋友，还是面对我们需要服务的客户，抑或是萍水相逢的陌生人，我们都必须谨慎地表达自己，这样才能彰显个人的独特魅力。

敢想、敢说、敢做，才是真正的强者

生活中，我们常常劝说他人敢想更要敢干。也许有人觉得，敢做才是最难迈出的一步。实际上，从某种意义上来说，敢做远远不如敢说需要更多的勇气。诸如，你很想做一件事情，因而你就悄悄地去做了，也许根本没人知道。但是敢说则不同了，这意味着你在想想之后，还要把这些事情大胆地公之于众，这需要非常大的勇气，甚至比去做更艰难。

真正的强者，不但敢想敢做，更敢于在想和做之间说出来，让大家都知道，作为见证。曾经有个心理学家进行过一个实验，即人们对于自己心里的想法，如果只是一个人默默地想想，即便不实现，也很少会感受到压力。但是一旦大声地把这些想法说出来，人们就会无形中感受到一种压力，觉得自己有责任也有义务把想法很好地付诸实践。由此可见，敢于说出来的人，是真正的强者。

大学毕业后，很多同学都四处奔走找工作，南娜也在其中。不过，她在屡次碰壁也没找到合适的工作之后，毅然决定自己创业。对此，她早在毕业之前就在班级里宣布了:“同志们，我决定了，不再四处奔走找工作，我要自己当老板。我要开一家书吧，给爱看书的人提供看书的好地方，是那种有吃有喝可以消遣一天的地方哦！”说完，同学们都炸开了锅，纷纷劝说南娜不要一时冲动，还有同学吓唬南娜万一血本无归就糟糕了。不过，这一切都不能改变南娜的决心。

对于刚刚毕业且没有任何社会经验的大学生而言，创业当然是异常艰辛的。不过，南娜没有退缩。一想到自己曾经当着全班同学的面信誓旦旦，南娜就铆足了劲，想要在约定好的三年毕业会上像模像样。正是因为这股精神的支撑，南娜才能熬过创业之初最艰难的时刻，果然，三年之后的毕业会上，大部分同学都只是在单位中刚刚站稳脚跟的小职员，南娜的事业已经有了起色，成为一个不折不扣的小老板。在同学会上，南娜再次发出豪言壮语：“同学们，五年同学会时，我一定会拥有至少三家连锁店。”看着在酒精刺激下有些兴奋的南娜，好友默默小声说：“南娜，去做就好了，不要夸海口啦！”南娜笑着对默默说：“小家伙，你知道什么呢！我这不是在夸海口，我只是想给自己鼓劲，让自己没有退路，因为我的话都已经说出去了呀！”默默恍然大悟，原来南娜每次都要发出豪言壮语，并不是为了让别人艳羡，而是让自己失去退路，从而勇往直前。

南娜显然是真正的女强人，因为她不但敢于去做，更会在想和做之间大胆地当着全班同学的面说出来。这样，她就真正失去了后退之路，只能一往无前，勇往直前。的确，就像当年项羽破釜沉舟大破秦军一样，南娜也拥有破釜沉舟的气势。这样的强者，从不畏惧失败，因为失败对他们而言也只是一次新的起点。因而，南娜才有百战不殆的勇气和坚定顽强的毅力。

生活中，有多少人只会默默地去做，等到做好了才敢于四处宣扬呢！实际上，真正的强者即使事情还未成功，也是敢于当着他人的面打包票的。就算失败了，也可以重新来过，因为失败就是成功的阶梯。

聊天点睛：

真正的强者，不但敢想敢做，而且敢于大声说出来。这样一来，他们就再无可后退的地方，即使失败，也只能一往无前。大声说出来，昭告天下，还能帮助他们更好地面对自己的内心，因为他们非常自信，能够坚定不移地奔向成功。

事半功倍，离不开好口才的推波助澜

即使你拥有深刻的思想，也离不开语言的辅佐。语言，作为思想的载体，是人们最为依赖的交流工具。正因如此，在现代社会，口才才被提升到如此高的地位。作为人的基本能力，口才的好坏往往关系到我们与他人交往的顺畅与否。换言之，语言交流得顺畅，则彼此间的关系也会更加亲密。举个最简单的例子，假如两个人一见如故，相谈甚欢，他们自然会变得亲密无间。反之，倘若两个好朋友之间说起话来总是牛头不对马嘴，则无论多么努力，友谊之树也无法万古长青。由此可见，好口才是我们获得发展的必备条件。古人云，工欲善其事，必先利其器。从侧面来理解这句话，则其器必须利，工才能善其事。同样的道理，只有拥有好口才，才能让我们拥有超强的语言表达能力，不管是面对同事还是面对上司，都能滔滔不绝，“口到擒来”。如此一来，你还发愁不能很好地表达自己的意思吗？当然，你也只有完全地表达自己的意思，才能更加深入地了解他人的意思，从而实现真正的融通。尤其是在职场上，事业的飞黄腾达，一定离不开好口才的辅助。

其实，不仅仅是在职场上，在人生之中的很多场合，我们都离不开好口才。倘若能够很好地发挥口才的作用，则往往能够达到事半功倍的效果。相反，即使你是一片好心，如果说起话来不分时间场合，甚至是词不达意，也会导致得罪他人，使人际关系恶化。

眼看着春节将至，一位财主决定请亲戚朋友都来家里聚一聚。请客当天，眼看着约定的时间已经到了，但是还有很多客人没有来。这时，焦急的财主说：“怎么该来的还不来呢！”

听到这句话，有些客人敏感地想到：“该来的还不来，那不就是说不该来的都来了嘛？！”想到这里，他们悄悄地离开座位，走了。看到还有

客人没有来，而到场的客人又都偷偷走掉了，财主更加着急了，暗自感叹："哎呀，怎么不该走的客人都走了呢！"这时，剩下的那些客人听到这句话，心想："不该走的客人都走了，不就是说我们这些该走的反而赖着不走吗？"陆陆续续地，剩下的客人也走了，最终只剩下一个与财主私交甚好的客人孤孤单单地坐在餐桌旁。看到财主尴尬不已的样子，这位客人说："你呀，总是说错话呢！你说的话，让人家听着不入耳，又容易产生歧义，所以大家才都走了。"这时，财主急忙喊道："我并不是想让他们走啊！"仅剩的这位客人听到这话，生气地说："不是想让他们走，那是想让我走吧！看来，我留下来倒是错了！"说完，这位客人也愤而离席，头也不回地走了。面对着空荡荡的桌子，财主哭笑不得。

在这个事例中，财主原本是想发善心，请亲戚朋友都来吃饭。不想，他却因为没有好口才，而且说话时不考虑他人的感受，最终把所有的客人都得罪光了，只剩下他独自一人守着空荡荡的宴会厅。

中国汉字历来博大精深，尤其是在语言表达的过程中，因为不同的场合、不同的交流对象，甚至是不同的声调等细微的小问题，都会导致语言的含义发生极大的变化。因而，我们在说话时一定要注意时间、场合、交谈对象等具体的问题，这样才不至于说错话得罪人。不管是在生活还是在工作中，好口才对我们的发展都有百利而无一害。我们必须练就好口才，只有这样人生才能更加顺心如意。

聊天点睛：

毋庸置疑，好口才与我们的生活和工作关系密切。自古以来，能言善辩者有很多，尤其是诸葛亮，更是作为好口才的传奇人物尽人皆知。在西方国家，富兰克林也曾认为，说话与事业之间的关系非常密切。其实，不管是我们去菜场买菜，还是总统参与竞选，或者是教师教授学生，再或者是推销员推销产品，都离不开好口才的帮助。发挥好口才，你才能迅速与他人之间拉近距离，从而帮助自己建立人脉关系，取得更好的发展。

说好一句话，胜过辛苦工作一整天

每个人每天都在说话，但是我们却很少认真想过，我们不经意间说出口的每一句话，其实都带着很大的影响力。这种影响力或者传递正能量，或者传递负能量，总之从不会像一阵风那样飘走。曾经有个孩子特别爱发脾气，每次发脾气都歇斯底里，恨不得说些让人伤心欲绝的话。直到他的母亲为他准备了一盒钉子，让他每次发脾气说狠话时就钉一颗钉子到墙壁上，他才发现语言的伤害是无法愈合的，即使拔掉钉子，墙壁上也依然有难堪的痕迹。从此，他渐渐改掉了坏脾气，很少再歇斯底里地说狠话。这就是语言的力量，它真的能在我们心中留下永远的爱和温暖，也会刻下难以磨灭的印记。

还记得过年的时候吗？爸爸妈妈总是提前好几天就叮嘱我们不要说不吉利的话，一定要用吉利的话给这一年带来好彩头。虽然这只是一种美好的期盼，但是那些温暖的热情洋溢的话，的确给我们的生命灌注了全新的活力。

其实，不仅仅过年的时候要说吉利话，在平日的生活和工作中，我们也要习惯于说好话。看看有些人吧，他们总是一说话就像刺一样扎在别人的心尖上，这样不仅对他们自己没有任何好处，也会给他人带来伤害，甚至影响他人的心情。对于这样的人，我们只能敬而远之，对其避之不及。久而久之，这种人身边一定没有朋友，甚至连同事看见他们都绕道而行。不得不说，这是为人处世的悲哀。对于他们而言，必须抓紧时间改正不良的语言习惯，否则一定会变成孤家寡人。

如果成功有捷径，我们为什么非要绕道山又高水又远的地方？如果说好一句话就胜过一天的辛苦工作，我们为什么要因为一句搞砸了的话让自己一天的辛苦都付诸东流？我们必须非常努力地学会说话，把话说好，才能在事业上事半功倍。古人常说伴君如伴虎，其实在现代职场上，我们同样需要学会谨言慎行。虽然上司不是君王，但是上司在某种意义上比君主更掌握着我们的生杀大权。既然说得难听也是一句话，说的好听也是一句话，聪明人当然会选择说好这句话，让自己的事业风生水起。

阿牛的确如同老黄牛一样，在单位里总是勤勤恳恳，任劳任怨。但是他已经辛苦工作十几年了，不管有评职称还是当先进，从来都没有他的份儿。这是为什么呢？原来，阿牛虽然勤恳肯干，但是却不会说话。有的时候，他一句话能把领导噎死。就如同今天下班吧，领导好心好意地与他打招呼："阿牛，下班啦！"阿牛马上来一句："当然，你有意见啊！我已经把所有工作都完成了，你不用盯着我了！"其实，领导的本意就是随随便便地打个招呼，但是阿牛的回答却让他怒火中烧，从此之后一看到阿牛就讨厌。如此一来，领导怎么还可能提拔和重用阿牛呢！和阿牛相比，小李虽然进入单位才五年的时间，如今已经是个小主管啦！这不，他遇到领导时，领导正在生阿牛的气呢！看着领导气鼓鼓的样子，得知事情原委后，小李马上说："您大人不记小人过，别和阿牛计较，他总是这样说话，像个愣头儿青。"一句"大人不记小人过"，转眼间就让领导转怒为喜了，自然领导也会更加重用小李。

虽然在同一个单位，各个方面的条件都差不多，但是阿牛和小李的职业生涯却截然不同。这一切，都是因为阿牛不会说话，而小李则句句都能说到领导的心坎里去。

每个人在职场上，都难免要和同事、领导打交道。唯有学会说话之道，说得领导心花怒放，你这一天的辛苦付出才是值得的。千万不要辛苦工作一天之后，因为一句话就彻底得罪了领导，那样即使再怎么努力也是南辕北辙，不可能起到实实在在的作用。

生活总是琐碎的；人，只要活着，就难免要与其他人打交道。现代职场要求我们不但要像勤勤恳恳的老黄牛那样任劳任怨，更要学会说话，

学会表功，学会给领导消消气，这样才能事半功倍，付出才会得到更多的回报。

聊天点睛：

很多时候，一句话能够温暖一个人的心，也能够瞬间让这个人对你恨之入骨。具体来看，就要看你这句话怎么说，如何说。尤其是当一个人落难时，更需要良言相劝。在职场上，我们要想与领导之间搞好关系，就更要学会说话。埋头苦干的老黄牛已经不能完全适应现代社会，唯有苦干，再加上巧妙地说话，才能事半功倍。

良好的人际关系助你平步青云

交际，如今在很多大学中已经作为一门课程出现。由此可见，良好的人际关系是多么的重要。尤其是在职场上，即使你能力再强，工作表现再怎么出色，也依然需要良好的人际关系作为辅助，才能让你平步青云。否则，总有些看你不顺眼的人见不得你好，给你设置障碍。有贵人相助扶摇直上，与有小人挡道显然是截然不同的命运，相信聪明人都会选择前者。

既然作为社会的一员存在，每个人都难免要与其他的社会成员发生形形色色的关系。这种关系或者是出于私人感情的爱情、亲情、友情，也或者是出于社会分工的不同角色间的关系，如师生关系、上下级关系、同事关系等。这些关系错综复杂，往往又不那么纯粹，从而导致生活中的关系也变得更加微妙。从本质上来说，不管是哪种类型的人际关系，实际上都是社会关系。它不仅决定了人们彼此间关系的亲疏远近，对于社会的稳定和发展也具有深刻的影响意义。在人类发展的进程中，人际交往起到了很大的推动作用。在良好的人际关系中，人们彼此的心理需

求都得到满足，因而充满安全感。作为中国著名的心理学家，丁瓒教授曾说人类的心理适应过程中，适应人际关系至关重要。的确，从婴儿身上就能印证这一点。通常情况下，在和谐愉悦的家庭中长大的婴儿，性格往往乐观开朗，与人为善，身心都很健康。相反，如果家庭关系恶劣，则婴儿的成长也会受到严重影响。由此可见，人际关系是多么重要啊！尤其是对于职场人士而言，人际关系的好坏往往直接关系到他们能否平步青云。很多做下属的与上司搞不好人际关系，就总是冰封雪藏。相反，倘若能够与上司搞好人际关系，则在晋升的道路上就会顺利很多。也因此很多企业现在都尤其重视人际关系，甚至还有些企业开展心理疏导活动，以便职员们都能愉悦地交往，开心地工作。

在职场上，人际关系比在大学校园里更加重要。作为普通的职员，你要想让自己获得更加长足的发展，就一定要与同事、上司搞好关系。这些人际关系的储备都要未雨绸缪，切勿等到需要的时候再忙着经营。

聊天点睛：

任何时候，有人为你说句好话，总好过没人知道你，或者无人愿意为你说好话。要知道，官大一级压死人。很多情况下，你即使能力再强，也不可能与越级上司攀上关系。如此一来，你就只能与绕不过去的顶头上司好好相处，这样他才能在关键时刻对你鼎力相助。

有头脑还远远不够，还要有好口才

社会上有三百六十行不止，每个行业都有其各自的特点。有些行业是靠天吃饭的，如古代农民种地，只有遇到风调雨顺的年景，才能有个好收成。否则，即使天天累个半死，土地也是吝啬的。有些行业靠技术吃饭，如那些蓝领工人，他们所掌握的技能往往是不可取代的。还有些

行业是靠脑力吃饭的，如编辑、教师、医生等。现代职场上，特别是销售行业，更是靠嘴吃饭。从某个角度来说，对于销售人员，好口才甚至比技术更重要。只有拥有良好的口才，销售工作才有可能风生水起。

当然，远远不止销售行业需要好口才，很多行业都需要好口才。假如你是老师，你需要良好的表达能力才能把所知道的传授给学生；如你是医生，你也需要拥有沟通能力才能了解病人的病患疾苦；你也可能是领导，要想做好管理，也需要超强的沟通能力。总而言之，只要你活在人群之中，只要你需要与他人合作或者配合，你就必须拥有好口才。当你想把事业做得风生水起时，唯有拥有好口才，你才能更好地发挥自己的能力，博得他人的认可，也与他人更加密切合作，最终圆满完成任务。对于一个从不说话的人而言，要想在现代社会立足简直是不可能的。

张骞和杜伟都是新进公司的职员。他们正在试用期，所以都要好好表现，才能争取到机会留下来。对于公司，张骞和杜伟当然都非常满意，不但薪资高，福利待遇也好。不过，他们都听说公司每次试用期之后，都会裁掉一部分新进职员，这让每个新进职员都心里打鼓。

眼看着试用期就要结束了，老板交给张骞和杜伟一个任务：去市场上了解螃蟹的行情。经过一个上午的考察，张骞回到办公室向老板汇报："老板，六两以上的螃蟹每斤 360 元，半斤以上的螃蟹每斤 280 元，四两左右的螃蟹每斤 190 元。"说完，张骞就面无表情地站在那里，等着老板发落。恰巧此时杜伟也进了办公室，开始向老板汇报。只见他面带微笑地说："老板，我在市场转了半天，才了解螃蟹行情。六两以上的螃蟹每斤 360 元左右，半斤以上的螃蟹每斤 280 元左右，四两上下的螃蟹每斤 190 元左右。"说完，杜伟又问老板："老板，您了解行情是为了什么呢？如果是给客户送礼，六两以上比较合适，也上档次。"老板反问："如果是自己吃呢？"张骞毫不迟疑地说："自己吃的话，其实二三两的就好，大概 100 元左右。"这时，老板笑了笑，不作声，杜伟说："我认为自己吃的话，以您的身份，也是六两以上的合适。尤其是如果您需要宴请别人，就更应该提升档次，这样才配得上您的身份和地位。"听了这句话，老板

不由得笑起来。

试用期结束后，老板留下了杜伟，而淘汰了张骞。

从表面来看，张骞和杜伟的条件其实差不多，都是应届大学毕业生，而且完成工作也都很好。那么，为什么杜伟能够留下来呢？就因为杜伟说话时能够站在老板的角度，从老板的身份地位出发，一则抬高了老板的身份，二则恭维了老板，三则也的确符合老板的实际情况。张骞则不然，他在完成老板交代的任务时，并没有从老板的角度出发考虑问题，而是以普通消费者的角色出发，无形中降低了老板的档次。虽然杜伟涉嫌拍马屁，但是他的马屁拍得很好，让老板听了喜由心生。如此一来，杜伟能够留下来也就是情理之中的事情了。

从张骞和杜伟的经历我们不难看出，要想在职场上游刃有余，只有头脑是远远不够的，还要有好嘴头，才能把话说得让人心花怒放，才能博得上司和老板的赏识，职业生涯也才能一帆风顺。从现在开始，你也要学得会说话了哦！

聊天点睛：

几十年前，人们尤其强调踏踏实实、勤勤恳恳地工作。然而，现代社会，仅仅脚踏实地还不够，还要有灵活的头脑才能应对瞬息万变的职场情况。然而，随着人际关系越来越微妙，头脑灵活显然也不足以应付各种情况，唯有拥有好口才，不但能把话说出来，且能把话说得好听，才能打动人心，搞好人际关系。

有时候，只做不说还不如光说不做

很多时候，我们会指责他人光说不做。事实上，光说不做并不是最糟糕的。最糟糕的是，有些人只做不说，导致他们始终默默无闻地在付

出，却得不到认可，也无人知晓。这么做的后果是什么呢？尤其是在恋爱中，很多女性朋友都因为男友的木讷寡言而选择分手或者离婚，是因为她们觉得感情如同奄奄一息的火苗，再也不能炽热地燃烧。与这些辛苦付出却不得善终的男人相比，有些男人则聪明得多。他们有着三寸不烂之舌，专门向女性朋友发射糖衣炮弹，让女性朋友们因为甜言蜜语的滋养，变得幸福快乐。实际上，这些男人未必真的付出，或者付出也可能很少，但是他们却用最低的成本换取了最大的效益，不得不让人佩服。和那些因为只做不说而导致离婚的男人相比，他们无疑是聪明的。从这一点来看，只做不说还不如光说不做呢！

当然，这只是在极个别的情况下。通常情况下，我们既要说，也要做。这就如同婚姻，我们既需要浪漫，也需要脚踏实地地经营柴米油盐酱醋茶。只有把生活的方方面面调剂好，我们才能拥有幸福完满的婚姻。

张坤是个非常木讷的男人。自从和巧丽结婚之后，张坤一直默默无闻地操持家务，甚至舍不得让巧丽做饭刷碗。日子就这样平淡如水地过着，渐渐地，巧丽开始觉得乏味起来，与单位里的一个男同事玩起了暧昧。然而，烈火干柴的感情怎是凡人能够控制的呢？那个男同事离婚几年了，始终单身，一旦和巧丽两情相悦，就再也无法自制。眼看着巧丽的家庭危在旦夕，张坤却毫无觉察，甚至还把那个男同事当成自己的好朋友，时常邀请他来家里玩。

终于，在一年多的地下情之后，巧丽提出了离婚。对此，张坤简直如同遭遇晴天霹雳，说："为什么，为什么要离婚？生活不是好好的吗？"巧丽无奈地说："我不愿意和一截木头生活一辈子。"听了巧丽的话，张坤黯然了，一直以来，他始终以为只要自己真心真意地爱护家庭，生活就会平淡幸福。然而，按部就班的生活就这样戛然而止了。和张坤离婚之后，巧丽就与那个单身的男同事在一起了。和张坤的木讷寡言完全不同，这个男同事最喜欢甜言蜜语。他与巧丽在一起似乎有说不完的话，而且经常逗得巧丽哈哈大笑。虽然在需要照顾的时候巧丽也偶尔会想起默默给她端茶倒水的张坤，但她还是更喜欢现在这样欢乐的日子。

木讷寡言、只做不说的张坤，败给了会说甜言蜜语的男同事。这一切都因为张坤实在太闷了，而巧丽恰恰非常喜欢热闹，更喜欢让耳朵听到甜蜜的话。这样的事例在生活中非常常见。很多男人都觉得说是无用的，不如做来得更加实在，殊不知，如果你既能说出甜言蜜语，又能切实关心和照顾，婚姻不是更加安稳和牢固吗？！想明白这一点，女性朋友们就不会再因为男人的只做不说而选择分手啦！

爱要大声说出来，这是很多人都心知肚明的，然而真正能够做到的人却少之又少。作为新时代的男性，不但要上得厅堂下得厨房，更要做得出来说得好听。唯有如此，婚姻才能长久地幸福美满！

聊天点睛：

语言的交流和沟通，能够帮助人与人之间架起感情的桥梁。很多误解，也会在语言交流中烟消云散，甚至彼此之间原本隔阂的感情也会因此加深。由此可见，不管是对于恋人、夫妻而言，还是对于普通人而言，一定要大胆地表达对他人的关心，这样才能让他人及时感受到你的爱意。

第 2 章

初次见面别冷场：热情的寒暄是聊天的基本功

对于初次见面的陌生人而言，冷场无疑是最让人尴尬的。其实，只要找到合适的话题，适时地寒暄，打开对方的话匣子，就一定不会冷场。需要注意的是，热情的寒暄是这一切的良好开端。只有与他人亲切地开始交谈，让人难堪的沉默和无话可说，才会真正地消散于无形。从现在开始，就让我们成为人见人爱的交际王吧！

鼓足勇气，勇敢地向陌生人说出第一句话

面对陌生人，如何搭讪是最大的难题。对于第一句话，很多人都犹豫不决，不知道应该选择怎样的话题，也不知道是否会遭受难堪的拒绝。其实，与陌生人搭讪并非你想象中那么困难，你所要做的就是，拿出勇气，勇敢地对陌生人说出第一句话。这就像是一道坎，一旦你成功跨越，一切难题就都会迎刃而解。

现代社会各种关系错综复杂，导致人与人之间的关系也越来越微妙。很多人都害怕与他人搭讪，最大的恐惧是害怕被拒绝，还有就是对陌生人的戒备心理。那么，在网络上时，为什么我们从不畏惧通过各种聊天工具与陌生人搭讪呢？这是因为每个人都藏在网络后面，不怕面对被拒绝的尴尬，而且也不会遭到现实生活中的伤害。由此可见，害怕与陌生人搭讪的心结在于我们自己。随着信息的飞速传递，我们也了解了很多负面的新闻。诸如，有人与陌生人搭讪，导致遭遇骗局；有人被陌生人接近，头昏目眩，理智含糊，最终遭遇人身伤害。这些新闻中的伤害，都是我们生命中不能承受之重。为此，我们索性彻底关闭自己，不再与陌生人搭讪。实际上，你在关闭自己的同时，也关闭了通往世界的大门。其实，陌生人并没有我们想得那么可怕和危险。很多时候，素不相识的人们彼此伸出援手，不就是友爱的表现吗？曾经有科学家经过试验证实，我们只有很小的可能性认识坏的陌生人，大多数陌生人还是友善可爱的。换个角度来说，陌生人并非你一厢情愿就能绕道而行的，我们的生活总是充斥着形形色色的陌生人。与其因噎废食，被动等待，不如主动出击，加强排查。归根结底，我们不可能拒绝整个社会。因此，鼓起勇气吧，搭讪就在一句话之间。

自从有一次向陌生人求助被拒绝，艾米就患上了“社交恐惧症”。她不管看谁，都觉得对方是冷漠无情的。因而，她从来不愿意和陌生人说话，即便有陌生人主动与她搭讪，她也会马上躲得远远的，脸上带着躲避瘟疫的可怕表情。这样的日子生活得久了，艾米的生活圈子越来越小，朋友也少得可怜。

在一个雨天，艾米被拦截在图书馆中。她站在走廊下看着下个不停的雨，很想有一把伞，能够把她带到公交车站。然而，艾米张不开嘴。其实，她身边就站着一个文质彬彬的男生，看起来非常儒雅，一看就是接受过良好教育且助人为乐的人。但是，艾米就那么纠结地看着那个男生，根本不知道如何说出第一句话。艾米实在很着急，因为她与朋友约好半个小时以后在咖啡馆见面谈重要的事情。怎么办？她可不想淋得像个落汤鸡一样去见朋友，进行那场重要的会谈。但是，她也不能迟到。最要命的是，她仓促之中还把手机忘在家中了，除了按时赴约之外，她似乎别无选择。思来想去，足足进行了十几分钟的思想斗争，艾米终于对那位男生说："您好，我可以搭您的伞去公交车站吗？我只要不淋湿头发就好了。"男生温和地笑着，看着艾米，点点头。话音刚落，男生就撑开大伞，与艾米相互依偎着走向公交车站。到了车站，艾米浑身都没有湿，但是男生的衣服则湿了。艾米感激地说："谢谢！"男生笑着说："我一直在等你开口，你满脸都是焦急。"艾米幸福地笑了。

因为被陌生人拒绝过，艾米似乎失去了与陌生人搭讪的勇气。事实告诉她，陌生人中有很多好心人。就像那个专程等着她开口求助的男生，遮风挡雨地把她送到车站，才去做自己该做的事情。相信这样的一次邂逅，一定会让艾米改变防备陌生人的心态，从此之后敞开心扉，与陌生人友好地交往。

实际上，与陌生人的搭讪非常简单，只需要你一点点的勇气，一切就都会变得美好起来。任何事情，如果没有开始，不去尝试，就不可能知道结果。与陌生人搭讪，也是如此。也许你鼓起勇气说出第一句话之后就会发现，一切都比你预想的更好。

聊天点睛：

除了父母和亲人，我们与其他人之间的交往，都是从陌生开始的。诸如对最亲密的爱人，你一定还记得你们最初相识的情形；陪伴你走过漫长人生的朋友，你们也是从陌生到相识，再到相知。如此想来，陌生人是不是也没有那么可怕？因为我们生命中很多重要的人，都曾经是不折不扣的陌生人。既然如此，你当然能够鼓起勇气向陌生人说出第一句话，只要迈过这个坎，你们也许就是朋友了呢！

要想与异性搭讪，首先要给予对方安全感

与陌生人搭讪尚且让很多人都倍感艰难，更何况是与陌生的异性搭讪呢！就像上文中的艾米与男性搭讪，是女性搭讪男性，还相对好一些。如果角色掉转过来，由男性主动和女性搭讪，则女性因为生理和心理均不占优势，戒备心理一定会更强。面对这样满怀戒备的女性，男性朋友们在迫不得已的情况下，究竟怎样搭讪才能不被粗暴拒绝或者恐惧躲避呢？

显而易见，首先，你长得要能够给人以安全感。虽然说相貌并不代表什么，但是那些贼眉鼠眼、流里流气的人，还是不容易给人留下好印象的。尤其是在人少的场合，当长相不足以让女性朋友放心的男性需要搭讪时，一定要保持合理的安全距离，这样才能给女性朋友些许的安全感。其实，提到安全感，就不得不说与异性成功搭讪的关键所在。任何情况下，与异性成功搭讪的前提都是给予对方安全感，这样对方才能放心地回答你的提问或者回应你的交谈。

走在大学校园里，很多情侣实际上都是不同班的陌生校友。很多大胆的男生，在看到某个女生是自己喜欢的类型时，都会勇敢搭讪。那么，除了少部分被拒绝之外，那些成功的男生有哪些秘诀呢？首先，要让女生觉得可靠，有安全感。其次，搭讪的话题千万不要流俗，别出心裁的

话题当然更容易吸引女生的注意。最后，要表明自己的目的是简单纯正的，绝对不会给对方带来伤害。有试验证实，大多数女性在面对异性搭讪时，最关心的就是如何保障自己的安全。在此基础上，她们紧张的心才有可能放松下来，更多地关注对方的表现。人的很多恐惧，都是因为未知。在让女性心安之后，男性的当务之急就是介绍自己，让女性在最短的时间内认识“我”，这样也能有效减轻恐惧心理。

在这家别具情调的咖啡馆里，小风一直在关注着不远处的那个女孩。女孩一直在低头专心致志地看一本书，因而他不敢轻易过去打扰。从侧面来看，女孩长发飘飘，文静柔弱，是他喜欢的类型。而且，女孩正在读的《飘》，也是他最喜欢的书之一。为此，他更加兴致盎然地观察着女孩。

也许是感受到小风灼热的目光，女孩突然抬起头来环顾四周，与小风的目光不期而遇。小风笑了笑，女孩却不安地低下了头。很快，女孩就抱起书准备离开了。这时，小风走过去轻轻地说：“《飘》是一本很好的书，对不对？你觉得斯嘉丽如何？”听到小风的问题，女孩的眼睛突然亮了，说：“我更喜欢白瑞德。”小风笑了，说：“你喜欢他什么呢？他那么桀骜不羁，自以为是，当然，他也很man。”女孩笑着说：“对，我就喜欢他的man。”小风趁机说：“不如坐下来喝杯咖啡吧，我请你。话说，男孩很少有深度赏读过《飘》的，我就是其中之一。难道你不想和一位男性探讨一下《飘》吗？放心，我不是坏人。我是财经大学02级的郝风，他们都叫我小风。”说着，小风绅士地为女孩拉开坐椅，邀请她坐下来聊一聊。就这样，他们因为《飘》，居然从下午一直谈到日暮时分，还意犹未尽。理所当然，小风留下了女孩的联系方式，并且相约再次在咖啡馆相聚。

小风的搭讪显然非常成功，因为他在与女孩搭讪之前，就已经观察了女孩是非常喜欢《飘》的，所以才会长久地埋头读书，对外界充耳不闻。不过，女孩显然也特别敏感，居然觉察到了他的目光，转头看向他。为此，小风搭讪时非常谨慎地选择《飘》作为话题，这也是较为稳妥的搭讪话题。果然，当小风说起《飘》中的经典人物，女孩突然间就不再那么紧张地戒备他了。也许在女孩心里，喜欢读《飘》的男孩总不至于是坏人吧！

在咖啡馆的一个下午，小风成功获得女孩的认可，不但互相留下了联系方式，还约定了再次相约咖啡馆的时间。这个结果，显然是非常罗曼蒂克的。

面对陌生人，开口搭讪的第一句话至关重要，要么把人吓跑，要么成功建立安全感。其实，搭讪的短暂瞬间，我们根本不应该竭尽所能地表现自己，而是应该从谈话的环境入手，这样才能最大限度地减轻对方的戒备感。当然，无论搭讪是否成功，我们都坚决不能死缠烂打，而应该保持绅士风度，彬彬有礼，这样才不会招致他人的反感。

聊天点睛：

在与陌生人搭讪时，我们应该从衣着打扮、谈吐举止等各个方面提升自己，让自己看起来就很有安全感，这样搭讪就相当于成功了一半。再找到最佳的搭讪话题和恰到好处的搭讪时机，你一定不会让人心生反感，也许还会很受欢迎呢！

降低姿态以求教者出现，更容易获得回应

人的天性就是喜欢以高姿态指点他人，帮助他人。这样一来，他们就能感受到自己的成功之处，因而获得更加充分的自信。正是基于这种心理，在面对陌生人的求教时，很少有人会表示拒绝。这一点和无厘头的搭讪经常被拒绝形成了鲜明对比，也给那些真心诚意想要搭讪的人找到了绝佳的借口。例如，你走在校园里问一个女孩："漂亮妹妹，我们可以认识吗？"对方大概会吓得落荒而逃。但是假如你换一种方式，温和有礼地问："您好，请问图书馆怎么走？"对方一定会非常热情且详细地告诉你。倘若你还是不知道，不如再次请求："对不起，我实在是方向感不好，您能不能带我过去呢？"如果对方欣然应允，你一路上当然就有了更多的交谈时间，也有了更大的把握向对方要到电话号码。如此一来，你

岂不是心想事成了？！

不管是什么身份地位的人，一定都想得到他人的尊重和感谢。既然如此，我们在搭讪的时候就要满足对方的这种心理需求，给予对方更好地指点你的机会。当然，你也要适时表示感谢，赢得对方好感，这样才能如愿以偿地与对方搭讪成功。

作为大型加工设备的推销员，李刚总是奔波在各个大城市之间，联络那些生产厂家的采购员。最近，他已经驻扎在长春半个多月了，因为他听说长春的一家工厂要采购他所推销的生产设备。当然，闻讯赶来的不止李刚一个人，还有好几个同行也都和李刚前后脚来到长春，就住在厂子附近的旅馆里。

虽然李刚这半个月来不停地请采购吃饭、喝酒、唱歌、桑拿，但是采购就是不给任何准信。无奈之下，李刚只好直截了当地问："张采购，您这边到底是什么意思呢？我究竟有没有希望中标？"张采购无奈地说："兄弟，不是我不想帮你，只是这次厂里采购设备，也需要技术部门的批准。技术部门的负责人是王工，你必须从他那里下手，我这边是没有问题的。"听到张采购这话，李刚恍然大悟。然而，王工是个硬骨头，根本不吃他对付张采购的那一套。思来想去，李刚想出了一个好办法。一个下午，他走进技术部办公室，找到王工请教："王工，我有个问题想要请教您。我问了好几个人，他们都说您是这方面的专家，您最权威，所以我就冒昧地来找您了。我们厂的设备想要参加贵厂这次的竞标，但是我觉得我们的设备有些不够完美。所以，想看看您能否从用户的角度出发，给我们提出宝贵的建议进行改进。您有时间吗？"看到李刚态度和言辞如此恳切，王工当然不好黑着脸把他拒之门外。就这样，王工对李刚拿来的图纸提出了好几个意见，李刚当即表示马上通知厂里完善细节。如此一来二去，李刚以感谢为由请王工吃饭。酒桌上，三杯酒下肚，他们更加相谈甚欢了。王工说："小李，只要你们按照我的要求改好了，我就会主张采购你们厂的设备。"李刚等的就是这句话呢。

和其他竞争者相比，李刚成功以求教者的姿态与王工搭讪，并且有

了王工的这句话，无异于得到了定心丸。接下来的事情就很简单了，李刚只需要与厂里的技术部门沟通，按照王工的要求生产合适的设备，就可以得到这次采购指标，成功销售设备。从这件事不难看出，即使是油盐不进的王工，在面对李刚的求教时，也马上表现出成功者的姿态，耐心指导李刚带来的图纸，从而李刚的目的顺利达成。

以求教者的姿态出现，更容易得到陌生人的回应，因为人们总是愿意抬高自己。对于人们好为人师的天性，只要搭讪者尽量满足，就很有可能如愿以偿。

聊天点睛：

人的自尊心是很强的，因而面对他人的求教，我们总是不愿意降低自己的身份。很多时候，给予就代表着身份，不管这种给予是精神上的还是物质上的。当你想要成功与陌生人搭讪时，不妨降低姿态，真诚地请教你想结实的陌生人，这样对方很有可能会详尽耐心地解答你的问题。一旦彼此之间产生交流，陌生感与隔阂感就会随之消失，助你顺利打开他人心扉。

恰到好处的称呼，助你得到他人的友好回答

在与陌生人搭讪时，你会怎么说？当你煞费苦心地找好了最恰当的话题，却因为张嘴的“哎”让对方对你怒目而视，岂非前功尽弃吗？又或者，你对着一个走在大街上的中年妇女喊阿姨，而你自己也已经二十来岁了，那么对方又怎么会愿意回答你的问题或者回应你呢？由此可见，如果是第一句话决定了搭讪能否成功，那么第一句话的第一个字或者词语，也就是你对他人的称呼，则决定了他人是给你笑脸，还是对你怒目以视。

其实，即便是与熟人交谈，首先也要有合适的称呼。只不过熟悉的

人之间相互了解，不会因为一言不合就马上否定对方。但是陌生人则恰恰相反。陌生人在搭讪之前从未见过面，彼此之间完全陌生，没有任何了解，更不可能知道对方的脾气秉性。因而，恰到好处的称呼就是必不可少的，如果称呼不恰当，甚至会让你连完整说出第一句话的机会都没有，更别奢望得到对方的友好回应了，不得不说是莫大的悲哀。

作为一名散发小广告的人，马丁今天的遭遇可算是倒霉透顶。不过细细想来，他的倒霉其实并不冤枉，因为这一切都是他自己导致的，也给了他深刻的教训。

上午十点多，马丁正在社区超市门口派发楼盘宣传页。刚刚走过去几个六十多岁的老人，他们都对他的广告不屑一顾。这时，来了一位三十多岁的女性。马丁看到好不容易来了个相对年轻些的，一激动冲上前去喊道："阿姨，给您一份宣传册……"不等马丁把接下来的话说完，那位女士就瞪大眼睛狠狠地剜了马丁一眼，恨不得把马丁瞪死的样子。用犀利的眼神表达完不满之后，那位女士继续不依不饶地说："你眼瞎了吧，谁是你阿姨？！"说完，女士扬长而去，留下目瞪口呆的马丁。这时，马丁才意识到自己犯了大错，也许因此就错过了一个非常靠谱的客户呢！他懊悔不已，不停地自责："我真是眼睛瞎了。我自己都二十来岁了，居然喊一个三十多岁的女性阿姨，这不是明摆着骂人家看起来老朽吗！我也真是该骂呀！"就因为这句话，让马丁被人狠狠地瞪了不说，还被骂眼睛瞎了。的确，对于女性朋友而言，年龄总是非常敏感的话题。尤其是对于年轻却显老的女性，宁可错叫姐姐，也万万不可随便称呼她们阿姨。否则，就是自寻"死路"啦！

马丁因为对年轻女性的称呼错了，结果不但招致白眼，还被狠狠地骂了一句。其实，马丁如果能够放机灵一些，称呼年轻女士为姐姐，也许结果就会完全不同了。归根结底，没有女性愿意被叫老，叫得年轻一些当然不会生气。作为推销人员，每天都要与陌生人打交道，恰到好处的称呼才能真正地打开陌生人的心扉，至少能够帮助你得到一个善意的微笑。这样的话，一天的心情也会好起来呢！

中国是最讲究礼俗和长幼尊卑的国家。和以往人们很喜欢被尊重，喜欢被冠以尊称不同，现代社会的人们都不服老，不愿意老。对于老奶奶，倘若称呼阿姨，她们一定会很高兴；但是如果叫作老奶奶，也许就会招致不满。除了年龄需要注意之外，在职场上，我们更要多多留心上司的职位变化，宁可往高里称呼，也不要贬低对方，这样才能表现我们的敬意，帮助我们博得上司的好感。很多时候，人们都说言为心声，其实是有道理的。就像事例中的马丁，之所以遭到女士的激烈反应，就是因为他的一句称呼透露了他的确觉得女性很老。那么，我们也应该用恰到好处的称呼，表达我们对他人的尊重之意。此外，在和陌生人交往时，如果你们不是初次见面，而是之前有过一面之缘，那么当你亲切地喊出对方的名字时，也会起到意想不到的效果。对方一定能够切身感受到你对他的重视和尊重，因而也同样回馈你。总而言之，我们要想保证交往顺利进行，就必须找到最合适的称呼。

聊天点睛：

如何称呼他人才算恰到好处，其实并没有一定之规。然而，总体的原则是，不管我们怎么称呼对方，一定要表现出我们对他的尊重。要知道，每个人都有强烈的自尊心，我们只有满足他人的自尊心，才能得到他人友好的回应。称呼不但是一门学问，更是一门高深的社交艺术，当你真正掌握了得体称呼他人的技巧，你的人际关系也一定会大大改善，你的人缘也一定会越来越好。

热情也要有度，过度寒暄反而显得客套生疏

在日常生活中，如果我们受到冷落，一定会觉得委屈万分。那么，当你受到过度热情的对待时呢？会觉得整个人都很轻松自如吗？答案是

否定的。这正应了那句话，凡事皆有度。任何事情，一旦过度，就会导致过犹不及。热情，也是如此。

适当的热情，能够表现出我们对待他人的热心和真情。然而，一旦热情过度，则效果相当于冷待。试想，如果是有一定情分的人，彼此之间无须过分热情。那么，过分热情无异于告诉他人，你与我之间非常生疏，必须客套才行。反过来推论，假如你想表现出与一个人亲密的样子，那么千万不要过于热情与客套，例如，我们在与陌生人见面交谈时，自然而然地会说“谢谢”“请”等这些表达客气的礼貌用语。然而，在和朋友相处时，或者是夫妻之间，如果每天说话也这么客气，则显得非常生疏，甚至看起来不像朋友，更不像朝夕相处、相濡以沫的夫妻。再如，对于初次见面的人，如果对方一见你就亲热地称呼你为“哥”“姐”，那么你一定会觉得肉麻，甚至怀疑对方是否有不良动机。这就是太不把自己当外人的后果。由此可见，不管是过于客套和热情，还是过于自来熟，都无法给他人留下良好的印象。只要把握好人际关系之间的度，才能热情有度，感情适度。

表姐结婚之后，这是小娜和小敏姐妹第一次去表姐家里做客。进了表姐家，表姐马上拿出切好的西瓜，再三地让小娜和小敏不要客气，使劲地吃西瓜。小娜和小敏吃了几块西瓜之后，表姐又马上拿出一些小点心。这时，虽然小娜和小敏已经没肚子吃点心了，但是表姐还不停地拿起点心往她们手里塞。小娜和小敏只能尴尬地拿着，又吃不进去。

在表姐过度热情的招待下，她们简直如坐针毡。好不容易等到吃饭的时间，表姐在饭桌上简直一刻也不停地给姐妹俩夹菜，堆在她们碗里就像小山一样。如此一来，小娜和小敏反而不好意思吃了，因为哪怕只是吃掉一个山尖尖，表姐也会马上再给她们堆上。吃完饭，表姐马上开始泡茶，看那架势，好像恨不得把家里所有好吃好喝的都拿出来让小姐妹俩尽情享用。这样的热情接待，让小娜和小敏别扭极了。她们吃完午饭只待了一会儿，就迫不及待地告辞了。临行前，又是一番推推搡搡，表姐非要给小娜和小敏礼物，让她们带回家。如此折腾了足足十分钟，

小娜和小敏才顺利离开表姐家。回家的路上，小娜郁郁寡欢地说：“以后，我再也不来表姐家了，简直比受刑还难受呢！”小敏也深有感触地说：“是的，表姐还不如不理我，让我自己招待自己好呢！”

对于表姐的过度热情，小娜和小敏都深切地感受到了表姐和她们之间的心理距离。为此，她们非但不领表姐的情，反而因为表姐表现出的生疏，也疏远了表姐，纷纷表示不愿意再来表姐家里做客了。

中国人向来讲究礼仪，不管是待人接物，还是与人相处，都讲究要表现出真诚的热情。然而，凡事皆有度，一旦热情过度，就会让人觉得虚假。因而，我们应该把握好热情的度，让他人既感受到我们的热情，又不至于觉得生疏。

聊天点睛：

不要觉得过度热情一定能让客人感到宾至如归，也许事实恰恰相反，反而会让客人觉得如坐针毡。曾经有人说，过分热情会让人感到不适的灼热，甚至无法从容以对。只有适度热情，才能给予他人最好的体验，让他们在最佳距离上感受到你的热情与真诚。

说话时，请从心灵的窗口进行心与心的沟通

心理学研究证实，人的眼神是一种重要的沟通方式。人们可以通过眼神表达很多微妙的感情，如真诚、信任、接受、依赖、安全感等。当语言在这些微妙的感情面前表现乏力时，眼神则可以作为很好的辅助手段，甚至起到主要的表达与交流作用。所谓此时无声胜有声，也恰恰是因为眼神的给力表达吧！

在与他人交流的过程中，不管是面对熟人还是陌生人，我们都应该努力地与对方沟通，当然却也少不了眼神的辅助。尤其是对于陌生人，

很多情况下，自我标榜并不能起到多么明显的作用，但是对方却能够从你的眼神里看到你的真诚、坦率，也许会比语言的交流效果更好。此外还要注意的是，初次见面千万不要直勾勾地盯着别人看，这样会给别人以紧张和压迫感。最好把眼神放在对方面部的三角区内，偶尔与对方四目相对进行眼神交流，这会给人留下更好的印象。当然，你也不能始终不看对方，眼神躲躲闪闪，不敢直视，这样会给人以不被尊重和重视的感觉，交流当然不会愉快。总而言之，我们应该合理运用眼神，帮助自己与他人进行交流和沟通。恰到好处的眼神，不但能表达你的言外之意，也能让对方感受到你的真诚和友善。

细心的朋友会发现，在影视剧作品中有很多关于眼神的特写。透过眼神，我们往往能够体会剧中人物更加微妙的感情和不易觉察的心理活动。为此，我们也能够更深入地把握剧情，深度欣赏剧作。对人，也是如此。我们只有捕捉对方的眼神，才能更好地了解对方，与其沟通。而捕捉他人眼神的方式除了观察之外，还有与对方进行眼神交流。和语言交流相比，眼神交流是更加贴近心灵的交流。当然，在遇到尴尬的事情不好意思直说时，你也同样可以以眼神暗示他人。拥有一双会说话的眼睛，几乎是每个人的幸运。

对于这次面试，小小从很早就开始准备，也付出了极大的努力。然而，小小却被淘汰了。最终成功获得工作机会的，是一个大男孩，也是小小的校友。对此，小小很不服气，因为她不知道自己哪里不如那个师哥。

面试结束后，小小特意留下来等主考官。足足等了几个小时，小小才在下班时分看到主考官走向电梯。小小走上去，问主考官："考官，您好，我是下午参加面试的应聘者。我想问问，我哪里做得不好，请您告诉我，也帮助我成长。"看到大胆且坦率的小小，面试官友善地笑了，说："其实，你各个方面的条件都不错，甚至你的外语水平我记得比那位留下来的男孩更高。不过，你唯独有一点不如他，你没有他自信。你在回答我的问题时，眼睛始终不敢与我交流。然而，我们需要的是一位优秀的销售人员，如果你在面对客户推销产品时也这么躲躲闪闪，客户一定认

为我们的产品不够完美。因而，我们经过综合考虑，才决定聘用那个男孩。你这么优秀，如果下次面试时能够更好地展现自己，与主考官进行语言和眼神的交流，你一定能够博得更好的工作机会。”听到这话，原本低着头的小小鼓起勇气抬起头，看着主考官的脸说：“谢谢您，主考官。我会接受您的建议，努力尽快改变自己的。”

这次面试虽然失败了，但是小小却通过主考官认识到了自己的缺点。在面试过程中，虽然小小各个方面的条件都非常优秀，但是这个缺点却有可能是致命的。为此，小小很高兴。她马上开始改变自己，再说话的时候，就一改往日的习惯，努力与他人进行眼神交流。相信等到不久的将来，小小一定会找到满意的工作，得到他人的赏识。

朋友们，你们可曾留意自己在与他人交流时眼神的栖息地吗？如果你也像小小一样总是喜欢低着头，不敢与他人直视，那么一定更要积极改变自己哦！眼神能够拉进人与人之间心灵的距离，你在与人交流时一定要多多发挥眼神的给力作用啊！

聊天点睛：

在非语言交际中，眼神的传情达意作用不容小觑。通过眼神的沟通，很多原本陌生或者生疏的人之间，能够瞬间感到彼此亲近，从而实现良性沟通。用眼神传情达意的最好办法，就是面带微笑地看着对方，时而与对方进行眼神交流，并且在恰当的时候点头示意。需要注意的是，不要直勾勾地盯着别人看，这会使人感到被侵犯；也不要始终不看别人，这会让人感到不被你尊重。在谈兴正浓时，不妨目不转睛地看着对方，这样才能让其感受到你的专注。在对方犹豫不决时，你也可以用眼神给予他极大的鼓励，让他再次充满信心地说下去。

微笑，是你最美好也是最友善的妆容

生活中，你是愿意面对一个微笑的人，还是愿意面对一个满面严肃、不苟言笑的人。在面对前者时，大多数人的心灵都会被微笑温暖，甚至也情不自禁地微笑起来。相反，在面对后者时，即使原本轻松愉悦的心情也会马上变得紧张起来，甚至连笑容都会僵掉。由此可见，你是否微笑，从很大程度上决定了你所面对的人以怎样的状态接纳你。这就像是一面镜子。每天清晨起床，如果你面对镜子里的自己微笑，镜子里的你也会微笑。如果你愁眉苦脸地对着镜子，镜子里的你也会愁容满面。因此，我们要学会微笑着面对他人，这不但是为了他人，更是为了我们自己也得到相应的微笑作为回报。

在陌生人之间，一个友善的微笑，往往能够帮助你在最短的时间内打开他人的心扉。相比起任何自我标榜，微笑显然都是最具说服力的。看看那些声名显赫的大明星吧，每当出现在公众面前，他们无一不面带微笑。印度著名诗人泰戈尔曾说，当一个人面带微笑，整个世界都会对他倾心相爱。由此可见，微笑尽管是无声的，但是却具有神奇的力量。

自从搬家来到这座公寓，丝丝总觉得那些邻居们全都冷若冰霜。就连大堂里的物业管理人员，似乎也总是冷冰冰的，很少微笑，更别说与她友好地打招呼了。难道住在钢筋铁骨的城市森林里就注定要冰冷下去吗？丝丝可不愿意继续这样。她很怀念以前租住的大杂院，人们彼此之间亲热地打招呼，甚至有了好吃的都会一起分享。然而，她既然已经买了这所小房子，这里就是她的家，她决定要改变些什么。

清晨出门上班时，恰巧同层的一位男士也在等电梯。他西装革履，打着领带，表情同样一本正经。看到他，丝丝突然下意识地微笑了一下。这个微笑，就像是透过窗户照射进来的一缕阳光，男士犹豫了一下，也对着丝丝微笑起来。丝丝问："上班？"男士点点头，说："是的，你也是

朝九晚五吧！”他们相视一笑，这样就算认识了。来到楼下大堂里时，丝丝突然面带微笑地对当天的物业管理人员打招呼：“早上好啊！”物业管理人员有些呆住了，甚至怀疑丝丝是不是在和他打招呼，就那么盯着丝丝看。丝丝不由得大笑起来，说：“难道我的妆花了吗？”物管马上会心地笑起来，说：“不，您今天的妆容最美丽！”

这个清晨，丝丝觉得无比快乐，因为她用快乐化解了邻里心中的坚冰。如此坚持了一个多月，丝丝结识了很多邻居，与他们都相处得其乐融融。尤其是同层的邻居之间，经常与丝丝相互串门，还会约定时间去某个人家里吃火锅或者烤肉呢！

微笑，拥有比阳光更加煦暖的力量，能够融化他人心中的坚冰，让他人变得更加友善。微笑，是你最美好的妆容，几乎是人见人爱的。只要你面带微笑，你会发现你所遇到的每个人也都瞬间和善起来，同样微笑着面对你。总而言之，微笑在人际交往中具有神奇的力量，唯有好好发挥微笑的作用，你才能顺利地与他人沟通，拥有好人缘。

著名的成功学大师曾说，一个人的衣着远不如他脸上的表情更重要。因而，我们在待人接物时，不但要关注自己的仪容仪表，更要保证自己面带微笑。微笑，是取之不尽，用之不竭的，不要吝啬微笑。当你慷慨地给予他人微笑，他人一定能够感受到你的友好，并且很愿意信赖你。曾经，北京在2008年举办奥运会，南京在2014年承办青奥会，那些志愿者们正是以热情友善的微笑，给无数外国友人留下了美好的印象。微笑如此神奇，何不微笑呢？！

聊天点睛：

一个人要想塑造自己的良好形象，必须注意各个方面的细节。很多时候，恰恰是那些看似不起眼的小事，让他人更加了解和认可我们。虽然微笑是轻而易举的事情，但是却依然有很多人习惯于面若冰霜。从现在开始，让我们慷慨地播散微笑吧，你一定会惊喜地发现世界都因此而美好起来！

第 3 章

说点对方想听的：每个人都有自己感兴趣的领域

对于倾听，你一定有自己的偏好。例如，在公司年会上，老板滔滔不绝地说着那些大话，带领大家忆苦思甜，畅想未来，你也许正在下面当个“低头族”，看着手机屏幕神游物外。再如，在你最喜欢的外国文学鉴赏课上，你恨不得能多长几只耳朵，生怕错过老师的每一个字。这两种截然不同的表现，恰恰是因为“兴趣”。职员对老板说的长期目标不感兴趣，因而不愿意继续听下去。学生对老师讲得非常精彩的外国文学鉴赏课兴趣浓厚，因而连眼睛都不眨一下地盯着老师的嘴巴，恨不得把每一个标点符号都听到心里去。这就是兴趣决定的不同表现。在与他人交流时，如果你也想吸引他人全部的注意力，那么一定要选择对方感兴趣的话题。这样才能让交谈事半功倍。

每个人都渴望着成为宇宙的中心和重心

生活中，我们都看到过天平。在天平的两端，必须保持均衡，才能彼此牵制，让天平也处于平衡的状态。一旦加重天平任何一端的分量，天平马上就会失去平衡，发生倾倒。如此一来，天平就无法继续保持平衡的状态。在这个世界上，除了天平之外，还有很多事情都如同天平也需要保持平衡，如人与人之间的交谈。

每个人都想成为宇宙的中心和重心，因而，每个人潜意识里都想成为众人瞩目的焦点。既然如此，当我们想要与陌生人搭讪，或者与熟悉的人愉快地交谈时，不如就扮演那个最贴心的好朋友，每句话都恰到好处地说到点子上，给予对方更多的空间畅谈自己。如此一来，说得尽兴的人自然对你感激不尽，甚至觉得你是最适合成为朋友的那个人。

毫无疑问，每个人聊天时都想更多地说起自己。如果你想成为受欢迎的交谈对象，那么在与他人聊天时，不如更多地成为抛砖引玉的人，让他人尽情地说说自己。其实，要想成为这种他人心目中的贴心好友非常简单，即尽量不要说“我”字开头的话。只要你真的去试，你就会发现朋友变得非常健谈，而且谈兴很浓。在交谈的过程中，每当你想说“我”时，就刻意地把“我”变成“他”或者“她”，一定会让朋友滔滔不绝地说下去。如此一来，即使是面对初次见面的交谈对象，你也会变得很受欢迎。

在这次聚会上，小梦原本是觉得很枯燥乏味的。一张大圆桌旁围坐着将近二十个人，每个人之间都不是特别熟悉，因而很快就形成了小圈子，大家低头窃窃私语。好不容易等到吃完饭，小梦因为老板还未离开，因而只能无聊地坐在角落里的沙发上，等候着曲终人散。

这时，一位同是助理的男性走过来，与小梦搭讪。小梦觉得无聊，

什么也不想说。但是男士显然很想交流，问小梦："女士，您的这条项链非常独特，我能问问是从哪里买到的吗？如果可以，我真想也买一条送给女朋友呢！"小梦听到男士不露痕迹的恭维，瞬间对他产生了好感，说："如果可以，我真愿意告诉你详细地址，但是我只知道是在印度，具体地点真记不清楚了。我想，你应该不会为了一条项链去印度吧？"男士笑起来，说："你可真幽默啊，和你成为朋友一定是件愉快的事情。那么，你能说说印度吗？我觉得你浑身充满让人耳目一新的异域风情，都是这条项链的功劳，当然这也表现了你的品位呢！"提起印度，小梦突然兴致盎然："印度很漂亮，也充满原始的野味。就像这条项链，虽然看起来很拙朴，但是就是有一股难言的韵味，我一眼见到就喜欢了呢！当时，我正在印度的集市上闲逛。你知道的，是那种民间的集市，不是专门对游人兜售的那种，大多数都是本地人在买日常用品。我看到这条项链怦然心动，不问价格就买了下来，似乎它就一直在静静地等着我呢！""你的裙子，和这条项链也很配。应该是棉麻质地的吧，我很熟悉这种质地，因为我的女朋友就喜欢这种质地的衣服呢！"听到这话，小梦眼睛一亮，欣喜地说："那你的女朋友一定与众不同。这种面料其实不那么光鲜，而是很低调，看起来也特别朴素，只有有缘人才会喜欢它呢！""没错，你一定也是低调的人。对了，你喜欢这种聚会吗？"小梦无奈地笑了，说："为了工作吧。如果可以选择，当然是拒绝。"男士理解地笑了，又问："去印度旅游需要注意些什么呢，你能介绍一下吗？当然，很辛苦你啦！"小梦当然很乐意了，她就如同打开了话匣子一般滔滔不绝，居然说到曲终人散了还意犹未尽。临别之前，男士感激地说："非常感谢你的详细介绍，我想有了你的建议，我等到有机会去印度旅行时一定会更加愉快！"小梦呢，则不无感激地说："真好，这个无聊的夜晚遇到了你这样的好朋友，让我过得非常愉快。我真的感谢你，不然这个夜晚是多么浪费啊！"

在这个事例中，因为男士主动充当了"好聊友"，始终都在让小梦充当主角说些关于自己的旅行见闻等，因而小梦不知不觉中认定了这位男士是非常有涵养的绅士，也是很好的聊天伙伴。为此，她对男士的印象

简直绝佳。实际上，这一切都是因为这位男士非常聪明，刚开始时看出小梦不太愿意交谈，因而就让小梦成为了交谈的中心，主动给予小梦很多机会尽情地谈论自己。如此一来，小梦怎么不高兴呢?！

与熟悉的朋友在一起交谈时，我们因为彼此了解，更能够无所顾忌地畅所欲言。但是在与很多不熟悉的人交谈时，或者是与需要用心服务的客户、上司等交谈时，我们则不能一味地自说自话，而应该更多地关注和满足他人的心理，给予他人更多的机会讲述关于自己的事情。这样，你才能勾起他人的谈兴，从而从侧面更多地了解他人，为彼此的愉快沟通打好基础。

聊天点睛：

每个人都想博得他人的关注，如果你想取悦一个交谈对象，或者激起他的谈话兴致，那么最好的方法就是给他更多的机会，让他说说自己。能够把自己得意的事情说出来与人分享，如果再能得到他人的认可，一定是一种妙不可言的体验。当你借此机会给他人创造拥有这种体验的机会，你也就水到渠成地得到了他人的认可和赞赏。

孩子，永远是父母之间沟通的桥梁

有过带孩子经历的父母，对于搭讪最有发言权。因为对那些同样带孩子的父母，尤其是妈妈们，简直连搭讪都不用，马上就会因为孩子亲如一家。最熟悉的场景是，在广场上，原本素不相识的妈妈们各自带着孩子玩耍，很快，孩子们就变成了小团队，彼此间熟悉起来，妈妈们呢，站在一旁互不相干地看着孩子，等到有个妈妈对另一个妈妈说："你家孩子几岁了？"另外那个妈妈马上就会回答："5 岁。"接下来，根本无须费心想话题，包括站在不远处的其他妈妈们，都会加入聊天的大队伍，你一言我一语，争先恐后地说起来。这就是为人母的本性：为了孩子，总是愿意了解更多，分享更多的育儿经验。

即便不是在广场上，只要是与带着孩子的成人搭讪，孩子都是最好的沟通桥梁。对于那些友善地对待自己孩子的人，父母总是心怀信任和感激。例如，你走在商场里想要推销一件东西，但是又不知道如何开口。这时，你看到一个妈妈牵着一个漂亮的女孩走过来，你可以说："哎哟，这个小姑娘真漂亮，长得和洋娃娃似的。"这时，妈妈一定会友好地对你笑一笑。即便她很反感你接下来的推销，也不会态度恶劣地拒绝你，而是有礼貌地表示拒绝。对于一个赞美她孩子的人，妈妈怎么好意思毫不客气地拒绝呢？如果不是为了推销，那么你们在时间充裕的情况下完全可以再聊一聊，而且只要围绕孩子展开，气氛还会非常融洽呢！

豆妈带着豆豆参加麦当劳的六一儿童节活动，与一个眼睛大大的小男孩同坐一桌。刚开始时，豆妈和男孩妈妈都很矜持，谁也没有主动搭讪。然而，豆妈觉得坐在一张桌子上面对面地不说话很难堪，因而开口说道："这孩子眼睛可真大呀！"男孩妈妈马上笑着说："是呢，人家都说要是女孩多好，这大眼睛，还有些小朋友都叫他大眼萌。""哈哈，大眼萌，的确很形象。眼睛大大的，脸蛋圆圆的，非常可爱，萌萌的。"听了豆妈的夸奖，男孩妈妈更开心了，问："你家孩子多大了？皮肤真白啊！"豆妈谦虚地说："已经10岁了，是挺白的。呵呵。家里的妹妹很黑，没他白。"就这样，男孩妈妈听说还有妹妹，她们就针对二胎问题又展开交流。如此一来二往，整个活动下来两个小时，豆妈和男孩妈妈一直在愉快地交流着，非常开心。活动结束后，豆妈和男孩妈妈还互留了电话，这才发现彼此拥有同一个朋友呢！

因为孩子，全天下的父母都拥有了共同的话题。尤其是那些孩子年纪相仿的父母，则更是一见如故，有着说不完的知心话，全都是辛苦积累的育儿经验，在一起分享时能够彼此帮助。不管在什么场合，想要与一个带孩子的人搭讪的最好方式，就是从孩子入口。这样一来，父母的戒备心理马上就会降低，而且也会对你更加友善。

对于父母而言，即使夸赞他们一千句，也不如真心诚意地夸赞孩子一句，更能让他们高兴。因而，当你对孩子不吝啬赞美时，你也就成功赢得了父母的心。

聊天点睛：

每个孩子一定都有自己的优点，如果你实在找不出孩子的优点，也可以说孩子很强壮，或者很可爱，或者很精灵。但是，千万不要睁着眼睛说瞎话，比如孩子明明很瘦，你却夸他强壮，孩子明明很黑，你却夸他很白，更不要夸一个长得丑的孩子很漂亮。即使只作为聊天的辅助来夸奖孩子，也应该是真心诚意发自内心的。否则，孩子的父母一旦感受到你别有用心，就很难再信任你了。

约会女友，要说些共同关注的话题

正如歌德所说，哪个少女不善怀春，哪个少男不善钟情。随着年岁渐长，孩子们走过了花季和雨季，渐渐走入了恋爱的季节。和初恋时的懵懂无知不同，到了该恋爱和结婚的年纪，很多大龄男女青年的父母都急得快上房揭瓦了。只因为他们的女儿或者儿子，到了该谈恋爱的年纪依然孤身一人。因而，很多父母通过各种关系和渠道，搜寻合适的年轻人，介绍给自己的孩子。由此，年轻人相亲的概率越来越高。尤其是对于忙着工作的大龄青年而言，相亲几乎成了家常便饭。

既然父母心急，自己也的确到了该谈婚论嫁的时候了，我们也就完全没必要抵触相亲。谁说相亲遇不到真爱呢，缘分总是以各种形象和面貌出现。那么，既然说起相亲，我们难免应该掌握约会交谈的技巧，否则如何做到事半功倍呢。

现代的很多男人，也许是读书读多了脑子生锈，或者上班上迷糊了

缺乏情趣，居然在与女友约会时，说起国家大事。哎，难怪有本书的名字叫男人来自金星，女人来自火星！看起来，来自不同星球的男性真的是一点儿也不了解女性啊。即便是个在职场上叱咤风云的女强人、女汉子，在面对自己心爱的男友时，也不喜欢与他讨论国际大事。因而，男生们一定要多多留心，千万不要以为女性关注的焦点是与男性一样的，因而从坐到约会的咖啡厅里开始，不是说足球，就是说国际新闻，女生如何能不乏味呢？谈情说爱的好时光就这样白白浪费了，也许女生还心生愤恨呢！其实，男生在与女生约会时有很多可以说的话题，例如女生喜欢看的电影，喜欢吃的美食，喜欢的旅游胜地。如果双方有共同的兴趣爱好，那么可以交谈的话题就更多了。再不行，至少可以说说生活的琐事，加深彼此的了解吧！总而言之，女人不关心国际大事，尤其是在约会的时候。

眼看着张明已经 32 岁了，却还没有女朋友。父母急得火烧火燎的，为他接二连三地安排了好几场相亲，但最终都以失败告终。父母很纳闷，张明不但身材高大，而且身强体壮，工作也不错，还有房子，为什么就找不到合适的女朋友呢？在第六次相亲未果之后，因为女孩是好朋友的外甥女，父母终于按捺不住，拜托好朋友问问外甥女为何相不中张明。反馈的结果让张明父母大吃一惊，原来，女孩相不中张明的原因就是：张明在整个约会的过程中，都在谈论中东的局势。女孩呢，如坠云里雾里，根本不知道张明在说什么，只好尴尬地点头附和，一逮到机会就逃离了。

父母问张明："你为什么要和女孩说国际新闻啊？"张明无辜地说："我的工作就是这个啊，不说这个说什么呢？我又不能问女孩的身高、体重！"父母啼笑皆非，说："你呀，真该去参加个培训班，学学怎么谈恋爱。"无奈的父亲为张明买了很多恋爱秘籍，张明读了之后才恍然大悟，原来女孩根本不关心国际大事啊！此后，张明有了极大的改进，在再次约会时，终于与女孩能够愉快交谈，并且约定了再次见面的时间、地点，父母高兴极了。

男人们在一起，从来不会说些家长里短的无聊事。因而，在与女友交往时，他们也往往不知道有哪些话题可说。尤其是对于张明这样与女孩初次见面的相亲，就更不敢随意地说话，因而只好说些无关痛痒的国际大事，却让不明就里的女孩无法忍受。其实，相亲时的第一次约会，无非是了解彼此之间的很多客观条件，也了解彼此的兴趣爱好，以此初步观察对方是否适合自己。

如果你也是像张明一样的大男孩，在相亲之前一定要做好准备工作哦！如果能够通过介绍人了解对方的兴趣爱好，那么你们之间的交流一定会顺畅很多。总而言之，千万不要说国际大事就对了，有几个普通的女孩是对政治感兴趣的呢，况且约会也不是国家政要会晤啊！

聊天点睛：

女孩与男孩关心的事情的确是不同的。然而，既然想要在一起继续相处下去，就要学会磨合，彼此了解对方的兴趣爱好，这样才能找到共同关注的话题，进行愉快的交谈。其实，大多数女孩都是有共性的，如喜欢读书，喜欢旅游，喜欢看电影，喜欢美丽的时装和妖艳的化妆品，如果能从女孩感兴趣的话题入手，相亲的成功率就会大大提高。

吃饭时，最好说些轻松愉悦的话题佐餐

任何国家和民族，不管是发达还是落后，都离不开饮食。尤其是作为博大精深的文明古国——中国，饮食文化更是源远流长。随着时代的发展，人们的生活水平越来越高，饮食文化也有了巨大的进步。如今，又开始盛行酒桌文化，是因为很多人都觉得在酒桌上不但能加深感情，也能办成很多事情。正因为如此，酒桌文化才会大行其道，充斥着生活的每一天。

大部分人每天都要吃早、中、晚三餐。所谓一日三餐，就是这样。那么，现代社会生活节奏越来越快，很多人的早餐都是凑合吃，甚至有人是走着吃。大部分人的午餐都是在单位吃的工作餐或者是快餐。只有晚餐，才是在一天的辛苦和忙碌之后比较隆重的。晚上，一家人上班的下班回家，上学的放学回家，等到晚餐时分，全都围坐在餐桌旁。其实，晚餐是很重要的。在西方国家，一家人每个星期有几天一起享用晚餐，往往决定了这个家庭中的所有成员能够和谐融洽地相处，也决定了家庭氛围。在中国，晚餐的氛围却并不总是那么和谐。大多数中国父母因为忙于工作，自觉没有足够的时间与孩子们交流，因而不管有什么事情都会留待晚餐的时候，一边吃饭，一边讨论，甚至做父母的还会教育或者批评指正孩子。如此一来，晚餐时光怎么能轻松愉悦呢？

近来，幼儿园老师发现瑞瑞吃饭没有以前好了。以前，瑞瑞从来不挑食，吃什么都觉得香，总是班里吃得最快最好的小朋友。现在呢，瑞瑞一到吃饭的时间就很发愁，似乎吃饭是件痛苦的事情。即便勉强开始吃饭，瑞瑞也总是吃不了几口就说饱了。为此，老师把情况告诉瑞瑞妈妈，让妈妈带着瑞瑞去医院检查肠胃。到了医院之后，医生为瑞瑞进行了详细的检查，发现瑞瑞肠胃很好，根本没有不适。医生问妈妈：“你们在孩子吃饭的时候，会聊天吗？”妈妈不假思索地说：“当然啊。我和他爸爸平日工作都忙，只有晚餐时比较清闲，经常会对他一天的表现进行总结，好的就表扬，坏的就批评。”“那是好的时候多，还是坏的时候多呢？”医生继续追问。妈妈不好意思地笑了，说：“男孩调皮，几乎每天都会挨批评。”医生恍然大悟，说：“问题就在这里。吃饭时不要训斥孩子，否则会影响孩子的食欲和消化功能，这是健康常识啊！孩子一定是被你们批评惯了，无形中把吃饭和被批评联系起来，哪里还会有胃口呢！”妈妈虽然半信半疑，还是通知爸爸改变教育模式，在吃饭时只会说些轻松愉悦的话题，再也没有批评过瑞瑞。果然，一段时间之后，瑞瑞对吃饭的恐惧渐渐消失，又变得活泼快乐，再也不怕吃饭了。

如果说摆在桌子上的道道美味是佐餐的好菜，那么轻松愉悦的话题

同样能够帮助人们愉快地享用食物。任何人在吃饭的时候，一定不希望被批评，甚至被训斥。唯有怀着愉快的心情，我们才能更用心地品尝美味，也更快乐地享受晚餐时光。

在西方国家，一家人一起愉快地享用晚餐是重要的教育方式。但是西方的父母从不借助吃饭的机会教训孩子，而是让孩子专心地享用食物，学会餐桌的礼仪，同时也感受和谐融洽的家庭氛围。这，才是最好的教育方式。如果在餐桌上再说些让全家人都感到轻松快乐的话题，则气氛会变得更加美妙，也会无形中影响孩子。

聊天点睛：

常言道，一心不可二用。在餐桌上交谈时，一定要选择轻松愉悦的话题，这样才能帮助吃饭的人保持愉快的心境。倘若把孩子训斥得委委屈屈地吃饭，则不但吃饭味同嚼蜡，孩子的心情也会受到影响，导致消化功能减弱，长此以往，对身体肯定是不好的。不但对待孩子如此，成人之间也应该保持用餐的愉快，彼此都不要提起让人心绪不平的话题。

愉快的话题，让交谈更加和谐融洽

曾经有心理学家经过研究发现，当陌生人彼此相对时，在最初的几分钟时间里都在寒暄一些客套话，如彼此介绍自己、致以礼节性的问候等，然后才开始寻找合适的聊天话题。然而，好话题似乎在和我们捉迷藏一样，总是遮遮掩掩，犹抱琵琶半遮面，导致人们彼此之间出现尴尬的冷场，甚至不欢而散。的确，愉快的话题对于交谈起到至关重要的影响作用。一场交谈能够愉快圆满，主要取决于话题。由此可见，寻找最合适的让交谈双方都倍感愉快的话题，是愉快交谈的开始。相反，倘若在聊天伊始就选错了话题，那么即便有好口才也会南辕北辙，真正成为

“话不投机半句多”的典范。

生活中，我们常常有这样的感受，即与某个人聊天总是非常愉快，即使结束也依然意犹未尽。相反，与某个人聊天则感到生硬晦涩，哪怕朝着好的方向努力，也最终无法圆满结束。当然，不可否认这与交谈对象有着很大关系，但是某种程度上与交谈的话题也联系紧密。只有遇到对的交谈对象，再选择愉快的话题，交谈才能更加顺畅融洽。当然，即使交谈对象不能让你满意，但是如果你们彼此都寻找到最佳的话题，且竭力配合，那么交谈也是会让人感到愉快的。如果恰恰相反，比如一个女孩面对自己至亲至爱的母亲，针对男朋友的问题与其针锋相对，那么谈话无论如何也不会是愉快的。由此可见，和交谈对象是否合宜相比，选择愉快的话题是更重要的，也是最迫切的。

如果是与熟识的人交谈，话题无论是轻松还是沉重，都能进行下去，只不过心绪不同而已。但是如果与陌生人初次交谈，则话题显得尤为重要。例如，你面对一个陌生人，说“今天天气不错啊！”对方只能生硬地回答“是的，天气很好”，接下来就会陷入难堪的沉默，略显尴尬。如果你开口之后，说：“咦，你的背包真漂亮，哪里买的？”那么对方也许会滔滔不绝地给你讲述关于这个背包的故事，甚至还会热心地介绍你也去买背包呢！当然，由背包生发开去，可以说的就太多了，诸如背着这个背包进行的一次旅行，背包的防水功能让你在大雨里畅行无阻；再如背着这个背包的一次约会，女朋友甚至也对你的背包很感兴趣。如此说下去，不停地开枝散叶，只怕三天三夜也说不完呢！这就是话题的选择。在面对陌生人时，你选择的话题是能够继续畅聊的，还是成为交谈的终结话题，对你与陌生人的交情发展起到决定性作用。

正值秋高气爽，学校组织全校同学集体秋游。对于大学生而言，如此浩浩荡荡的声势的确很少见，大多数时候都是以班级为单位活动的。因为是全校性的集体活动，所以原本陌生的校友也有机会坐在同一辆大巴车上。这次，晓萌与几个同学，就被安排与化学系的男生同乘一辆大巴。也许是因为理工科吧，化学系的男生全都很沉默，向来活泼外向的晓萌决定逗逗与他邻座的男生。

她首先搭讪男生："化学系的男生都像你这么帅吗？"男生害羞地不知如何回答，支支吾吾半天，晓萌笑着说："我是指你的眼镜，哪里配的？看起来好酷的样子。"说起眼镜，男生突然间谈兴大发："你说眼镜啊，这可有故事了。这个眼镜，是我去年和同学去西藏的时候，因为遭遇泥石流，原本的眼镜坏了，所以就在西藏配了这副眼镜。当时，我这个高度近视眼非常着急，偏偏眼镜还要再等几天才能配好，害得我看着布达拉宫，一片白茫茫，也没能认真欣赏。我真想再去一趟西藏啊！"晓萌欣喜地说："你居然去过西藏？我还以为你们化学系的男生只知道埋头做实验呢！"男孩不好意思地笑了，说："如果你也想去，下次我可以当你的导游。"晓萌又问："你看到藏羚羊了吗？""看到了。我给你说……"男生滔滔不绝地说着，就像是打开的话匣子，再也关不上了。

因为晓萌选择了愉快的话题，所以她与男生的交谈无疑是轻松愉悦的。而且，原本不善言辞的男生，因为晓萌的循循善诱，居然像打开了话匣子一样滔滔不绝，这都是西藏的功劳啊！对于自己去过西藏这件事，男生显然很自豪，而且还自告奋勇要当晓萌的向导呢！

在与陌生人初次交谈时，一定要选择轻松愉悦的话题。那些关于对人生、对命运的哲学范畴内的思考，在这种情况下是不合时宜的。如果你面对的不止一个陌生人，那么你在选择话题时，一定要选择大家都有可能感兴趣的话题，这样才能营造良好的谈话氛围。

聊天点睛：

不管什么时候，我们都要怀着愉悦的心情与他人交谈，这样才能让谈话的氛围也变得更加和谐融洽。只要你坚持这样做下去，日久天长，你就会发现你与陌生人之间似乎再也没有隔阂，而且能够很快地打开对方的心扉，与对方倾心交流。

不知从何说起，不如说说琐碎小事

对于社交，曾经有人一语中的，“一切社交都开始于废话”。这句话看起来不可思议，却很有道理。试想，当我们想要结识一个陌生人时，往往都是从琐碎的生活小事开始谈起，根本不可能一张嘴就说些大道理，或者是多么深奥的道理、高深的知识。如若不然，别人看到你如此高深莫测，一定会被你吓跑。

生活中偏偏有些人，就喜欢猎奇，玩新鲜。与他人交流，不管是熟人，还是初次见面的陌生人，总是语不惊人死不休。当他们自鸣得意的时候，他人已经悄悄避开，他们却浑然不觉。其实，如果不是学术的需要，在生活中何须说那些莫测高深的话呢？归根结底，生活就是琐碎的现实。唯有立足根本，脚踏实地，我们才能更好地与他人交流。

尤其是很多与陌生人初次见面的情况下，我们总有些无从下“口”的感觉。该说些什么呢，这是个问题。思来想去，还是那些接地气的问题更容易聊开来，毕竟衣食住行柴米油盐喜怒哀乐，是每个人都需要日日面对的。

今天这次见面之后，淼淼就要成为眼前这个八岁小女孩的后妈了。人都说后妈难当，不知怎的，淼淼居然心里有些怯怯的，很害怕面对这个八岁的小女孩。8岁，说大不大，说小也不小了。淼淼思来想去，决定先从最简单的日常琐事说起。

淼淼问女孩：“宝贝，你的辫子是谁帮你扎的？”女孩笑了，说：“以前都是爸爸帮我扎，但是爸爸扎的实在太难看了。从今年春节之后，我就学会自己给自己扎辫子了。”听到女孩的回答，淼淼有些心酸。这个漂亮的小女孩，3岁就失去了妈妈，一直跟着爸爸生活，真是没少吃苦。为此，淼淼真心诚意地说：“以后，阿姨帮你扎辫子好不好，阿姨

会扎很多种辫子呢，保证能让你一个月都不带重样的。”“真的吗？”小女孩惊讶地瞪大眼睛，说：“我学扎现在的辫子，就用了好几天的时间呢，阿姨你太厉害了！”淼淼又问：“你喜欢什么颜色呢？阿姨想送你一个漂亮的蝴蝶结。”小女孩兴奋得大叫起来，说：“真的吗？太好了，我早就想要一个蝴蝶结了。”说完，小女孩陷入沉思，她要挑选一种自己最喜欢的颜色。就这样，淼淼用小辫子的话题，赢得了女孩的心。女孩安静地依偎在她身边，就像真正是淼淼乖巧的女儿一样。看到女孩信赖的样子，淼淼心里不由得松了口气，暗暗说道：“放心吧，宝贝，你有妈妈了。”

对于总是受到抵触的后妈身份，淼淼心中其实是很忐忑的。归根结底，继女不是自己的亲生女儿，要想搞好关系还是很难的。不过，幸好淼淼非常细心，看到女孩粗糙的辫子，就想到女孩一定为了扎辫子的问题苦恼过，从而抓住这个话题，与女孩拉近了距离。事实证明，淼淼成功了。

面对陌生人，尤其是要与自己发生联系的陌生人，人们总是情不自禁地抵触、戒备。当不知道从何说起，或者一时之间找不到合适的话题时，不如就从最琐碎的生活小事入手，这样才最接地气，也最容易得到回应，引起共鸣。

聊天点睛：

实际上，聊天的话题信手拈来，比比皆是。难的是，要找到一个最合适的话题，才能引起交谈双方的共鸣，拉近人们彼此间的距离。在西方国家，人们见面时总是从说天气开始，这实际上就是我们口中所说的家常。在中国，人们则更习惯于说说“吃了吗”“孩子呢”“去哪里”等生活气息浓厚的话题，以此消除隔阂感。

共同点，让你们转瞬之间彼此熟稔

志同道合的人在一起，即使说个三天三夜，也不会觉得乏味。相反，志向不同、观念相悖的人在一起，即便只说几句话，也会觉得乏味至极。归根结底，都是因为缺乏共同点惹的祸。那么，两个原本不相干的人，要想拥有太多的共同点显然是不可能的，但是只要用心寻找，找到小小的共同点还是有可能的。在与他人聊天时，尤其是在与陌生人聊天时，如果你能迅速找到彼此之间的共同点，你们之间的交谈就会更加顺畅和愉快。

俗话说，酒逢知己千杯少，话不投机半句多。现代社会，人们越来越重视交际，因为交际不仅关系到我们人缘的好坏，很多时候还会影响我们的事业发展和大好前程。作为职场人士，尤其是当面对上司时，倘若除了正常的上下级关系之外，你们能够愉快地交谈，也有共同的话题，那么你的仕途一定会在上司的赏识中一帆风顺。如何让初次与你见面的人就产生知己的知遇感呢？当然是要寻找共同点。所谓知己，无非是有很多相似之处，且有着共同点的人。那么，当你与陌生人之间也呈现出共同点，你们一定会一见如故，相谈甚欢。

夏日的午后，悠悠坐在咖啡馆的一个角落里看书。突然，一位男士走到她面前与她搭讪，她并不搭理。男士有些尴尬地站着，一下子看到悠悠的手里拿着路遥的《平凡的世界》，因而惊喜地问："你也爱看《平凡的世界》？"悠悠这才抬起眼睛看着男士，问："怎么，你读过？"男士连连点头，说："这本书我前前后后看了三遍。而且，最近正在播放电视剧呢，我也准备看看导演拍得如何。"听到男士的话，悠悠不由得对他刮目相看，说："现在，有耐心品读三遍《平凡的世界》的男生可不多。"男士笑了，说："这本书写的就是我的故乡，我在少安、少平的身上，找到

了自己的影子。”听到男士居然自诩与少平相似，悠悠不由得饶有兴致地看着他。男士笑着问：“我可以坐下说吗？”悠悠欣然应允，男士高兴地坐下，开始讲述自己的身世。就这样，男士与悠悠相识了。

男士原本想与气质不俗的悠悠结识，无奈搭讪遭到悠悠的拒绝。恰巧他看到悠悠手中捧着《平凡的世界》，因而以书为共同点，与悠悠交流，受到了悠悠的欢迎。尤其是当悠悠听到男士自诩与少平相似时，悠悠对他更加兴趣浓厚，欣然应允与他同坐，一起探讨《平凡的世界》。这就是共同点的神奇魔力。

当我们面对陌生人，或者是不太熟悉又想交好的人，倘若一时之间找不到合适的话题，不如就尽量寻找共同点展开话题。相信如果你真的这么做，一定会有意外的收获。生活中，也许在这个电子时代比比皆是捧着手机的人，却很少看到拿书的人。那也没关系，我们要学会举一反三。其实，人与人之间的共同点是很多的，诸如家乡、兴趣爱好、毕业院校等，甚至是喜欢一个共同的明星，都可以让人们彼此之间瞬间亲密起来。

聊天点睛：

从某种意义上来说，寻找共同点展开交谈的方式与我们日常所说的“套近乎”有着异曲同工之妙。从本质上来看，不管使用哪种方式，都是为了与他人变得亲近，从而更好地交流。只要你迅速找到共同点展开话题，就能在最短的时间内吸引对方的注意，从而成功地营造一见如故的交谈氛围。

面对家庭主妇，你的话题当然要接地气

无论我们如何费尽心思寻找话题，都不要忘记以人为本。归根结底，我们苦心经营的一切，都是为了征服面对着的那个人的心。因而，我们

千万不能犯舍本逐末的错误，不停地为了寻找合适的话题绞尽脑汁，却忘记分析坐在眼前的这个人本身的特点。

从本质上来说，我们交谈的对象是人。那么，我们首先应该从这个人的特点出发，继而才能去寻找合适的话题。例如，当面对一个农民时，你与他谈论苹果6，显然是不合时宜的，他一定会纳闷怎么苹果还要编号呢！当面对一个男人，你与他谈论化妆品或者是内衣品牌，显然也是对牛弹琴。当面对一个孩子，你只有说起奥迪双钻的直升机、遥控汽车时，男孩才会兴奋，而女孩则更喜欢芭比娃娃。当面对一个家庭妇女，你大言不惭地谈论自己在职场上叱咤风云的经历，只会让她自惭形秽，恨不得马上结束与你的交流。也或者，她根本对你说的一切不以为意，因为那根本不是她的世界。当面对一个家庭主妇时，你的话题一定要接地气。当面对其他任何一个交谈对象时，你一定要首先分析交谈对象的特点和身份，然后再选择他最乐意谈论的话题。

生活中，我们很多时候都需要和家庭主妇打交道。如果你是一名全职妈妈，那你几乎每天都要和同样是全职妈妈的家庭主妇打交道；如果你是一名生活用品推销员，则你更应该把握住你的上帝——家庭主妇的心。甚至你是销售汽车或者房子的，家庭主妇的决定权依然不容小觑。在女性获得平等地位的今天，女性在家庭中的地位甚至超过男性，因为女性对于家庭有着更多的决定权。因而，你必须掌握适合家庭主妇的话题，千万不要来玄妙的，更不要来虚幻的。家庭主妇，需要的就是脚踏实地接地气。

作为一名保险推销员，小皮几乎每天都要和家庭主妇打交道。在进行陌生拜访的时候，除了留在家里的老人给小皮开门，剩下的大部分都是家庭主妇。尤其是在工作日，见到男主人的概率几乎为零。为此，小皮清楚地意识到自己要想打开一片天地，首先要打动家庭主妇的心。

起初，作为还没有成家的小男孩，小皮根本不知道如何与家庭主妇打交道。他总是一敲开门就开始推销保险产品，结果经常遭遇闭门羹。后来，小皮通过不断地学习和积累经验，渐渐掌握了和家庭主妇搭讪的

好办法。诸如今天，小皮撬开一扇陌生的门，看到了一张陌生的女人的脸。小皮马上说："您好，女士，我们公司搞活动，免费赠送护手霜，您需要吗？"说着，小皮会拿出提前准备好的护手霜双手奉上，口中依然念念有词："作为为家庭整日操劳的人，您一定要爱护自己的双手。每次洗碗洗衣拖地之后，都要抹上护手霜，才能保证双手在寒冷的冬日不皴裂。"当小皮说完这些话，家庭主妇已经露出了友善的笑容。的确，对于一个关心自己双手的陌生人，为何要冷冰冰的呢？接下来，家庭主妇也许会表示共鸣，开始诉苦："是的呢，每天都要和冷水、温水、热水接触，双手的确需要好好保护。"只要得到了回应，小皮马上就会生发开去，从双手谈到健康的身体和生命的保障，最终引申出保险产品。最后，他并不会强迫对方购买，而是留下自己的联系方式，彬彬有礼地告辞。

恰恰是这样不死缠烂打且体贴入微的推销方式，让小皮获得了良好的销售业绩。

面对家庭主妇，谈论的话题一定要接地气。倘若总是说些假大空的话，一定会让主妇们心生厌烦。小皮正是抓住了家庭主妇的心理特点，努力地满足她们的心理，才能博得她们的信任。

不管是在生活中，还是因为工作需要，必须与家庭主妇接触，我们都要说些实实在在的话题，哪怕琐碎一些也没关系，最重要的是接地气。当然，家庭主妇关心的问题很多，如丈夫、孩子、房子、学校、美容、健身、养老、医疗，等等。可以说，只要是与生活有关的事情，家庭主妇统统关心。因而，只要你是有心人，是不会发愁找不到合适话题的。

聊天点睛：

不管是面对家庭主妇，还是面对职业女性，或者是面对年轻女孩或迟暮老者，我们唯有需要坚持的原则就是，一定要符合对方的身份特点去寻找最合适的话题。这就像是射箭，必须瞄准靶心，才能取得好成绩。如果从一开始时方向就错了，又如何能得到好的结果呢！

第4章

掌握好聊天尺度：别让好好的谈话陷入尴尬

凡事皆有度，每个人在做事情的时候，都应该把握好尺度，谈话也是如此。很多时候，原本和谐融洽的谈话，突然间就会陷入尴尬的境地，导致谈话无法进行下去。在这种情况下，我们必须及时调转船头，随时调整谈话的方向，找到最佳的交流方式，才能愉快地聊天。现代社会，人际关系被提升到越来越高的地位，唯有处理好人际关系，我们才能在社会生活中如鱼得水，畅聊无阻。

聊天要用开放式提问，否则就是画地为牢

所谓开放式提问，就是所提出的问题能够让人根据自己的思路进行回答，而且可以畅所欲言，不必受到任何局限。和开放式提问相对的，顾名思义是封闭式提问。所谓封闭式提问，就是问题的答案是指定的，只能在问题提供的选项中选择。例如，你喜欢吃苹果还是梨子？毫无疑问，即便你真正喜欢吃的是荔枝，也没法回答。与封闭式提问相比，开放式提问完全尊重回答者的意愿，给予回答者极大的空间发挥主观。例如，你喜欢吃什么水果？你完全可以回答，我最喜欢吃荔枝，其次是西瓜和提子。当然，如果没有这些水果，我也喜欢吃火龙果。如此一来，得到的回答是不是包含着丰富的信息，而且表达了回答者最真的心意。因而，当我们聊天时习惯于使用开放式提问，就能够得到他人更加灵活的回答，从而避免了画地为牢。

很多时候，当你想要从回答者的口中得到更多的信息，一定要首选开放式提问。此外，封闭式提问往往让人觉得像是审问犯人，开放式提问则能够营造更好的交谈氛围。当然，假如你很想得到某一特定的回答，就可以用封闭式提问，这样能够起到引导回答者思维的作用，让你更有利于得到想要的结果。例如，很多销售人员在问顾客意见时，很少问顾客你想买哪一款产品，更不会问顾客考虑好没有，能否马上购买，而是会直截了当地引导顾客："您想买这款产品还是那款产品？"如此一来，顾客的思维受到引导，往往会理所当然地回答："我想购买这款产品。"这是作为一种销售技巧使用的。通常用在最后的促使客户购买阶段。如果从开始就使用这种方式，难免会给顾客太大的压力，导致顾客选择放弃。在日常闲聊中，我们使用封闭式提问引导他人，压迫他人的可能性极小。只有采取开放式提问，才能让交谈更加和谐愉悦，氛围融洽，也能帮助你得到更多的信息。

在公司的年会之后，全体员工都参加了自助式晚宴。公司之所以采取这样自由的自助餐，就是为了让平日交往不多的各个部门的员工彼此熟悉，以利于未来的交流与合作。因而，大家很少与本部门的同事在一起，而是在宴会厅里四处走动，与陌生的同事搭讪。

薇薇看到有一位男同事正在琢磨选用什么甜点，因而走上前去说："马卡龙很好吃，如果你喜欢吃甜腻的食物。"男同事友好地笑了笑，说："我喜欢甜食，虽然很多男生都不喜欢。"说着，男同事果然按照薇薇的指示，取了两款马卡龙。这时，男同事问薇薇："你喜欢马卡龙，还是巧克力慕斯？"薇薇迟疑了一下，说："也是马卡龙吧。"男同事非常绅士地为薇薇也取用了一款马卡龙。正当他准备夹起又一款马卡龙放进薇薇的托盘时，薇薇尴尬地说："其实我不是很爱吃甜食。我更喜欢不太甜的食物，如薄饼。"听到薇薇的话，男士笑了，说："很少有女生不喜欢甜食，你很独特。"

他们一边吃一边闲聊，来到水果区。男士又问："你想吃香蕉还是橙子？"薇薇笑了，说："我自己取吧。"说着，她拿起餐具，取用了一些提子和香梨片。男士这才意识到自己的提问方式有问题，因而抱歉地说："对不起，我是不是问得不太恰当？"薇薇笑了，说："你想吃什么水果，我帮你取。"男士不好意思地说："香蕉和橙子。"他们彼此看着对方，突然笑了起来。原来男士因为自己喜欢吃香蕉和橙子，因而在提问的时候情不自禁地使用了封闭式提问，他还以为大家都和他一样喜欢香蕉和橙子呢！幸好，薇薇还不是特别羞涩内向的女孩，主动取了自己爱吃的水果。否则，如果她不好意思拒绝男同事的好意，就只能勉为其难地享用香蕉和橙子啦！

为了了解他人的真实想法，在提问时，我们一定要使用开放式提问。很多内向而又沉默寡言的人，往往会因为不好意思说出自己的真实想法，而勉为其难地从他人的封闭式提问中做出选择。为了避免这种情况的出现，使用开放式提问是最好的选择。开放式提问不但向他人表现

出最真挚的诚意，也表现出极大的尊重，且能帮助我们获得更多的有效信息。

聊天点睛：

在与他人聊天时，你喜欢用封闭式提问吗？如果答案是肯定的，那么马上从此刻开始改正自己的态度吧。只有你怀着一颗接纳的心，用开放式提问的方法征求他人的意见，他人才会说出自己的真心话。

当谈话陷入尴尬，你必须及时转移话题

每个人都有不愿意提起的话题。举个最简单的例子，胖人不喜欢别人说关于肥胖的事情，瘸子不愿意别人提起跛足，伤心人的也不想让别人再三提起他的伤心事。因而，要想与他人愉快地交谈，我们就应该学会避开他人的敏感话题。很多时候，我们因为不了解交谈对象，因为总是不小心触及他人的敏感话题，谈话马上就会陷入尴尬。在这种情况下，如何及时转移话题呢？

要先避免谈话因为敏感话题尴尬，首先要防患于未然。对于任何人而言，被触及软肋都是不愉快的经历，因为能够避免是最好的。其次，一旦触及敏感问题，就要学会及时转移话题。这就需要敏捷的反应能力和充满智慧。尤其是当你是作为当事人被人恶意攻击时，就更加需要机智幽默才能避免被伤害。例如，英国前任首相威尔森在参加竞选演讲时，才刚刚进行了一半，就有一个反对他的民众在台下大喊："垃圾！臭狗屎！"这时，威尔森非但没有发怒，反而笑着安慰他："好的，先生，请稍安勿躁。我接下来马上就会说您提出的问题，我们的确需要改善脏乱环境，拥有整洁市容。"威尔森聪明机智，把话题转移到市容市貌上，让反对他的人无言以对。那么，如果你是作为交谈对象无意间踩了他人的雷区，又该怎么办呢？这时候，你一定非常抱歉和愧疚。因而，你只能再说说轻松愉悦的话题，让对方尽快从尴尬中解脱出来。

这次参加朋友的结婚典礼，赵虎遇到了许久未联系的好哥们儿——张扬。赵虎看到张扬孤身一人，不由得问："咦，怎么没把女朋友一起带来？"此话一出口，看到张扬的脸色，赵虎就知道自己说错话了。其实，赵虎这么问也是有原因的，因为张扬的女友以前经常和张扬一起参加朋友聚会，所以大家彼此之间都很熟悉。如今在婚礼的场合，张扬居然没有带女朋友来，的确让人心生疑惑。从张扬的反应来看，赵虎知道他们一定是分手了。此时此刻，张扬简直不知道该说些什么。赵虎只好赶紧转移话题："对了，我最近搬家了，你什么时候抽空来我家里玩啊？"张扬装作惊讶的样子，以夸张的语气问："你搬家了啊？为什么不告诉我呢，我好去帮忙啊。"赵虎说："哎呀，现在不是有搬家公司么！正好也都收拾好了。总之，你哪天想过去，就提前告诉我，让我给你露一手。告诉你，哥们儿厨艺可好呢！"

因为不假思索地提起张扬的女朋友，又看到张扬面露尴尬，因而赵虎意识到自己说错了话，踩到了张扬的雷区。为此，他赶紧以搬家为话题，邀请张扬去他的新家做客，还说要露露好厨艺招待张扬，由此才算把话题成功转移了。

在与他人交谈时，我们往往在无意之间踩了他人的雷区。在这种情况下，一定要及时转移话题，千万不要不知好歹地继续追问，让对方尴尬。尤其是对于初次见面的陌生人，为了避免踩到对方的雷区，也应该尽量说些轻松的话题，尽量少说涉及私人的事情，这样才能避开雷区。如果不慎踩了雷区，也千万不要任由对方尴尬下去，而要马上调转话题，活跃气氛。只有这样，才能尽快消除尴尬。

聊天点睛：

在不慎踩了他人雷区之后，如果一时之间实在找不到合适的话题进行交流，也可以转移视线，说说目之所及的事物。这样一来，最起码可

以掩饰眼前的尴尬，让彼此都能下得来台。

在有些场合，有些话是绝对不能提起的

不管是说话还是做事，都是讲究场合的。例如，与闺蜜交谈时，我们完全可以无话不说。但是在面对一个不那么熟悉的朋友时，则要三思而行。再如，在与家人、亲人在一起时，我们总是放松自己。但是在与同事在一起时，则有些话能说，有些话不能说。总而言之，不但做事要分场合，说话更要分场合。

人生之中，我们每天都在面对不同的场合。在有些场合，有些话是绝对不能说的。否则，就会贻笑大方，招人耻笑。这里所说的场合，不但是指客观存在的环境，也指我们面对的不同对象。古人云，说者无心，听者有意。如果你面对的是一个多疑的人，则你千万不能随随便便地说话，否则就会引起对方反感。倘若你面对的是一个心怀坦荡的人，而且是粗线条的，不会一个人瞎琢磨，那么你就可以无所顾忌地表达自己的看法和意见。否则，在不恰当的场合说不合时宜的话，只会导致事与愿违。

很久以前，有户人家迎娶新媳妇。为了让场面上好看，婆婆不但让自己家喂养的那匹马去迎亲，还从村子里借了两匹马，这样就有三匹马驾车去迎亲，看起来非常气派。再加上鼓乐队吹吹打打，简直热闹非凡。

在新娘家，负责迎亲的人从屋子里搀扶着新娘走出来，引领新娘上了马车。之后，鼓乐队就锣鼓喧天地吹打起来，引着新娘子往婆家走。路上，新娘子掀开红盖头，问迎亲的人："这马车两旁的马，是我家的吗？"迎亲的人说："只有中间这匹是你家的，两边的马是从村里借来的。"新娘子马上说："要是你嫌弃马走得慢，千万不要打我家的马。要打就打两边的马，如果它们走得快起来，我家的马也会快起来的。"迎亲的人纳闷地看着新娘子，想不明白她是什么意思。

到了婆家，婆家的人赶紧搀扶着新娘子下车。新媳妇一边下车，一边叮嘱婆家的人："过日子一定要精打细算。每次做完饭，你一定更要记得把火熄了。否则，要是一旦失火，那损失就太惨重了。"婆家人敷衍了事地连连应声，其实心里很生气：这个新媳妇才刚刚过门，怎么就要对全家人都指手画脚了呢！真是不招人待见。新娘子跨进家门的门槛时，突然从盖头下面看到门旁放着一个石臼。因此，她马上对搀扶着她的人又吩咐道："赶紧挪走，不然那这个石臼非得把人绊倒不可。"这句话，婆家很多人都听见了，不由得暗暗发笑。这个新娘子真是爱管闲事，就连当新娘子都堵不住她的嘴。

每个人读了这个故事，都会忍俊不禁地笑起来。然而，在欢笑之余，我们也应该深思。在这个故事中，虽然新娘子说的三件事都是对生活有利的事情，但是她才刚刚到了婆家就指手画脚，难免惹人生厌。生活中，很多话都应该分场合地说出来，一旦不合时宜，就一定会贻笑大方。而且，即使你原本是出于好心好意地说话，也会因为不分时间场合，最终导致引人反感。

聊天点睛：

如果一个人说话做事总是不分时间与场合，随心所欲，口无遮拦，那么就是典型的不会聊天。要想让聊天愉快，恰到好处，就要根据自己所面对的人，所处的事情，做到该说的就说，不该说的一定要三缄其口。还有些人明明与他人交情很浅，却对人交浅言深，也让人觉得轻浮。

谈话不要发射连珠炮，适当留白很有必要

喜欢欣赏水墨画的人，总是对水墨画上的留白情有独钟。的确，即使是再有韵味的水墨画，一旦失去留白，也会马上韵味尽失。尽管留白

并不起到实质性的作用，但是却能够让切实的内容更富于韵味。因而，留白是必不可少的，能够让欣赏画作的人感受到无穷无尽的魅力。不仅作画如此，做人做事，包括说话，也都要如此。只有适当留白，我们才能给人以思考的空间，给彼此以回旋的余地。

生活中，有很多人说话都如同连珠炮，总是不给他人说话的机会。由此一来，不但会造成误会，而且也让人失去了品味你的话的机会。因而，你所说的话会像一阵清风一样飘过，根本无法给人的心中留下任何痕迹。这样的说，还有什么意义呢？聪明人说话从来不会像连珠炮，因为他们知道，只有留给他人思考的空间，他人才能进行理智的选择，也不枉费了这番话。例如，很多人喜欢看篮球比赛、足球比赛。实际上，他们不但喜欢看赛场上千钧一发的时刻，也喜欢看中场休息时，球员们短暂放松的瞬间。

如果你曾经看过他人射箭，或者自己也曾有过射箭的经历，你就会知道，拉弓放箭，只有拉弓，才能把箭放得更远。如果我们说话时总是喋喋不休，丝毫不给人思考的空间，那么我们的箭根本就放不远，也会缺乏后续的动力。要想为交谈营造更好的氛围，我们就必须给对方留下足够的时间进行反应，不抢话，只有这样才能让一切进行得从容不迫，水到渠成。

最近，小白正在考虑买房的事情。因为手里暂时没有足够的资金，所以他便想向姑妈借一部分钱。这个周末，他特意买了很多礼品，来到姑妈家。刚刚与姑妈寒暄了几句，他就开门见山地对姑妈说：“姑妈，我想买房，想向您借点钱周转一下。”原本，正常的情况下，小白在向姑妈提出借钱的要求后，应该留白一段时间，给姑妈一定的时间做出反应。然而，小白非但没有进行适当的留白，反而接二连三地说：“姑妈，我是这么想的。您看呢，我的年纪也不小了，也该结婚了。如果没有房子，哪个女孩愿意跟我相处呢？而且，我在这个城市就你这一个亲人，除了你，其他也没有借钱的地方。我的朋友们都说了，我要买的那个楼盘，如果这次不买，等到下次开盘的时候，肯定是会涨价的。因而，我想，您无论如何一定要帮我啊。一旦错过这个机会，就很难再买房了。”如此叽里咕噜的一大段话说完，小白才看了看姑妈的脸色。不想，姑妈非常为难的样子，沉默了很久，才嗫嚅着说：“小白，实不相瞒，你表哥也是刚买了房子，家里真的一点积蓄都没有了。”

听到姑妈这么说，小白突然间满脸通红。他懊悔地想：早知道没钱可借，我还说那么多干吗呀！他却没有想到，他根本没有给姑妈机会说话，自己就一连声地说了那么多。这简直让人羞愧。又在姑妈家待了一会儿，小白就急急忙忙地告辞了。

所谓交流，就是你一言我一语。假如总是自顾自地说，又有什么意思呢！尤其是当你连珠炮似的说了半天，却发现自己说的都是毫无意义的废话时，则更显得尴尬。如果当你急急忙忙地说完话之后才发现对方毫无回应，还不如在说话的间隙停歇下来，给对方思考和回应的时间，这样你也能够及时调整思路，让谈话更顺畅地进行下去。

很多时候，我们不愿意与一个沉默寡言的人相处，因为觉得很闷。但是也有很多时候，我们同样不想与一个喋喋不休的人相处，因为觉得太聒噪。任何事情都有度，交流也是如此。只有适当留白，我们才能拥有最富有意境的谈话。

聊天点睛：

不管做什么事情，都要把握好度。很多事情，过犹不及，谈话也是如此。我们在与人交谈时，只有尊重对方，在传达一定的信息后给对方留下足够的时间做出反应，才有可能及时获得对方的反馈信息，从而主动调整谈话的方向和氛围。

遇到冷场时，你该找些话题自救

与人交谈，最尴尬的情况莫过于遭遇冷场。试想，如果是两个人四目相对两无言，则气氛紧张难耐；如果是很多人大眼瞪小眼，谁也不知道应该说些什么，则更加难堪。总而言之，一场愉快的交谈，绝不应该是频频冷场的。很多谈兴高昂的，甚至会争抢着说话，实在是让人不得不被表达的热烈氛围感染，也恨不得马上说出自己的心声来。自然，每个人都无限向往这样热烈融洽的交谈氛围，但是大多数人都觉得这样的交谈是可遇而不可求的。

我们都不是他人肚子里的蛔虫，不可能做到对他人了若指掌。因而，在与他人交谈时，难免会不小心踩了对方的雷区，或者是遭遇意外的情况，导致冷场。在这种情况下，应该说些什么话题自救呢？通常情况下，之所以出现冷场，是与话题有关。如果话题缺乏新意，或者是交谈的某一方排斥这个话题，就会出现冷场。当谈话变得像挤牙膏，交谈也会变得了无趣味。

为了避免冷场，我们应该谨慎地选择话题，也可以以对方的兴趣为依托，说些对方感兴趣的话。当然，如果在不了解对方的情况下与其交谈，则应该随时观察对方对话题的反应。如果不慎冷场，不如认真观察对方的穿着打扮，或者适时地转移视线，说些目力所及的事物或者人。无论你说的话题是否深刻，只要你能够打动对方，让他乐意回答你，你们就能交谈得非常愉快。此外，回想你与对方说过的话题，你会发现你随便以某个点为由头，都能激起对方的谈话兴致。

在陪同老板出差的路上，华丰刚开始时有些紧张。因为老板平日里是非常严肃且不苟言笑的，因此华丰虽然在枯燥的旅途中，说话也不敢造次。不过老板显得比平日工作中更加轻松活泼，时不时地就会问华丰：

"华丰，你喜欢巴黎吗？咱们这次到了法国，处理完公务之后，就去埃菲尔铁塔走一走吧。"华丰僵硬地回答："好啊。"老板又说："说说吧，你去过哪些国家？"华丰不好意思地笑了笑，说："真的，我还没有出过国门呢！"原本，如果是普通朋友之间说起这个话题，华丰一定会感慨万千，因为华丰自幼家境贫寒，大学也是自己靠着勤工俭学才读完的，根本没有经济能力出国走走看看。不过，面对老板，他显然不愿意说太多。这时，老板明显感觉到华丰的谈兴不高，因而也开始沉默起来。一时之间，难堪的沉默在彼此之间弥漫，华丰觉得有些压抑。沉默很久之后，华丰问老板："老板，你一定去过很多国家吧？"老板笑了，说："我是在英国读书的。为了开阔眼界，趁着节假日就走了很多地方。不过，当时我爸爸只负责供我读书，根本没有多余的钱给我四处旅行。因此，我就辛苦地一边读书，一边打工，攒够了钱就去旅行。"华丰羡慕地说："爸爸能供你出国读书，已经是非常有实力的了。我从读初中开始，就是自己积攒学费。就连读大学的学费，也是勤工俭学，再加上助学贷款。直到毕业两年后，我才还清学费呢！"听到华丰的话，老板显然大吃一惊，说："难怪呢！我总觉得你和很多同龄人相比显得很成熟，而且也很稳重。原来，你小小年纪就要为自己的人生埋单了！"接下来的旅程中，华丰和老板相谈甚欢，而老板也因为了解了他的坎坷经历，对他更加刮目相看和器重了。

面对冷场，原本不愿意与老板过多深聊的华丰也感受到难堪的沉默，因而，他反过来问老板成长的经历，果然让老板谈兴大发，还说起了自己半工半读去旅行的事情。由此，华丰也不再遮遮掩掩，归根结底，贫穷不是什么不光彩的事情。贫穷而有志气，才是真正值得钦佩的。果然，老板在听完他的经历之后对他刮目相看。

尤其是在职场上，很容易遇到冷场的问题。因为在面对上司或者是客户时，我们往往因为心情紧张，无法做到畅所欲言。经验丰富的人肯定知道，通常冷场都是因为话题不合时宜引起的。只有找到合适的话题，我们才能再次调动氛围，让交谈重新变得热烈起来。

聊天点睛：

擅长聊天的人，即使只说简单的几句话，也能让冷场的氛围瞬间调动起来。有时这句话是句玩笑话，有时这句话是句恭维话，有时这句话的目的仅仅是转移话题。我们只有灵活应对他人的谈话，才能让氛围不再是让人难堪的沉默，也让现场的每个人都安然享受愉悦的交谈。

说说共同的兴趣爱好，会让你们一见如故

很多养育过孩子的妈妈们都有这样一个感受：就算是原本全然陌生的妈妈们遇到一起，只要一说起孩子，气氛马上就会变得亲切而又热烈。大家在一起畅所欲言地分享育儿心经，彼此敞开心扉地探讨育儿难题，似乎只要话题一旦和孩子沾染关系，她们马上就变成了相亲相爱的一家人。这就是共同话题的魅力，也是心之所向的力量。所有的妈妈们都有一个共同的心愿，那就是认真地把孩子养育好，让孩子健康茁壮地成长，因而妈妈们在一起聊天时几乎不用寻找其他的共同话题和共同的兴趣爱好，因为孩子就是她们的共同话题，养育孩子就是她们共同的兴趣爱好。基于这一点，所有的妈妈们才能一见如故，隔阂顿消。

那么，如果不是有孩子的妈妈们，如何做到一见如故，彼此间滔滔不绝？其实很简单，即找到共同的兴趣爱好，替代孩子的话题。只要你能够找到彼此之间真正的兴趣爱好，你们就一定能够马上变得亲切和熟稔起来。

作为大学里的心理学老师，陈坤教授专门抽出一节课的时间进行了一项实验。这节课刚刚开始，他就让同学们按照他提前排好的座位表调整座位，虽然同学们都疑惑不解，甚至直截了当地问他为什么，但是他始终笑而不语，说等到课程结束时再揭示谜底。就这样，同学们很快调整好座位。这时，陈坤说：“这堂课的主要任务就是聊天。现在，每个人

都与自己的邻座展开交谈，并且要在一分钟以内进入热烈交谈的状态。”

一分钟过去了，陈坤发现交谈出现很明显的不同。首先，男生与男生的邻座、女生与女生的邻座交谈得兴致盎然。然而，男生与女生的邻座却有些尴尬，似乎不知道应该说些什么。陈坤认真地倾听和观察，发现男生们聊的话题不是打游戏，就是小时候上树摘果子、下河捉老鳖和鱼虾的经历。女生们呢，则说说衣服、化妆品，也有的正在说小时候最心爱的洋娃娃。唯独男生与女生之间，似乎很难聊得兴高采烈。归根结底，是因为男生与女生没有共同的兴趣爱好，无论哪一方说起自己最感兴趣的话题，都是让另一方兴趣索然的。因而，他们只好有一搭没一搭地说着，只是为了避免冷场而已。

从陈坤老师的实验中不难看出，人与人之间要想更好地交流，必须说起让彼此都感兴趣的话题。如果某个话题只有一方感兴趣，是很难让谈话氛围热烈的。因而，我们要想与初次见面的陌生人一见如故，最根本的解决办法就是找到彼此都感兴趣的话题。也许有人会说自己无从得知对方的兴趣爱好，那么，人长着一张嘴巴是干吗用的？除了吃饭，不就是用来说话的吗！既然不知道，反正怎么聊天都是聊，那么赶快大胆提问吧。所谓萝卜白菜各有所爱，有的人就喜欢说话含蓄、扭扭捏捏的人，有的人却偏偏喜欢直截了当、开门见山的人。你不说，又怎么能知道呢？

聊天点睛：

每个人都有自己的兴趣爱好。在交谈之中，这就是打开他人心门的钥匙。只要你选对了话题，还怕对方不愿意与你交流吗？只怕你挡都挡不住，他也要兴高采烈地说呢！因而，从现在开始，不管面对谁，只要你想与其兴致盎然地交谈，就赶快努力地了解他吧！

聊天就该轻松愉悦，千万不要咬文嚼字

所谓闲聊，就是漫无目的地聊。因而，谁也不必为闲聊时的话负责，谁也不必对他人闲聊时说的话较真。否则，闲聊就失去了悠闲惬意的氛围，变得让人紧张万分。如果说聊天必须是有情调的，那么聊天的情调就是轻松愉悦。它既不同于会议时的严肃认真，也不同于辩论时的寸步不让，就是安然闲适，轻松愉悦。很多人总是过于较真，哪怕闲聊天，也总是咬文嚼字，未免让人觉得太累。时间久了，大家都不愿意和他聊天。如此一来，他的人缘当然也就好不到哪里去了。

要想愉快地聊天，就要记住聊天不是咬文嚼字，也不能咬文嚼字。很多人把聊天当谈判，动不动就与他人争执不休。如此较真，不但伤了别人的好心情，也伤了自己的好人缘，何苦而为呢？

原本，这个周末，妈妈准备带着乐乐一起看电影，却因为乐乐的一次较真，变得不愉快起来。早晨八点钟，乐乐准时起床，洗漱吃饭之后，开始写作业。很快，将近两个小时过去了，但是乐乐的作业还没有写完。因而，妈妈催促乐乐："快点儿吧，十点啦，再过半个小时就得出发去电影院了！"这时，乐乐看了看墙上的挂钟，说："骗人，妈妈你是大骗子。现在才九点五十三分，根本不是十点。"妈妈不以为然地说："还差几分钟就十点啦。生活又不是科学实验，怎么可能精确到分秒呢！"说着，妈妈又催促乐乐："快点儿，快点儿！"乐乐却不依不饶："九点五十三分，还差七分钟才十点呢！你这么说就是不对的，你是个大骗子妈妈。"妈妈有些生气了，却又不知道如何和乐乐解释，因而只得说："你再多说几句，就真的十点整啦。要是耽误了看电影，你可别哭。"乐乐一边写作业，一边嘟嘟囔囔：妈妈是个大骗子，妈妈撒谎。这时，妈妈恼羞成怒，对着他一番河东狮吼。乐乐哭了起来，却依然不服气。就这样，原本是可以

高高兴兴、开开心心去看电影的，这下子，只好委委屈屈地去了电影院，也影响了乐乐和妈妈的心情。

虽然乐乐只是小孩子，也许是没有理解妈妈所说的话，但是乐乐这么较真，却伤害了妈妈的面子。倘若是成人之间如此较真，就真的不能愉快地聊天了。生活中的很多事情，原本都是没有那么绝对化的。在一起愉快地聊天，就不能较真，更不能像谈判一样寸步不让。人与人之间任何事情都是相互的，你对他人宽容友好，才能换来他人的宽容友好。因而，我们聊天时一定要本着轻松愉悦的态度，千万不要过于较真。

生活只有不那么较真，才能得到更多的快乐。最典型的例子是，我们明明知道自己不是美女，但是当别人称呼我们美女时，我们依然高兴得喜滋滋的。同样的道理，我们也会慷慨地称呼她人美女，或者称呼他人帅哥，这原本都是无关紧要的事，高兴才是王道。

聊天点睛：

当我们在工作中面对对手进行谈判，当我们在辩论场上与他人一个字也不让地争辩，当我们在和长辈或者上司说话时不得不谨慎思考，我们无比向往如鱼得水般的闲聊。既然生活和工作的压力原本就这么大，每个人的神经都绷得紧紧的，我们为何不更加轻松愉悦地对待聊天呢！只有不咬文嚼字，只有随遇而安，我们才能更加坦然轻松地面对生活。

每个人的心里都有些秘密不想与人分享

每个人的心里，都保存着自己的小秘密。每个人的心里，都有自己不愿意触碰的话题。每个人，也都如同金庸笔下的武林高手一样，有着自己心理上的死穴，是不能碰，也不能提的。当然，说得这么严重，大家一定以为这些秘密和死穴，一定是至关重要的大事。殊不知，这些事

情未必是大事。有些在大城市打拼的白领，一到春节回老家，就被七大姑八大姨问，“什么时候找对象结婚啊？”“什么时候要孩子啊？”“你一个月挣多少钱啊？”这些看似平常的话题，其实都是聊天的禁忌。如果不知所以地追问他人这些问题，必然使双方都陷入尴尬之中。

当然，聊天，就是天南海北地聊，无所顾忌。但是，话题还是要有选择性的。如果真的是口无遮拦，什么都敢问，什么都敢追问，则一定会让他人对你心生厌恶。要想愉快地聊天，首先要会聊天，所谓会聊天，就是该聊的聊，不该聊的不聊。

默默大学毕业后，留在大城市工作和生活，只有等到春节假期时，才会回到位于山区的家乡。山区不但偏僻，而且非常闭塞。默默每次回家，都被亲戚朋友们围观。尤其当得知默默回来后，那些本村的亲戚都会跑到默默家里串门。默默的大姨妈有一次问默默：“默默，你在大城市一个月挣多少钱？”默默有些尴尬地笑了笑，说：“也不挣多少钱。大城市开销大，挣的也基本都花了，没有什么富余。”后来，默默的二婶子又问：“默默，你都28岁啦。你看看，咱们这里28岁的闺女都好几个娃娃了呢，你到现在找对象没有啊？”默默更加无法回答这个问题，只得一笑了之，但是偏偏二婶子又要追问，还说：“默默，有什么好害羞的呢！你是个大学生，找对象一定要找有钱的。”

后来，默默就总是避开大姨妈和二婶子，对于其他的那些亲戚朋友，也心有余悸，有意识地避开。如此一来，默默更加沉默寡言了。每次春节回家，都如坐针毡，不知道如何面对这些热心得过了头又不知道聊天禁忌的亲戚们！

不管是秘密，还是自己的私人事情，我们都不愿意到处诉说，弄得尽人皆知。同样的道理，别人也是如此。因而，我们在与他人聊天时，千万不要变成爱去打听别人不想说的事情的长舌妇。只有会聊天，会尊重他人的隐私，也不随意打听不该打听的事，我们才能成为受欢迎的交谈对象。

每个人都有好奇心，然而，未必所有的好奇心都能得到满足。虽然很多时候明哲保身是个贬义词，但是在这里，只关心自己的心情，不要无限度地打听他人的私事，却是一种美德。如果真的需要触碰对方不想诉说的秘密，不如旁敲侧击，这样就把说与不说的主动权交到对方手里，对方不至于太为难，你也不至于太尴尬。如此两全其美的好办法，岂非更好？

聊天点睛：

面对他人不能触碰的隐秘事情，我们应该警示自己："前方危险，请绕行。"这就像是在一条道路上行驶，当你知道前方是深坑或者是刀山火海，你还会继续一往无前吗？你一定会紧急刹车，避免对自己造成伤害。对于与他人的交谈，我们也应该秉持这样的态度。

第 5 章

场面升温的技巧：调动好情绪让气氛热络起来

交谈时如果有恰到好处的氛围，则能够调动每个人的情绪，激发起每个人的谈兴，让交谈的氛围更加热烈，让每个人都能兴之所至地聊天。这样的谈话氛围，一定会给交谈者与众不同的体验。需要注意的是，要想达到如此好的聊天效果，也是需要掌握一定技巧的。只有恰到好处地运用聊天技巧，才能让场面升温，才能让每一个参与交谈的人都尽情尽兴地聊天。

调动情绪，让他人瞬间嗨起来妙语连珠

要想让聊天的氛围变得热烈，让参与交谈的人全都尽情尽兴，就需要我们学会调动他人的情绪，这样才能让人瞬间嗨起来，甚至妙语连珠，意犹未尽。很多时候，如果我们不管不顾对方的情绪，而只顾着一个人侃侃而谈，一定会让对方觉得兴致索然，再也不想与你继续说下去。如此一来，面对逃之夭夭的交谈对象，你岂不尴尬，而且也会马上觉得毫无兴趣。这样的结果，对于交谈双方都不那么愉快。

也许有人会说，假如与我聊天的人恰巧谈性不高且心不在焉，又怎么办呢？实际上，交谈对象的情绪是否高昂并不是最重要的，只要我们能够调动他的情绪，他马上就能进入谈话的状态，甚至口若悬河呢！前文曾经说过，人们总是对自己最感兴趣。因而，如果刚开始交谈时气氛冷淡，不如多谈谈对方，这样一定能够调动他的情绪，让他马上谈性浓郁。一个善于与初次见面的陌生人交谈，并且总是能与他人谈得兴致盎然的人，一定很少说“我”“我们”，而是尽量多地说“你”“您”“你们”。当我们把谈话的主角换成他人，他人一定会对谈话表现出浓厚的兴趣。

这次相亲，李刚又是以失败而告终。他也不知道怎么了，每次相亲都与女孩相对而坐，似乎很少有话题能聊到一起。比如这次，李刚一看到女孩就问：“我喝咖啡，你想要什么？”女孩选择了橙汁。他们人手一杯饮料，备受难堪的沉默煎熬。

为了打破沉默，女孩说：“我有一条哈士奇。”李刚惊讶地说：“是吗，太巧了，我也有一条宠物狗。”说完，他们就又陷入了沉默。过了良久，女孩又说：“我喜欢读书，看电影。”李刚马上接口道：“我喜欢网络游戏，也喜欢爬山。”就这样，谈话再次陷入沉默，女孩再也不想主动挑起话题了。最终，约会不欢而散，没有任何进展。得知李刚与女孩相亲的经过

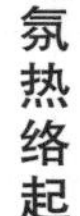

后，好朋友杜伟笑着说："你呀你呀，可真是个书呆子，真是太配得上理工男的称呼了。"李刚不知所以地说："怎么了，我没做错什么呀？"杜伟无奈地说："你是没做错什么，但是你太不会聊天啦！哪个女孩愿意跟你这样的呆子聊天呢，你连搭话都不会。女孩告诉你她有一条哈士奇，你应该马上表现出关心啊。你可以问问哈士奇多大了，平时用什么东西洗澡，喜欢吃什么，并且承诺下次给它带可口的零食。女孩说自己喜欢读书，看电影，你不正好可以问问女孩喜欢看谁的作品，喜欢看哪种类型的电影吗？！人家给你机会了解她，你却只顾着说自己，连一点儿回应都没有，这样人家一定会觉得你对她没意思啦！而且，也会因为你很乏味，不会聊天，而不选择你。"杜伟的话让李刚恍然大悟。果不其然，在再次相亲时，他按照杜伟所说的方法与女孩聊天，居然真的成功地约定下次见面的时间地点，而且相谈甚欢。在与女孩分手时，李刚明显感觉到女孩很快乐，而且意犹未尽呢！

每个人都愿意更多地关注自己，尤其是当他人在聊天中给予他足够的关注时，他一定会觉得兴致高昂，似乎有说不完的话。对此，我们在聊天时要想调动他人情绪，让他人谈兴浓厚，最好的办法就是先以对方的相关事情为话题，这样才能激起对方的谈兴。

需要注意的是，在选择了合适的话题之后，还应该在交谈时注入自己的情绪，然后才能更有效地调动他人的情绪。很多人都曾去过休闲洗浴中心，这些地方不但为顾客准备洗浴的地方，还有自助餐，甚至演艺节目。在演艺表演中，现场气氛是否热烈，完全在于主持人的语言挑逗与情绪调动。再如很多歌厅和舞厅，也都要靠现场的DJ来帮助调动情绪。其实交谈也是如此，只有形成氛围，才能更加热烈地互动。

聊天点睛：

话题选对了，谈话才能顺利展开。气氛调动起来，参与谈话的人才能畅所欲言。良好的交谈氛围需要参与者彼此都付出努力，这样才能共同营造良好的交谈气氛，让每个人都全心全意地投入其中。

赞美，瞬间拉近你与他人的心理距离

毫无疑问，每个人都喜欢赞美。在与他人交谈的过程中，人们会因为很多不入耳的话题产生排斥和抵触心理，但是却不会因为他人的赞美而心生不悦。归根结底，喜欢赞美是人的本性。只有尊重和顺应人的本性，我们才能更好地与他人交流和相处。

如果我们发自内心地喜欢和欣赏对方，我们的赞美当然会如心底的清泉一般汩汩而出。然而，如果我们从内心根本不欣赏和喜欢对方的一些观点、生活方式，甚至是穿衣打扮，那么我们还要赞美对方吗？答案当然是肯定的。所谓欣赏，只是以客观者的角度给予他人认可，而并不需要你改变自己什么。因而，不管你是否喜欢对方，为了让谈话更加愉快，你完全都可以赞美对方。对美好的事物表现出欣赏和认可的意味，是让人倍感愉悦的。

聊天，永远不是只有话题就足够的。愉快的聊天更是如此，除了要有恰到好处的话题，还要有实实在在的赞美，这样才能营造出热烈的谈话氛围，让每一个参与谈话的人都全心投入。对于聊天而言，赞美是永远不过时的。很多情况下，越是你漫不经心的赞美，就越能打动对方的心，让对方感到激动和兴奋。很多时候，赞美并不是一竿子买卖。因为对方心怀喜悦地对你的赞美作出回应，你们甚至可以由此衍生出其他新鲜的话题，让彼此都投入地畅聊起来。尤其是对于陌生人，如果想要愉快地交谈，就更应该恰到好处地运用赞美。因为赞美能够在最短的时间内拉近人们彼此之间的心理距离，让原本陌生和彼此戒备的人，因为赞美而变得亲近起来。

阿雅在南京读大学，但是她的家却在遥远的东北。每次回家，她都要先坐飞机去长春，再从长春转火车回家。暑假已经开始了，阿雅又踏

上了回家的漫长旅途。这次，她在飞机上的邻座是一个带孩子的妈妈。孩子大概两三岁，非常调皮，也很可爱。阿雅是个很外向的人，她可不能忍受自己孤独寂寞地度过好几个小时的飞行时间，因而她与妈妈搭讪："这孩子真漂亮，眼睛大大的，忽闪忽闪的，仿佛会说话一样。"听了阿雅对孩子的赞美，妈妈笑着说："谢谢你的夸奖啊！这么大的孩子，调皮得很，打扰你了。"阿雅不以为然地笑着，说："正好我还担心旅途寂寞呢，这下好了，有了这个可爱的小家伙，我想我一定不会无聊了。"妈妈笑了，说："那就好，每次带她出门，我都担心影响别人，因为她实在太顽皮了。你是学生吗，已经放暑假了吗？"阿雅点点头，就此和妈妈聊开了。后来，即便顽皮的女孩已经睡着了，但是阿雅和妈妈依然兴致勃勃地聊天。

在与陌生的邻座搭讪时，阿雅掌握了一个原则，即首先赞美那个漂亮的小女孩。虽然这赞美不是直接给妈妈的，但是当妈妈听到阿雅赞美她的女儿时，简直比自己得到赞美还开心呢！对于带着孩子的父母而言，赞美孩子几乎是消除隔阂的最好办法，简直屡试不爽。而且，因为赞美奠定了彼此交流的愉快基调，因而整个聊天过程都会变得备受欢迎。

当然，也许我们日常遇到的都不是带孩子的人。没关系，只要你认真自信地观察对方，或者退一步来说，哪怕你只是敷衍了事地找了个话题赞美对方，也依然能起到很好的沟通效果。至少，你们彼此之间的关系会亲近很多，你的搭讪就算不成功，也不会招致对方反感。由此可见，赞美在交流中起到多么神奇而又伟大的作用。只要学会赞美，我们就成功地打开了他人的心扉。

聊天点睛：

很多人面对他人的赞美，因为害羞或者内向，要么一笑置之，要么表示否定。实际上，这些都不是最好的回应方法。面对他人的赞美，最好的方法就是坦然接受，并且也发自内心地真诚地赞美他人，这样才能礼尚往来，让交谈更加愉悦和热烈。

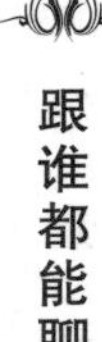

举一反三，用在交谈之中也同样效果显著

前文说过，如果对于他人的提问只是简单地回答，就结束了，那么无异于是在拒绝他人。真正适用于交谈的回答方式，应该是在回答他人问题时，也以问题作为回应，或者是说些表示感兴趣的话。这样，谈话才不会戛然而止，而是继续有来有往地进行下去。

还记得小学阶段，老师在给学生们讲授题目时总是提醒学生们要学会举一反三。实际上，不仅仅是解答数学题要学会举一反三，对于生活中的很多问题，我们都要学会举一反三，如聊天、交谈，如果也能做到举一反三，则一定会让话题无限生发开去，由一个话题衍生出很多相关的类似话题，从而让交谈的氛围更加热烈，交谈更加尽兴。如此一来，也就不复存在交谈遭遇冷场或者无话可说的情况。如果你总是能够从一个话题举一反三衍生出无数个话题，那么你在与人交谈时就绝对不会冷场，只怕会抱怨时间太少不够你们尽情交谈呢！

小小与久未见面的莎莎一起去餐厅吃饭，原本聊天聊得兴致盎然的她们，在吃完饭散步时，居然突然间就像把话都已经说完了，有些无话可说的感觉。她们一起摸索着肚皮在街边走着，小小说："哎呀，撑死我了。"莎莎也说："这家餐厅的味道很好呢！"过了有几分钟，她们一直沉默地走着，小小又说："味道的确不错。"莎莎也表示认可："的确很好吃。"这么简单的几句话说完，她们似乎再也无话可说了。

走了将近一半的路程，小小才突然若有所思地想到应该多找些话题说说，因而说："你还记得咱们几年前吃的那家餐厅吗？我觉得，虽然今天的羊肉串很好吃，但是比几年前的红柳烤串还是差远了。""当然记得！"莎莎兴奋地说，"那次，还是班长带我们去吃的呢！对了，班长去年就出国了，你知道吗？"小小点点头，说："貌似是先去了英国，后来

又去了法国。”莎莎疑惑地说：“为什么大家都争先恐后地出国呢！我可不喜欢吃西餐。我觉得，还是咱们中国吃的好。而且，你说海龟镀金回来之后就真的备受欢迎吗？”小小也当即对莎莎的态度表示认可，说：“现在出国越来越容易，海龟也没有那么高的含金量了。与其在国外上个不好的学校，还不如在国内上个名牌大学呢！我觉得，最主要的还是看能力，能力强走到哪里都受欢迎。不过，有空的时候出去开开眼界还是有必要的。”随后，她们针对出国的问题，谈到了成家立业的问题，又谈到了人生的理想和志向，直到分手时还意犹未尽呢！

原本，吃完饭后的小小和莎莎有些冷场了，似乎无话可说。幸好，小小想到应该举一反三，因而说起了几年前吃的穆斯林餐厅，又想起了带她们一起去吃好吃的红柳烤串的班长，继而谈到出国问题、人生的理想和志向，如此生发开去，只怕再说三天三夜也说不完呢！

很多时候，我们针对一个话题说得太久，未免也会觉得乏味。只有不断地给话题注入新鲜的血液，才能保持持久的活力，从而帮助交谈保持温度和热情。

聊天点睛：

要想在交谈中举一反三，就不要一味地盯着交谈的中心。而应该更多地关注交谈的要素，这样才能抓住诸多要素不受限制地生发开去，从而衍生出更多的话题。也因为是基于原本正在交谈的话题衍生出来的话题，因而新的话题并不会让人觉得生疏，反而会觉得有说不完的话呢！

要想让他人谈兴渐浓，不如充当小学生

倘若一个人在与人交谈时总是表现出什么都懂的样子，则一定会让人厌烦和反感。试想，你对任何话题都以行家的身份给人指点，但谁又

会这么心甘情愿地充当小学生呢？要知道，很多人都是好为人师的，他们希望通过表现自己的懂，来告诉他人自己的实力，从而得到他人的认可和尊重。如果你总是表现出什么都懂的样子，恰恰剥夺人了他人好为人师的兴趣。由此一来，他人自然不愿意与你交谈了。如果把这个命题反过来看，则对我们的交谈大有好处。在与他人交谈时，如果谈话氛围不够热烈，对方也不愿意过多地表达，那么你不妨充当小学生，以“不懂的人”的角色虚心向对方请教，这样一来，对方一定会非常积极热心地告诉你，甚至还会耐心地手把手地教你。如此一来，谈话陷入的僵局也就迎刃而解了。

马倩是个非常热心的人，在办公室里人称“知道先生”。每当有人这么称呼马倩，马倩都哈哈大笑，丝毫不觉得尴尬。在她心里，一直以为这个绰号是褒义的。然而，几年的时间过去了，曾经和马倩一起入职的同事们，只要工作上稍有起色，都得到了晋升的机会，唯有马倩始终原地踏步，这是为什么呢？

这一天，办公室里来了一位新同事。原本，办公室主任准备把新同事介绍给同事们，并且给他讲一下办公室里的规定。然而，不等主任抽出时间来给大家进行相互介绍，马倩已经越俎代庖，代替主任介绍新同事与大家认识，还嘀嘀咕咕地为新同事介绍了详细的规定，足足用了一个多小时的时间。当主任好不容易抽出时间来准备招呼新同事时，却发现马倩已经代他行使了权利，这让主任很恼火。主任可不觉得马倩是好心，反而觉得马倩是故意抢他的风头。为此，主任从此以后总是处处打压马倩。

在这个事例中，马倩原本是好心，却办了坏事。主任原本是想借着给新同事介绍大家，并且讲解办公室规定的机会，给新同事立规矩，树立自己的威严，如今却全部被马倩搅乱了。很多人常说不懂装懂是聪明，但是我们要说，懂装不懂是智慧。生活中的很多事情都是不可代劳的，我们既要热心帮助他人，又不能越俎代庖，剥夺他人的权利。倘若马倩能够懂装不懂，也许更能得到主任的赏识。

中午吃饭时，琳达和纤纤坐在一张餐桌上。沉默地吃饭总是让人觉得别扭，因而琳达没话找话地说：“纤纤，你最近在天猫买东西吗？我发现有个地方可以领红包呢，领了红包之后，付款的时候可以抵现金，非常划算。而且，天猫超市的华盛顿樱桃特别好吃，我觉得你那么爱吃樱桃，也可以领红包去买！”不想，纤纤不以为然地说：“当然啊，我早就是这么做的了。难道你才知道吗？”听了纤纤的话，琳达觉得很尴尬，突然间没了说话的欲望，因而匆匆吃了几口饭就走了。

在这个事例中，琳达是出于好心才告诉纤纤领红包买樱桃的事情，如果纤纤是个情商很高的人，则应很感激地谢谢琳达告诉她；虽然她早就这么做了，但也应懂装不懂，成全琳达的好心好意。然而，纤纤却以完全不屑的语气说自己早就知道了，自然伤害了琳达的好心。

生活中，我们有的时候需要不懂装懂，有的时候却要反其道而行，懂装不懂，这些都是需要根据实际情况做出调整的，不能一味地按照既定的经验去做。只有心思活络，我们才能更好地与他人交谈，让谈话愉快轻松。

聊天点睛：

所谓聊天，无非就是有来有往，有的说。如果我们总是过度地不懂装懂，或者不给他人丝毫说话的机会，则聊天就变得非常乏味，根本没有可能继续进行下去。由此可见，要想愉快地聊天，不懂装懂激起他人共鸣固然重要，懂装不懂激起他人谈兴也同样很重要。

恰到好处的幽默，才能帮助彼此放松心情

很多时候，谈话会陷入莫名的沉默，甚至变得尴尬。在这种情况下，如果任由情况继续下去，则在场的人都会很难堪。如何才能让尴尬的气

氛恢复活跃呢，或者至少不要那么剑拔弩张，沉默得让人想要逃跑？这就需要你有幽默的能力。心理学家证实，恰到好处的幽默，能够帮助交谈的人们彼此放松心情，从而更好地展开交谈。正因如此，交谈的效率也会大幅度提高，让交谈变得更有效率。由此可见，幽默是很神奇的，而良好的交谈氛围也是至关重要的。

当然，在交谈过程中，如果幽默能力欠缺，适当地说个笑话也能达到同样的效果。很多人在交谈遇到冷场的情况时，或者为了调动气氛，都会讲几个笑话，热热场。这就好比是歌星举行演唱会时，通常都会邀请好友穿插着唱几曲，也是为了吸引人气，让现场的气氛更加热烈。

几个同学聚会，在酒吧里喝酒。酒过三巡，未免有些小小的醉意，说话也就开始天马行空起来。一个同学突然间提议每个人讲个笑话，大家都同意了。如此一个一个顺次讲下来，轮到丽娜的时候，她笑着说："我有个笑话特别好玩。我办公室里的上司是个大胖子，但是她偏偏喜欢穿紧身的衣服，露出一身赘肉。有一次，她穿了一件连衣裙，还在粗壮的腰上系了一根腰带。注意哦，她的裙子是红色的，腰带很宽是黑色的。要是那种细细的松松系上的腰带也还能起到装饰的作用，偏偏她的腰带系的很紧，她整个人原本像个皮球一样的 0，生生地被勒成了一个红红的 8。从此以后，我们都在私底下都称呼她红 8。有的时候大家在一起打牌，一说出红桃 8，我们就笑得前仰后合，唯独她不知所以，也跟着我们傻笑。"丽娜的话音刚落，原本兴高采烈和大家一起玩耍的刘敏突然说有事，就走了。

丽娜不知所以，问："怎么了，刘敏怎么突然走了？"同学们都异口同声地说她："你可真呆啊！"原来，刘敏也很胖，而且今天恰巧如同丽娜口中的上司一样，也穿了一件系腰带的连衣裙。这时，丽娜才知道刘敏一定误以为自己在含沙射影地说她呢！为此，丽娜懊悔不已。

原本，说笑话是为了调动气氛，不想，丽娜说话时不假思索，却不小心伤害了刘敏。这样一来，笑话就完全起到了相反的效果，导致剩下的同学们也都觉得兴致索然，因而大家早早地就散了。原本开心的事情，就因为一个不合时宜的笑话导致败兴而归。

在说笑话时，我们一定要区分时间和场合，更要考量自己面对的人。否则，笑话就不是笑话，而是恼话了。只有不伤害任何人的利益，巧妙地把笑话融入交谈中，笑话才能让人忍俊不禁，捧腹大笑。

聊天点睛：

需要注意的是，用笑话调动氛围一定要注意选择合适的笑话，有些人平日里说话就很不合时宜，总是说不到点子上，因而运用笑话一定要更加谨慎。很多笑话非但不能调动现场的交谈氛围，还有可能使原本就很冷淡的氛围降至冰点，如此就事与愿违了。笑话未必都要局限于成品，也可以是我们的一些可笑的经历，因为是亲身经历的，说起来也会更加生动有趣。

话题跑偏，不需要八头牛也可以巧妙拉回

很多时候，知心的好朋友们在一起畅所欲言，往往说着说着，就把话题说到了十万八千里之外。原本是说上学时的很多事情呢，却不知不觉间说到了出国，说到了结婚生子，说到了带孙子。无疑，这话题跑得有点儿远。在这种情况下，如果你想回到原来的话题，不如大喊一声："哈哈，我们刚才是说什么来着？"如此简单的一句话，马上就会把大家飘散的思绪拉回到此前的话题上来。

不过，这样的大喊一声，只适合于熟悉的亲人朋友之间。如果是与客户交谈，则需要动动心思。毕竟，与相对没那么熟悉的人，大喊一声是不合时宜的。在很多正式的交谈场合，其实也是有一种方法直截了当地把话题拉回来的。你可以说："我们的话题扯得有些远，接下来就让我们言归正传吧！"只要这么一句话，即使大家已经神游物外，也会马上集

中心神，回到正道。

在这个购物群里，大家每天都在热烈地交流关于购物的心得体验，一起跟着群主抢白菜。这一天，群主推荐了一款老粗布床单，很多人都跟风买了。然而，因为正是夏天，家家都铺着凉席，所以很多人买了床单之后都束之高阁了，等到撤掉凉席才用。为此，还准备买入的人就问先买的人："亲们，谁买老粗布床单了，起球吗？"过了半天，才有人回答："我买了，不起球。"马上有人说："想当初我买的好几套床单被罩，都起球严重，恨不得扔了呢！"有人说："肯定不是跟着群主买的吧。我们跟着群主买的基本都很好。"还有人说："对了，最近床单怎么这么便宜啊？""当然是因为实体经济不好，只能降价促销。""我老公说我天天在网上购物，超市都要倒闭了。""哈哈，你省钱你老公还说你啊！""他忧国忧民，总是说如果人人都像咱们这样在网上捡白菜，超市商场就要关门了。""你老公真逗。我老公从来不说这些闲话，一天跟个闷葫芦似的。"……话题如此东拉西扯，大家最后居然说到了小学时候的男老师是否爱说话。

这时，最早那个提问的人不由得着急地说："亲们，跑题啦，跑题啦，咱们能不能说说床单到底起球不起球呢？"等到大家又天南海北地说了好几句，才有人回答："不起球，放心买吧！"

如果不是那个姐妹吆喝着让大家言归正传回答她的问题，也许这群"败家娘们"会把话题一直扯到美国总统的身上呢！这就是跑题的魅力，真的是能跑十万八千里的哦！如果是日常的闲聊，其实话题不管跑到哪里，只要交谈有话可说就不用管它。但是如果最初的谈话是有目的的，我们就要想方设法把话题拽回来，言归正传。

从小学三年级写作文开始，我们就被要求不能跑题。即使步入社会，工作以后，开会也同样被要求不能跑题。相比之下，闲聊是对跑题要求最松散的。不过，如果交谈是有目的的，就应该时刻牢记主旨，这样才能不跑题。如果把一个话题比喻成八爪鱼，则它的爪子一定是可以伸到四面八方的。不过，所谓万变不离其宗，无论如何都要紧扣中心议题，否则，交谈对象一定会觉得你的思维过于跳跃。在恰当过渡的情况下，我们再转向另一个话题，这样更容易让人接受。

聊天点睛：

很多时候，人们遇到交谈对象跑题，往往不知道如何拉回来。其实，很多情况下都无须遮遮掩掩。我们只需要直截了当、坦然大方地拉回话题即可。简简单单的一句“我们刚才在说什么”“让我们言归正传吧”，就可以把跑偏的话题拉回正轨。很多时候，话题跑偏并不是在交谈过程中出现，有的时候也是因为对话题的理解出现了偏颇，因而要正确理解话题，准确把握话题，时刻围绕既定话题，从而避免话题跑偏。

话闲心不闲，闲聊也应该掌握好节奏

即便只是一岁多的孩子，在听音乐的时候，也会情不自禁地和着音乐的节拍。当看到他们弱小的身体随着音乐摇摆，简直让人忍俊不禁。寻找节拍，是与生俱来的本能。其实，不仅音乐需要节拍，闲聊也应该掌握好节奏。很多人误以为闲聊就是有一搭没一搭地聊天，无须在乎内容，更无所谓节奏。实际上，闲聊就像是一首歌，有湍急的旋律，也有平缓的旋律，才能带着人心在其中跌宕起伏。当然，既然是歌曲，就既会有高潮部分，也会有停顿，这样才能适当留白，让人意犹未尽。很多人都曾有过在咖啡馆里消磨时间的经历，经历过那种时而窃窃私语，时而欢声笑语的聊天。这样的节奏，让在一旁侧目相对的人都觉得很闲适呢！

闲聊，并不总是从开头就进入高潮的。凡事都要有铺垫，闲聊也是如此。我们会先从无关紧要的话题说起，然后渐渐进入佳境，彼此之间隔阂尽消，然后大家开始倾心交谈。如果遇到只能彼此听到的悄悄话，

就会把头亲密地挨在一起，声音低些。如果说到高兴的话，难免会忘形地笑起来，甚至哈哈大笑。当情绪恢复平静，又会小声地说话，尽情地交谈。通常情况下，当需要思考的时候，我们就会情不自禁地慢下来。但是如果对方等得着急，你就要适当加快速度。面对复杂的问题，你也不要急于求成，而应该耐心地思考，从而帮助自己更加完善地回答问题。如果你是作为谈话的主导，则要注意在对方思考时给予充分的时间，在对方情绪激动时帮助其恢复平静。总而言之，只有把握好交谈的节奏，交谈才能顺利进行下去。很多时候，我们并非语速过快，而是大多数没有掌握好停顿。这就像是国画中的留白，必须留下足够的时间给对方思考，体会言语间的深刻含义，才能让谈话更深刻，更富于韵味。如同连珠炮似的说话，是无法更深入地进行交谈的，也会因为过于急迫，给对方紧迫感，让对方不知如何应对，以致仓促结束交谈。

很多人都听过评书，或者是听过故事。在四大名著的故事光碟中，尤其以孙敬修的《西游记》讲得最好。这主要就是因为孙敬修会停顿，给听众设计悬念，从而做到带领听众朋友们进入引人入胜的情节。如果孙敬修讲起故事来平铺直叙，也就不会有这么多的忠实听众啦！交谈，也是同样的道理。成功的交谈，一定是引人入胜的。

张大妈在和李大爷聊天，虽然已经是老夫老妻的老两口了，但是他们闲聊起来依然没完没了，似乎总也说不够。在闲聊中担任主导作用的，是张大妈。张大妈说话最是抑扬顿挫，引人入胜，李大爷总是全神贯注地听着，无疑是张大妈最好的听众。

张大妈："我跟你说，以后咱们可不能这么惯着小孙子啦！"

李大爷："为什么啊？咱们就一个儿子，一个孙子，不惯着孙子惯着谁？"

张大妈："你可不知道，儿媳妇昨天都生气了呢！她下班回家的时候看到我正在给小宝喂饭，马上就不高兴了，你猜她说啥。"

李大爷问："说啥啦？"

张大妈叹了口气，说："她当然不会直接说我啦！她怒气冲冲地对小

宝说：‘小宝，你都两岁了还不会自己吃饭，难道想变成个废物吗？你这么天天让奶奶喂，等去了幼儿园没人喂你，你非饿死不可。’”

李大爷说：“孩子懂个什么呀？”

张大妈说：“可不，她这就是拿说孩子来说我呢，我又不傻。咱们这么辛辛苦苦地给她带孩子，反倒落不是了。以后，咱们就少管孩子一些，让她自个儿带，看看能带成什么样！”

李大爷说：“可是，要是她把咱孙子培养成才了，咱们还偷着乐呢！”

在与李大爷闲聊的过程中，张大妈丝毫没有平铺直叙，而是不停地渲染气氛，设置悬念，让李大爷在她的谈话节奏下步步深入。这样的聊天，无疑是有节奏的。如果张大妈竹筒倒豆子般地一通说，也许李大爷还不会这么感兴趣呢！恰恰因为张大妈把握好了闲聊的节奏，李大爷才被吸引。

闲聊，把握好节奏才能引人入胜。虽然闲聊往往不涉及重要的话题，但是老百姓过日子不就是通过闲聊进行沟通和交流的嘛！只有学会闲聊，才能让我们原本平淡的生活变得更加精彩。

聊天点睛：

用唱歌的方式闲聊，闲聊也会变成一首歌，给我们平淡的生活增添更多的色彩。尤其需要注意把握好停顿，切勿竹筒倒豆子。否则，没有悬念和节奏的闲聊，就会使人感到乏味，一个人的独角戏也就失去了意义。

不要唱独角戏，互动的交流才更生动

为什么歌星总是要开演唱会，因为他们需要互动。仅仅出唱片，不停地在录影棚里录制歌曲，就像是一个人的独角戏，很难得到回应。演

唱会则不同，那些疯狂的歌迷，总是能够给予歌星们最大的热情。当歌星们在舞台上唱歌，看着台下挥舞着的无数的荧光棒，还有歌迷们惊声尖叫，一定会觉得无比兴奋，恨不得把自己满腔的热情都以歌声传递给歌迷们。这样互动，让歌迷们更加热爱歌星，歌星因为得到了热烈的回应，也以不断地进取、推陈出新回报歌迷。如此一来，歌星与歌迷进入良性循环，互相促进。

不但歌星唱歌需要互动，我们与他人交流同样需要互动。很多青春期孩子的父母面对孩子以沉默作为对抗，总是心急如焚。因为他们知道，如果孩子不愿意对他们的苦口婆心作出回应，就证明他们的话白说了，也证明孩子不愿意对他们敞开心扉。没有回应，如何进行下一步的交流呢？这几乎是不可能的事情。日常聊天中，我们依然需要互动。一个人喋喋不休的诉说很难继续下去，只有得到互动和回应，我们与他人的交流才会妙趣横生。因而，我们要想与他人愉快地交谈，最重要的就是激起对方谈话的兴致，对对方有来有往地进行互动和交流。

一个人说话叫自言自语，不能称其为交流。只有至少两个交流对象在一起，你说一句，我说一句，或者你说的时候，我给予眼神的交流，或者给予肢体上的反应，这样才叫互动。不管听谁说话，我们都要及时给予回应，这样才能鼓励对方继续饶有兴致地说下去。否则，对方看着毫无反应的你，一定会毫无兴趣，再也不想唱独角戏。当然，如果我们作为说话的人，也应该学会适当停顿，给予对方反应的时间。否则，连珠炮似的说话，别人当然无暇作出反应了。

聊天点睛：

所谓互动，不仅仅是语言上的互动，也包括肢体上的互动。例如，面对对方动情的讲述，你可以以感动的眼神作为回应，也可以以握紧的拳头传递力量，或者表示认可。当然，如果你们坐得很近，为了表示安慰和支持，你还可以轻轻地拍拍对方的肩膀，这些都能作为谈话中的互动出现，而且效果非常显著。

第 6 章

八面玲珑聊天术：这样做让你跟谁都能聊得来

生活中，我们经常需要面对形形色色的人。与这些人打交道，不但要察言观色，更要能说会道。只有掌握八面玲珑的聊天术，我们才能见什么人说什么话，与各种各样的人都能聊得来。这对于我们的人际关系，有非常大的好处。不但能够帮助我们拥有好人缘，而且对于我们的生活和工作都会大有好处。

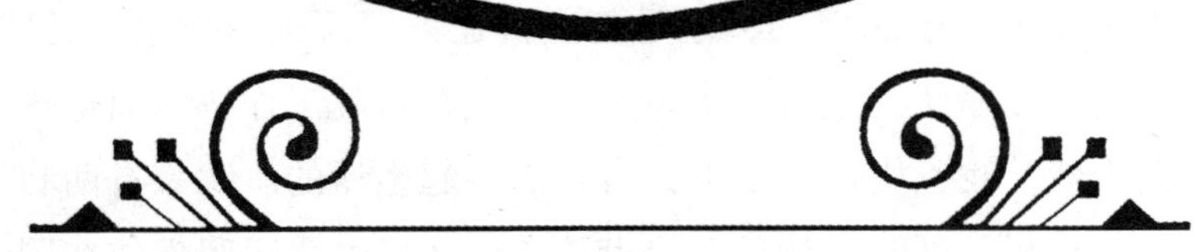

掌握走进女人内心的聊天技巧

倘若你认真观察，你就会发现某位作家说的男人和女人来自不同的星球这句话是完全正确的。看看身边的这些男人们吧，会和女人聊天的简直少之又少。如果用线条来表示男人和女人，则男人和女儿就像是两条平行线，很难相交，甚至可以说永远不会相交。其实，作为男性朋友，要想与女人更好地聊天，首先要做的就是打开女人的心扉，走进女人的心里去。只有这样，女人才会放下戒备和矜持，心甘情愿地吐露自己的心声。

虽然这其中的道理说起来很简单，而且浅显易见，但是真正要想做到这一点，却难度很大。从生理的角度来说，男人的思维方式和女人是不同的。男人以理性思维为主，女人以感性思维为主。虽然理性思维和感性思维之间的关系不能简单地以矛盾对立为总结，然而，理性思维和感性思维还是截然不同的。很多男人在面对女人时，不是伪装出大男子主义，就是喋喋不休地抱怨，招惹女性厌烦。殊不知，女性最讨厌男人大男子主义，凡事都以自我为中心，这也是为什么现代社会越来越多的女性欣赏绅士的原因。

这次相亲，刚刚见面，马波就开始喋喋不休地对着女性清点自己的财产。他完全不在乎女性的感受，而是自负地说："我家在昌平区有五套房子。本来是没有这么多的，但是赶上拆迁，因而也就成了千万富翁，也就买了这么多房子。我有一个姐姐，姐夫在法院工作，因而也算朝里有人吧。当然，我爸妈以后是不会与我们一起生活的。我家有两套房子在同一个小区里，到时候如果需要带孩子，父母也会跟我们住在同一个小区，而不住在同一套房子里。"女孩厌烦地听着他说话，挖苦地问："那么，你一直在说你家，你呢？我又不是和你家的房子结婚。"马波不好意思地笑了，说："至于我嘛，我是一名公交车司机。当然，我上班不是为

了钱，只是为了消磨时间。”女孩不以为然地说：“你家即使有金山银山，也不够全家人吃喝八辈子吧。要是你只会坐吃山空，凭什么养活老婆孩子？！”说完，女孩告辞了，只剩下马波一个人尴尬地坐着。

在这个事例中，马波以为自己遇到了拜金女，因而自以为是地觉得只要亮出自己的北京户口，再加上房产，就一定能够轻而易举地俘虏女孩的心。殊不知，女孩根本不在乎这些身外之物，而只在乎自己面对的那个人是不是自己喜欢的，能不能白头到老，有没有共同语言。因为遇到了一个崇尚爱情的女孩，马波完败。

不管与谁说话，我们都要先了解对方，然后才能投其所好。像马波这样不由分说地就亮明自己北京土著的身份，也许会让一部分女孩怦然心动，但也可能会让有些女孩感到心里不踏实。在与女性朋友聊天的过程中，不管我们与女性是什么关系，或者是出于怎样的目的，都应该在了解女性、尊重女性的基础上展开交谈，千万不要弄巧成拙，导致彼此都尴尬。

聊天点睛：

常言道，女人心，海底针。对于这针尖一样的女人心，还要大海捞针，简直是难于上青天。那么，从现在开始，就让我们更加认真地观察女性，用心地了解女性，这样才能在与女性朋友们交谈时不至于南辕北辙。只有更好地了解女性，我们才能成功打开女性朋友的心扉，与女性朋友畅聊无阻。

拥有童心，才能打开小朋友的心扉

如果你与一个孩子聊关于工作或者爱情的话题，孩子一定会瞪着无辜的大眼睛，茫然地看着你。如果你与孩子说起《超级飞侠》，或者是

《熊出没》的动画片，那么孩子们一定会瞬间就像打开了话匣子，甚至还会就动画片里的人物与你不停地探讨呢！这是因为，工作和爱情都不是孩子关心的问题，孩子们喜欢的是看动画片，或者去游乐场。正所谓投其所好，在与孩子聊天时，我们一定要说一些孩子感兴趣的话题，更要怀着一颗童心，这样才能真正打开孩子们的心扉，让他们感受到你的真诚与可爱。

细心的人会发现，孩子对于孩子似乎有着天生的吸引力。曾经有个一岁多刚刚学步的女孩，总是情不自禁地追随公园里比自己大的孩子，即使只是跟屁虫一样地看着大孩子玩耍，对她也是莫大的乐趣。她乐此不疲地做着这件事情，妈妈却浑然不知她为什么热衷于此。实际上，这个小女孩虽然还很小，但是也能分辨出自己的同类，所谓物以类聚，人以群分，她当然愿意与和自己相似的人在一起。

蒙特利索在著作中曾说，儿童是成人的父。的确，在漫长的成长过程中，我们渐渐失去童心，甚至不知道如何与孩子相处。但是从小生命呱呱坠地的那一刻，我们又重新找回了童稚的快乐。这就是生命的神奇与循环往复。作为成人，当我们再次以孩童的眼光看待世界，我们得到的绝不仅仅是童心，而是更多的收获。现代社会，儿童成熟的步伐越来越快，很多时候我们不知道如何打开孩子的心扉，这恰恰是很多父母与孩子沟通的障碍。其实，只要我们能够蹲下来看着孩子的眼睛，以平等的心态与孩子相处，就我们就会发现孩子是至纯至美的。孩子的世界，其实很好懂。

对于 4 岁的小外甥豆豆，雅丽总觉得与他之间隔着万水千山。虽然看着这个可爱的小家伙，雅丽特别想亲近，但是每当她与豆豆聊天时，就觉得似乎彼此之间隔着厚厚的一堵墙。例如，雅丽好言好语地问豆豆："豆豆，今天在学校听话了吗？""听话。""豆豆，你们中午吃的什么饭啊？""米饭。""豆豆，你喜欢小姨吗？""喜欢。"如此干巴巴的几句对话之后，豆豆再也不愿意说什么，雅丽也想不起来还有什么可沟通的。但是如果豆豆与年纪相仿的小朋友在一起就完全不同了。豆豆总是喋喋

不休地念念有词，“小飞侠来帮忙啦！”“别动，别动，我还要砍树呢！”雅丽每当听到豆豆这么说话，都觉得豆豆肯定是魔怔了，因为她根本听不懂豆豆在说什么。

雅丽问姐姐：“姐姐，豆豆是你生的吗？我怎么觉得他跟个外星人似的。”姐姐嗔怪地说：“你看他是外星人，他看你也是外星人。你面对这么大的孩子怎么能把自己当大人呢？你必须让自己变得和他一样小，才能与他有共同语言啊！”在姐姐的启发下，雅丽改变策略，甚至特意去看了豆豆喜欢的动画片。果然，再见豆豆时，雅丽显得胸有成竹：“豆豆，我是熊大，你是谁？”豆豆马上拿起玩具锯子，说：“我是光头强。”雅丽说：“光头强，不许砍树。”豆豆说：“我是熊二。保护森林，熊熊有责。”就这样，雅丽与豆豆快乐地玩乐了一整个上午，直到午饭后该睡午觉时，豆豆依然意犹未尽。看到雅丽转眼之间进步神速，姐姐夸奖道：“哎呀，孺子可教！”雅丽自豪地说：“那当然。从现在开始，我要永远上幼儿园大班。”

雅丽原本很难与豆豆相处，也无法打开豆豆的心扉，与豆豆交流。幸好在姐姐的点拨下，雅丽意识到自己的问题所在，因而温习了豆豆看过的动画片，从而顺利找到与豆豆的共同语言，才能成功地带着豆豆疯狂玩乐一整个上午。

现实生活中，相当一部分家庭都有小孩子。因而，我们在生活和工作中难免有需要与小孩子打交道的时候。退一步说，即使当我们自己有了小孩子，也是需要更好地与孩子相处的。因而，我们应该把自己变小，站在孩子的立场上，以一颗童心与孩子交流。这样，才能成功打开孩子的心扉，走进孩子的心里去。

聊天点睛：

聊天时，每个人都希望说说与自己的生活贴近或者是自己感兴趣的话题，孩子也不例外。当我们觉得孩子说的话就像是魔怔之后的念念有词、胡言乱语，孩子也同时会觉得我们成人的话难以理解，不可理喻。

因而，我们应该注意调整自己的心态，以一颗童心去了解孩子，贴近孩子，从而更好地与孩子交流。

掌握技巧，让领导与你聊天欲罢不能

在职场上，作为下属，最害怕的事情就是与领导聊天。因而，很多下属在不得不与领导聊天时，总是战战兢兢，恨不得马上结束谈话。对他们而言，与领导聊天不是享受领导特殊的关心和器重，而是备受折磨的一件事情。那么，如何才能做到畅所欲言地与领导聊天呢？只要稍微动脑想一想就知道，如果能够获得领导的器重，在私人感情上与领导聊成好朋友，那距离晋升还会远吗？既然如此，就让我们马上行动起来吧！只要掌握技巧，你就能够让领导兴致勃勃地与你聊天，而且还会意犹未尽哦！

作为职场人士，不管你是处于最底层的基层人员，还是中高层管理人员，都必须学会与领导聊天，因为与领导打交道是不可避免的事情。而要想快速得到晋升，除了工作上的突出表现之外，我们更要学会与领导闲聊，加深私人感情，从而起到职场上打拼的辅助力量。很多时候，恰恰是这样的非官方交情，能够帮我们的大忙，让我们事半功倍。

要想让领导聊得高兴，我们除了要善于和领导聊天之外，还应该让领导乐意与我们聊天，甚至喜欢与我们聊天。当然，要想实现这一点，最重要的先决条件，就是了解领导。所谓千人千性，就是说每个领导都有自己的脾气秉性。我们首先要了解领导的性格特点，才不至于让自己陷于困境。此外，不管是汇报工作还是与领导闲聊，领导毕竟是领导。因而，你万万不可像与朋友聊天那样抢话说，而应该跟进领导的思路，恰到好处地认可领导的观点，给予领导适当的回应。否则，如果聊天时你与领导的想法、言语南辕北辙，领导下次肯定不会愿意与你聊天了。

当然，领导的官位比我们高，工作经验、人生阅历也相应地比我们丰富。因而在与领导聊天时，哪怕说的是私事，我们也应该毕恭毕敬，尽量带着倾听的耳朵聆听。此外，最忌讳的是与领导议论他人的短长。要知道，一个英明的领导在听到下属在自己面前说他人的是是非非时，最先想到的不会是被说的人怎么样，而会认为说他人长短的这个下属是有问题的。如此偷鸡不成反蚀把米，不得不说是做人的失败。只要注意到上述这些注意事项，再配合得体的言行举止，相信领导一定会乐于与你聊天的。

在与领导说话时，很多事情明明懂得，为了顾全领导的颜面，也应该装不懂。很多事情很多话，都没有必要非要写到别人的脸上，只要彼此间心意相通，也就足够了。

聊天点睛：

每个人都有七情六欲，都要品味生活的酸甜苦辣。领导也是人，也不例外。因而，我们除了要在工作上与领导搞好关系之外，更要能够与领导聊得来，且要让领导爱上与我们聊天。唯有如此，工作与生活双管齐下，我们才能与领导更加合拍，心意相通，从而让工作更加和谐融洽，帮助我们获得更好的发展。

打动面试官，让其感觉与你相见恨晚

自从市场经济以来，不管是多么有名的大学的毕业生，要想找到让自己满意的工作，也必须经过面试这一关。虽说是双向选择，但其实更多的时候个人求职者是处于弱势的地位，必须胆战心惊地等待面试的结果，才能等到肯定或者否定的回复。参加过面试的人都知道，与笔试相比，面对面的问答也许是更加重要的环节。如果我们能够在面

对面交流的环节打动面试官，让面试官与我们愉快地聊天，甚至感觉相见恨晚，那么面试成功的概率就会大幅度提升。归根结底，面对面的面试，面试官的主观性还是很强的。说白了，能够给面试官留下好印象，你就能如愿以偿地进入公司，获得工作；反之，你就很难被选中。由此可见，拥有打动面试官的好口才，对于面试起到至关重要的作用。

也许有人会说，面试都是严肃的问答，怎么可能有机会与面试官闲聊呢？其实不然。如果你的专业性很强，则面试官当然会考你一些专业题。但是如果你要面试的是销售职位，则面试官很有可能与你东扯西扯，主要看你的应变能力和亲和力、语言表达能力等。在这种情况下，只要你能聊得面试官心服口服，你的工作就铁板钉钉了。

作为应届大学毕业生，小哈找工作时处处碰壁，因为很多单位都希望找到有工作经验的员工，这样也省得公司不辞劳苦地培训了。正当小哈心灰意冷之时，好朋友告诉他一家很大的企业正在招聘销售人员，而且不限制经验和学历。得到这个消息，小哈兴冲冲地投递了简历，并且很快就来到公司参加面试。面试的过程，小哈至今印象深刻。

面试官：“你为什么想加入这个行业？”

小哈：“我听说做销售很挣钱，实际上我是学计算机的。”

面试官：“你喜欢看书吗？”

小哈：“虽然我是理工男，但是我其实很有文学情愫。我喜欢看书，周末经常泡在图书馆里。”

面试官：“你最喜欢看什么书？”

其实，小哈刚刚走进面试官的办公室时，就看到了面试官办公室的书柜上摆着陈忠实、贾平凹这些作家的乡土文学作品。因而，他毫不犹豫地回答：“我喜欢看乡土文学，诸如陈忠实的作品。不过，怪才贾平凹的书我也看过几本，觉得也很不错。我喜欢平实的文学作品，对于前几年流行的意识流作品，缺乏鉴赏能力。”

听到小哈的回答，面试官显然有些吃惊，又有些惊喜。他赶紧问：

“你最喜欢陈忠实的哪部作品，贾平凹的呢？”

小哈毫不迟疑地说：“我最喜欢陈忠实的《白鹿原》，最喜欢贾平凹的《废都》。《白鹿原》里白鹿幻化的精灵，让我念念不能忘。而《废都》里的庄之蝶。我觉得其实很可怜。”

这几句简答的回答，让面试官更加确定找到了知音。在随后的十几分钟里，他们一直在聊这两位作家，直到超出面试时间十分钟，彼此依然意犹未尽。面试官站起来对小哈说：“你是计算机专业中最有趣的人。欢迎你，等你正式报到上班之后，咱们再一起探讨吧！”

毫无疑问，小哈得到了这个工作机会。其实，面试官原本问小哈是否喜欢读书，只是想看看他的知识面是否够宽。因为销售行业每天都会见到形形色色的人，如果没有很宽的知识面，则很难与人搭讪。让他万万想不到的是，小哈居然和他兴趣爱好相投，都喜欢乡土文学，这让面试官对小哈一见如故，感觉相见恨晚。

虽然很多单位都不欢迎应届毕业生，但不可否认的是，应届毕业生中不乏有才华有能力的人。他们唯一缺少的就是一块敲门砖，这样才能得到展示自己的机会。在忙着四处奔波面试时，不如更加有心和留心，如果能够像小哈一样把面试官聊得感觉相见恨晚，自然不怕得不到工作的机会！

聊天点睛：

很多时候，面试官会通过闲聊对你旁敲侧击，从而从侧面了解你的为人处世和品格性格等。因而，即便是与面试官闲聊，也不可掉以轻心。我们说每一句话都应该谨慎。如果你是一个很细心的人，能够提前了解面试官的关心，则与面试官相谈甚欢的可能性就会更大，而且也会帮助你与面试官一见如故。

面对不同性格的人，都如鱼得水地聊

每个人都有自己独特的性格，如何与不同性格的人聊天，而且要如鱼得水地聊天，让彼此都感到亲切和贴心，这是一个很大的难题。尤其是作为销售人士，基本每天都要面见不同的客户。当这些客户性格迥异，而你对他们又知之甚少时，如何才能与他们相谈甚欢呢？毋庸置疑，如果一个销售与客户聊天时聊得反目成仇，那么他肯定不可能做成这笔生意。朋友之间聊天反目成仇，撕破脸皮，还可以找到机会弥补和解释，甚至重归于好，而当你作为销售人员与客户聊天聊得不欢而散时，也就意味着你前期在这个客户身上的所有投入都要付诸东流了。

尤其是现代职场，不仅仅是销售人员需要与客户保持持续的沟通，很多工作都要求我们与客户聊天，尤其是服务业。因此，我们必须学会与形形色色、不同性格的人打交道，这样才能搞定各种性格的人，让自己在职场上风生水起。那么，如何才能做到与不同性格的人都愉快地聊天呢？首先，我们应该笼统地了解不同性格的大概特征。例如，内向的人有什么特点，外向的人有什么特点，多血质是什么特点，黏液质和胆汁质又是什么特点，等等。如此一番了解下来，虽然我们还是无法了解每个人的脾气秉性，但是最起码知道了大概的方向。接下来，我们才能一边观察客户，一边在心里暗暗琢磨，一边及时地调整思路和方向，从而尽量与他们和谐地聊天。

在遇到非常强势的客户时，尽量不要逆着客户说话，如果实在需要表达不同意见，可以先肯定客户的说法，然后再委婉地提出自己的建议；在面对犹豫型的客户时，重要的是以实践经验和理论，帮助客户建立信心，增强信心，同时也要耐心地服务客户，得到客户的信任；对于喜欢使用网络流行语交流的客户，则可以判断出他们是非常时尚而且态度轻松随意的，因而可以尽量营造轻松愉悦的氛围，与他们快乐地交流……总而言之，从客户的言谈举止中，细心的人很快就能观察出客户的基本性格，从而更有针对性地与客户交流。

作为汽车销售员，李坤已经练就了见什么人说什么话的本领。当然，这句话的意思并非是说李坤总是察言观色，见风使舵，而是他总是能够根据客户的性格特征，采取合适的交谈策略。也因此，李坤虽然来到汽车专卖店才半年多，但是销售业绩已经在店里名列前茅了。

这天，来了一个中年男性，看起来气宇轩昂。李坤接待了这位男性，正准备问他想看哪款车型，男性突然说：“你不用管我，看好了我就告诉你。”听到男性这句话，李坤感受到咄咄逼人的气势，意识到这位客户是很有主见的类型，不会轻易下决定，一旦下了决定也就不会轻易改变主意。因而，他决定保持缄默，跟在男性身后大概一米的右后方，随时准备为他服务，但却尽量不打扰到他。后来，这位男士相中了昂科雷，因而问李坤：“这款车高配下来最低多少钱？”李坤赶紧拿出计算器，为男性报了个价。但是男性显然并不满意，直截了当地说：“你必须给我最低价，不然咱们没得谈。”李坤见此情形，说：“如果您确定要这款车，我现在就去找老板申请。您也知道，我只是个打工的。”男士毋庸置疑地说：“你去申请吧，记住，必须是最低价。”李坤只好和老板斩钉截铁地申请最低价，并且向老板保证：“这个客户绝对准，是那种一点儿也不拖泥带水的。如果咱们还扛着价格，肯定会把他抗跑的，因为他根本不屑于拉锯战。”就这样，老板给了李坤一个最低价，客户听了之后就对李坤说：“去哪里交钱？”李坤帮助客户办完手续后才如释重负地说：“虽然卖这辆车我一共说了不超过十句话，但是心理压力超大。”

幸好李坤一眼就看出了客户的脾气秉性，因而没有拿对待一般客户的办法对待这个客户。也因为李坤惜字如金，没有啰唆和唠叨，所以客户才这么痛快地在他手里买车。这就是对销售人员的极高要求，也只有做到这一点，才能进入销售的最高境界。

生活中，我们一定需要与形形色色的人打交道，尤其是从事销售和

服务行业的人员，则更是以人为服务对象。因而，我们都要学会眼观四路，耳听八方，与每种性格类型的客户都能聊起来。

聊天点睛：

面对不同性格类型的客户，千万不要一招通吃。因为有些客户的性格差异很大，因而适应某种客户的交谈技巧，在性格相反的客户那里作用也一定是相反的。销售工作之所以难度大，恰恰就表现在这里。从现在开始，让我们多多研究人的性格特征吧，一旦能把客户准确归类，你就向着成功迈出了第一步。

面对坚若磐石的小团体，顺利攻入

很多初入职场的人都有一种感受，即在新进一家公司时，最初的日子总是如坐针毡，非常难受。这是因为大多数公司里，在一起相处的老同事之间，彼此了解，相互信任，很容易形成小团体。对此，新进公司的人在短时间很难进入这个小团体内部，与他人打成一团，因而也就无形中感觉自己受到排挤。如此一来，自然觉得很孤单，也有被孤立的感觉。要想解决这个问题，我们就要努力地改变现状，攻入小团体的内部，与他人打成一片。自然，小团体也就成为了包容和接纳你的小团队，你非但不会觉得孤单和被孤立，反而觉得进入了一个紧密团结的大家庭，对于工作也会感到很有底气。

在职场上，不管你是最基层的职员，还是中高层领导，被孤立都是非常难受的。很多曾经在职场上被孤立的人，都觉得那是一个噩梦。因而，我们必须掌握人际交往的技巧，顺利加入团体之中，从而找到队伍。那么，怎样才能顺利攻入小团体的内部呢？首先，我们必须意识到，任何小团体的存在，一定是有共同特点的，或者性格相近，或者志趣相投，

或者志同道合。因而，要想打入小团体，我们首先要了解把小团体的诸多成员凝聚在一起的是什么样的力量，然后才能以此为突破口，向着大家共同的相似之处靠拢。不过，需要注意的是，在最初进入小团体之后，说话一定要注意。在与团体中的成员聊天时，不要自负，更不要自以为是。要知道，每个小团体中一定有核心人物，一旦你不小心得罪了核心人物，在地位不稳的情况下，很快就会被排挤出来。因而，谨言慎行是有必要的。很多情况下，一个小团体就像是一个坚若磐石的堡垒，要想顺利攻入，还要站得住脚，必须有勇有谋。

作为空降兵，虽然张骞进入公司就是办公室主任，但是依然觉得受到排挤。每当中午吃饭时，偌大的办公室总是瞬间变得空荡荡，只剩下他一个人孤孤单单地坐在办公室里。每当这时，张骞都会觉得自己受到排挤，甚至对工作都失去了信心。

为了帮助自己打入团体内部，张骞思来想去，想出了一个好办法。这天傍晚下班前，张骞告诉大家："下班后，我请大家去吃饭。大家有没有好的建议？"同事们全都大眼瞪小眼，不知道张骞为什么突然邀请大家吃饭。张骞笑着说："我已经来到咱们部门一个星期了，但是还有很多同事都不熟悉。借着吃饭的机会，咱们好好聊聊，互相认识一下。顺便，也让大家见识下我喝多了的样子哈！"最后一句话，让原本紧张的气氛突然间放松下来。这天晚上，张骞与大家成功聚餐，不但相谈甚欢，而且张骞还喝得醉醺醺的，最终是两个年轻的男同事把他送回家的。喝醉了的张骞，与大家称兄道弟，让大家都感动不已，觉得张骞是个真性情的人。

第二天上班，张骞明显感觉到同事们和他打招呼都非常亲切，也很亲近。他不由得暗暗想：看来，昨晚辛苦地装醉还是值得的。

原来，张骞并非真的喝醉了，而是借酒装醉，以便与同事们搞好关系，拉近距离。果然，张骞的演技很好，骗过了大家，让每个人都对他印象良好，也不再刻意与他保持距离了。周末时，办公室里的几个小年轻相约去爬山，还特意邀请张骞呢！

很多情况下，即便你作为管理者，如果受到大家的排挤，也依然会感到非常难堪。从某个角度来说，越是作为管理者，越是应该努力地征服下属，赢得下属的尊重。唯有如此，才能一呼百应，也更容易树立权威。

聊天点睛：

为了避免初入小团体地位不稳，我们一定更要学会倾听，尤其不要说话冒尖。只有怀着虚心接受的态度与小团体的成员接触，你才能得到他们真心真意的欢迎。有些时候，适当示弱也是攻入小团体内部的好办法，能够让你得到大家更多的关心和帮助，从而与大家拉近距离。

即使脾气秉性大相径庭，也要畅聊

很多朋友与人交往时，要求非常苛刻。他们往往只与自己看得过眼的人交往，或者只与自己喜欢、欣赏的人在一起愉快地玩耍。至于那些与自己脾气迥异、性格完全不同的人，他们或者敬而远之，或者怒目而视。虽然这样的人都是真性情，但是放在现代社会残酷的生存环境中，他们未免稍显孩子气、幼稚。的确，生活如此艰难，工作压力这么大，怎么可能你所遇到的每一个人都是你喜欢的呢？我们只有学会包容和接纳，才能与更多人的好好相处，也才能建立良好的人际关系。

曾经有位名人说，这个世界上没有完全相同的两片树叶。的确，这个世界上更没有完全相同的两个人。即使是长得几乎一模一样的同卵双胞胎，性格也有可能相差很大，更何况是这么多没有任何关系的人呢！因而，当他人表现出与我们完全不同的性格，即使与我们大相径庭，我们也应该怀着欣赏的态度和宽容的心态去接纳。也许，在你看别人不顺眼时，别人也正在看你不顺眼呢！既然如此，我们还有什么理由看别人不顺眼呢？只有和每种不同性格的人都能聊得来，哪怕是与自己性格差异巨大的人也能尽情畅聊，我们才能处处受欢迎。

静静和乔乔是好朋友，知道这件事情的同学都觉得万分惊讶。首先，从性格上来说，静静是文静内向的，乔乔是张扬外向的；静静是谨慎细心的，乔乔是粗枝大叶的。其次，从兴趣上来说，静静好静，总是一个人安静地待在教室里看书；乔乔好动，每到周末都呼朋唤友去爬山……仅就这两点，同学们就很不能理解静静和乔乔怎么是好朋友。但是，静静和乔乔不但是好朋友，还是好闺蜜呢！原来，她们虽然性格迥异，兴趣爱好也相差十万八千里，但是她们都非常真诚，尤其是对朋友更是肝胆相照。

每次在一起时，静静都是劝说乔乔要淑女一些；乔乔呢，则带着静静疯狂玩耍。渐渐地，她们越来越合拍，也更加形影不离了。

对于朋友，我们需要的是包容，而不是改变。古人云，知己难求。要想遇到志同道合的知己，兴趣相投，性格相近，必然是很难的。大多数人在生活中之所以拥有很多朋友，就是因为他们宽容，包容，而且能够体贴和理解朋友。

在交谈时，可供我们交流的话题有很多，完全没有必要非揪着不同的地方求同。只要换一个话题，你就会发现一切都变得顺畅，甚至你们聊起来还会意犹未尽呢！做人做事不强求，就是极大的快乐！当你能够与和你完全不同的人快乐地聊天时，就意味着你的社交能力更进一步了，聊天能力也得到了很大的提升。

聊天点睛：

即使是从事不同工作的人在一起聊天，也可以有很多话题。例如，在专业知识不通的情况下，可以聊聊当前的国际形势。即使很多话题都不合适，也可以说说娱乐花边新闻，达到高兴的目的就好。遇到不同性格的人，完全没有必要强求对方与你合拍。每个人都有属于自己的节奏，才能奏出与众不同的乐章！

面对宅男宅女，你也照聊不误

现代社会，办公的形式越来越灵活自由。现代的职场人士，已经不再像以前一样必须到工厂去，或者坐在办公室里。有很多工作因为形式灵活，因而都可以在家里，甚至是在咖啡馆里一边喝着咖啡，一边悠闲惬意地完成。如此一来，也就出现了更多的宅男宅女。他们工作地点就在家里，平日里很少出门，饿了就叫外卖，需要的日常用品也通过网购。久而久之，他们变得不是很爱交流，喜欢沉浸在自己的世界里。那么，如果你遇到这样的宅男宅女，又应该如何与他们友好地交流呢？

所谓的宅男宅女，很多情况下，是与灯红酒绿、熙熙攘攘的大千世界中的活跃分子相比的而言。他们并不是完全的自我封闭，只是喜欢安静而不喜欢热闹，喜欢在属于自己的小世界里从事自己喜欢的工作，做自己喜欢的事情。因而，我们只要打开他们的心扉，走进他们的世界，说些他们感兴趣的话题，就可以顺畅地与他们聊天。尤其是对于现在的90后、00后，御宅一族的队伍越来越庞大。学会与他们相处，将有助于我们展开工作。

很多情况下，御宅一族的交流方式的确与普通人不同。他们大多数沉迷于网络，因而满口都是网络流行语。如果你不能跟上他们的节拍，他们就会觉得你老土。因而，要想与御宅一族交流，先掌握更多的网络流行语是有必要的。此外，还可以更多地熟悉网络，从而也熟悉他们的世界。需要注意的是，大多数御宅一族都不太喜欢面对面地交流，而是更喜欢躲在屏幕后面通过网络聊天工具，畅所欲言。因此，如果真的想了解他们，完全可以借助网络平台。总而言之，只要能达到聊天的目的，即可。

小飞的妈妈前几年去世了，因为爸爸在矿井上工作，所以小飞一直

跟着爷爷奶奶生活。缺乏父爱和母爱的小飞，渐渐开始沉迷于网络游戏，每到周末，整日足不出户，根本不愿意和同龄的孩子一起玩耍。见此情形，爷爷奶奶非常担心，因而打电话给远方的爸爸，让他多多关心小飞。

爸爸给小飞打过几次电话，但是小飞都不太乐意交谈，总是三言两语地敷衍爸爸的问话，根本不愿意多说。后来，爸爸在一个年轻同事的启发下，决定用QQ与儿子聊天。当然，爸爸也是掩饰了自己的真实身份，只以普通网友的身份与儿子聊天。真是不聊不知道，一聊吓一跳。爸爸聊天之后才发现，原来看似沉默寡言的小飞因为失去了妈妈，爸爸又常年不在家，心里是非常悲苦的。为此，他才沉迷于网络游戏。他说："其实，我每天都在想念爸爸，我希望能和爸爸在一起。虽然爷爷奶奶对我也很好，但他们不是爸爸，也无法取代爸爸。"听到儿子的诉说，爸爸深受感动。他当即决定把小飞接到矿山来读书，让小飞和自己在一起，这样也能帮助小飞戒断网瘾，回归正常的生活。

在这个事例中，爸爸正是通过QQ聊天，了解了儿子的内心，从而决定调整思路，哪怕把儿子带到矿山来吃苦，也要与他在一起。很多孩子如果从小缺少父母的陪伴，内心都会觉得非常缺乏安全感。因而，不管父母有多苦，都要把孩子带在身边，与孩子相守相伴。如今越来越多的御宅一族，也正是因为生活中缺少温情与关爱，所以才选择沉迷于网络。针对这个日益明显的社会现象，每个人都应该给予足够的重视，才能彻底改变这样的不良现象。更好地走进宅男宅女的内心，与他们顺畅地沟通，也是帮助他们舒缓情绪、分散压力的一种好方法。

聊天点睛：

很多人选择把自己封闭在小世界中，是因为觉得外界没有什么东西能够吸引他们。从本质上来说，人是群居动物，只有更好地融入团体和社会，我们才能获得更加美好的未来。因而，我们应该学会打开宅男宅女的内心，让他们乐于与我们交谈，也乐于打开心扉看世界。

面对讨厌自己的人，如何让其改变心意

人们常说，一人难称百人心。这句话的意思就是说，一个人即使做得再好，也无法让一百个人都感到满意。的确如此，一个人就算非常完美，也无法让每个人都对他一见倾心，百般喜爱和欣赏。这是因为，人们看待他人的眼光，就像是每个人吃饭的不同口味，有人嗜辣，有人则只愿意吃清淡的。有人喜欢吃甜，有人却只偏爱咸。人们不仅在吃的方面口味有可能截然相反，甚至在待人处事上或者是对人的鉴赏上，也是完全不同的。因而，在谈恋爱时，也就有了情人眼里出西施的说法。有些人，我们怎么看他们都不顺眼，偏偏他们找的男朋友女朋友都把他们当个宝一样呵护备至，或者对其言听计从。即使想不通，我们也只能远观，而无法横加指责。因而，这个世界上我们自以为自己做得很好，应该是处处受人欢迎的，但是依然有人不喜欢我们，甚至厌恶我们。对于这样的人，如果非与其打交道不可，我们应该怎样做才能让他们改变心意呢？

每个人都奢望得到所有人的喜爱，这是不可能的。我们唯一能做的就是，在与讨厌自己的人打交道时，尽量让其改变心意，不再对我们怒目以视。如果生活中只有个别人厌恶我们，则说明我们不是他的菜，只要保持不起冲突就好。如果有小部分人厌恶我们，则我们应该适当地改变自己，毕竟融洽和谐的人际关系对于我们的生活和工作都会有莫大的好处。如果有很多人不喜欢我们，那么我们一定要及时进行自我反思，这说明问题一定出在我们自身。为此，我们应该学会改变。那么，如何与讨厌我们的人聊天呢？有些时候，这件事是不可避免的。例如，你是一个女孩，深得男友喜爱，但是偏偏男友的妈妈不喜欢你，甚至讨厌你。这时，你只能想办法克服困难，而不能选择为此放弃爱情吧！面对讨厌我们的人，我们一定要适当地放弃自我，尽量迎合。记得三毛在与荷西结婚后，每次与荷西妈妈相处，都不得不委曲求全，忍辱负重，而且要丢掉个性，尽量不与荷西的妈妈顶撞。如此才能相安无事地度过十几天的时间，和平分手。这个方法，值得我们借鉴。否则，我们越是强调自己的个性，就越是容易招致对方反感。

娜娜最近交了个男朋友，叫张伟。他们彼此两情相悦，一见倾心。为此，他们很快就进入拜见双方父母的阶段。娜娜和张伟先去拜见自己的父母，果然是丈母娘看女婿越看越喜欢啊，娜娜的父母非常喜欢张伟。然而，等到娜娜兴高采烈地带着礼物去拜见张伟的妈妈时，张伟的妈妈看起来并不是很喜欢娜娜。原来，张伟的父亲很早就去世了，张伟是由妈妈一个人当成命根子一样养大的，因而看到如今娜娜得到了张伟所有的爱与关注，妈妈难免觉得醋意大发。而且，看到娜娜尽情享受张伟的贴心照顾，妈妈又不由得心疼自己的儿子。为此，第一次见面的效果很不好，娜娜明显感觉到张伟妈妈的敌意。

与张伟分手显然是不可能的，娜娜决定改变自己，获得准婆婆的喜爱。第二次去张伟妈妈家里，娜娜不再像上次一样娇滴滴地等着张伟照顾她，而是提前就准备了几个拿手好菜，一进准婆婆的家门就洗手做羹汤。吃着娜娜亲手制作的美味食物，准婆婆显然很满意：“哎呀，真是想不到啊，娜娜居然做得一手好菜。你知道吗，我很早就担心张伟找个女朋友不会做菜，那可就苦了张伟啦。从小到大，张伟在吃的方面从未受过委屈，这下我就放心了。”娜娜笑着说：“阿姨，你就放心吧。我家都是我妈下厨房，没有让老爷们下厨房的道理。况且，如果女人不能做得一手好菜，总归是觉得不够资格当媳妇的呢！”娜娜的话恰恰说到准婆婆心里去了，因为准婆婆眉开眼笑。饭后，娜娜又抢着洗碗，还细心地帮独居的准婆婆把地拖了个干净。娜娜一边做家务，一边与准婆婆聊天，句句都说到准婆婆心里去，就像一个逆来顺受的小媳妇一样受欢迎。

为了爱情，娜娜不得不在准婆婆面前尽量表现好一些，而且说话也特别注意，总是维护张伟的大男子主义尊严，这才迎合了准婆婆的心意，

让准婆婆不再那么讨厌她。一个人讨厌另一个人总是有理由的。我们一定要找到原因，对症下药。娜娜之所以能在短时间内就扭转准婆婆对她的印象，也正是因为把握住准婆婆的心理，把每句话都说到准婆婆心里去。对于娜娜而言，反正她是与张伟结婚，也不是与准婆婆结婚，只要每周去准婆婆家里时能够表现好一些，就可以过关啦！

因为性格、成长环境、教育背景、生活理念等的不同，我们在与他人相处时，不可能得到所有人的欣赏和喜爱。因此，即使面对不喜欢我们的人，我们也应该想办法缓和关系，与他们友好交谈，这样才能经营好日益复杂的人际关系。

聊天点睛：

既然无法改变别人，在需要的时候，我们不如适当地改变自己。唯有投其所好，打动人心，我们才能成功扭转他人心意，让他们不再讨厌我们，而是愉快地与我们交谈。当然，一味地曲意逢迎是不可取的，因而当我们改变自己迎合他人时，也要区分时间场合和面对的不同对象。一味地改变是懦弱的表现，暂时改变自己以获得长久的胜利，才是明智之举。

面对“话题终结者”也能聊，才是真强

生活中总有些人特别不愿意说话，一旦勉为其难地开口，又总是让原本热烈的交谈氛围瞬间降至冰点，让每个人都失去了交谈的欲望。对于这样的人，我们调侃其为“话题终结者”。看到这个称呼，是不是一下子想到美国大片里那些拥有神力的人，不管遇到多么艰难危险的情况，都能百折不挠。不错，要想与“话题终结者”成功地交谈，我们的确需要百折不挠的勇气，而且需要智慧作为辅佐手段。

很多人之所以变成“话题终结者”并非故意为之，而是因为他们不善于交际，再加上性格木讷，不善言辞，既不知道如何接茬儿与他人交谈，也不知道如何挑起话头调动谈话氛围，因而就无形中让大家的谈兴一扫而光了。前段时间，网络上流行的两个字，几乎是“话题终结者”们的神器——呵呵。不管任何让人兴高采烈的话题，一旦有人冷冷地呵呵，谈话马上就会戛然而止，因为大家都不知道如何打破这个“呵呵”的魔咒。的确，“呵呵”代表了对交谈的冷漠和无话可说的态度。但是要想打破“话题终结者”的魔咒，我们必须百折不挠。即使对方已经呵呵了，你也依然可以表现出超强的谈话兴致，继续我说我素。如此一来，当你某句话说得能够打动他们的心，或者他们最终被你不辞劳苦的苦口婆心感动时，就会与你交谈起来。总而言之，千万不要被话题终结者冷漠的气场压下去。否则，就会变得无力招架。

还有些话题终结者不是这么明显地以“呵呵”作为终结，但是他们说起话来让人无法搭茬儿。例如，有些人在人多的场合发表意见时，总是说“我同意大家的意见”“你们说得都很对”“我想不出什么新的好主意”。诸如此类的话一出口，大家也会明显感觉到他的乏味，因而也都兴致顿消。如果关系比较熟悉，完全可以不依不饶，诸如“不行，我们都说得口干舌燥，你必须也发表你的意见，不能盗用我们的。”如此一句话，话题终结者就不得不说几句自己的观点和看法，聊以安慰大家。

关于大姐的婚事，全家人特意召开了一次会议。已经结婚的大哥、二哥，还有没结婚的小弟、小妹都悉数到场。妈妈公布，结婚的以家庭为单位，没结婚的以个人为单位，每家每户都要发表意见。起带头作用的当然是大哥。接下来发表意见的是二嫂、小妹。轮到小弟的时候，小弟挠挠头，说：“我没有意见。”大家你看看我，我看看你，不知道接下来应该怎么办，似乎话题到小弟这里就戛然而止了。这时，小妹不依不饶地说：“大姐平时可是最疼你哎！你好意思没意见吗？不行，我们大家都发表了意见，你不能例外。”小弟思来想去，只好说：“姐夫人还不错，就是家里太穷了。到时候，我们结婚没结婚的，都多帮帮大姐吧。大姐为

了这个家，操碎了心，也该我们为她付出了。”小妹高兴地连连鼓掌，说：“看，你的意见不是很好嘛。自从爸爸去世，大姐放弃读大学的机会，和妈妈一起供养我们读书。现在大姐要结婚了，我们必须全力帮助大姐。大姐结婚，妈妈没钱办婚礼，我出五千，一定要让大姐风风光光地嫁出去。”小妹的话完全是个意外，因为之前只说商量结婚的事情，并没有提到分担费用。看到刚刚工作半年的小妹都毫不推辞，两个哥哥每家只得出了一万。小弟因为在上学，所以只出力不出钱，但是他说自己已经联系好工作单位，到时候大姐家生孩子，他全包一万。看到兄弟姐妹们如此齐心协力，妈妈感动不已，大姐也激动得泪水涟涟，忙说：“不用大家出钱。我有钱。”小弟说：“大姐，你这么多年为了这个家这么辛苦，这都是兄弟姐妹回报你的，你就拿着，等我工作挣钱了，我也要报答你。”

原本，谈话在弟弟那里陷入僵局，只因为小弟木讷寡言。幸好小妹心直口快，也懂得如何调动气氛，因而帮助大姐争取到很多的嫁妆钱。对于这样的兄弟姐妹，妈妈和大姐当然感动不已。很多事情就是这样，如果气氛到了，也就变得水到渠成。因此，我们面对话题终结者，一定要百折不挠，坚持攻坚，最终才能挑起他们的交谈兴趣，让谈话氛围更加热烈。

聊天点睛：

对于话题终结者，很多人都不知道如何是好。其实，话题终结者远远不像我们想象中那么可怕，很多话题终结者只是因为害羞，或者害怕自己说不好，因而选择缄默。在这种情况下，只要我们激励他们，鼓舞他们，就能让他们勇敢地表达自己的想法和意见。尤其是在人多讨论的情况下，任何一个人保持缄默都会影响整体的交谈氛围。因而，我们必须成功打开话题终结者的话匣子。除了使用语言技巧之外，也可以以情动人，就像事例中的小妹，正是以感情打动了小弟，才成功让小弟打开了话匣子。

第 7 章

聊天的基本话题：保证你不会无话可说的技巧

聊谈时，无话可说无疑是最尴尬的。因而，如果能够掌握技巧，确保不会无话可说，则聊天一定会非常和谐融洽，让每个参与聊天的人都意犹未尽。实际上，聊天的话题虽然没有一定之规，可以天马行空，天南海北，但是难免会有思维短路的时候。如果能够掌握聊天的基本话题，就可以保证什么时候都不会无话可说，也就能避免陷入让人尴尬的沉默。

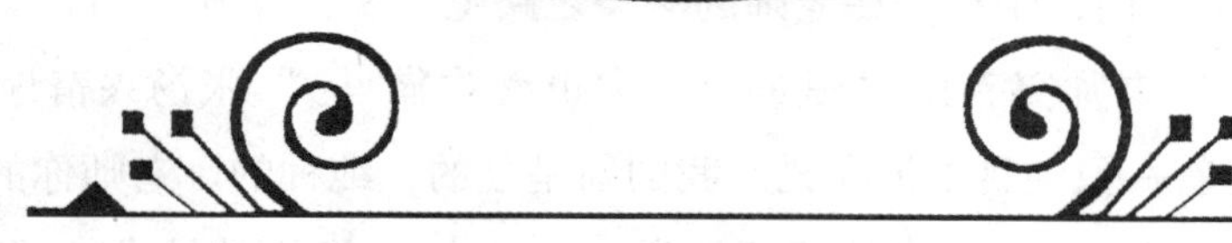

激起对方谈兴，一定要有与之关联的讯息

空洞的谈话总是很难维持下去，因为空洞的谈话没有言之有物的内容，总是些假大空的话，因而缺乏实际意义。如此一来，在交谈的过程中，人们彼此之间的回应也必然流于形式，无法带动更多的内容。要想让交流变得愉快，而且能够给人留下印象，一定要戒除空洞，必须言之有物。要想让交谈给他人留下印象，则最好提起与之关联的讯息，这样才能让他人深刻地记住你。

在这个培训班里，很多人都想与老师套近乎。但是面对全班百十个学生，老师又是上课铃声响起才夹着书本过来，下课铃一响马上夹起书本走人，因而很少有学生能够成功给老师留下印象。即使有些胆大脸皮厚的，追着老师到走廊里说几句话，也总是非常仓促，顶多介绍一下自己的姓名，根本无法取得实质性的进展。为此，很多学生都绞尽脑汁，甚至给老师送礼的人也有，遗憾的是老师只记住了礼物和姓名，与具体的人却很难联系起来。

有一次，张扬在校园里闲逛时，听到老师正与另一位老师攀谈，说："我家里呀有一种波斯猫，特别纯种的。我每天一回家，它必须要蜷缩在我的腿上睡觉，简直比小孩子还讨喜。"只听到了这句话，张扬脑中灵光一闪。次日上课前，张扬等在老师的必经之路上，说："老师，听说你喜欢养波斯猫。"老师笑着说："是的呀！你也喜欢猫吗？"张扬兴奋地说："嗯嗯。我也有一只纯种的波斯猫。我的猫是公的，纯种的。老师你的猫是公的还是母的？"老师非常惊喜地说："太好了，我的猫是母的。"突然，上课铃响了起来，张扬告别老师向教室跑去。这次交流，张扬相信自己一定会给老师留下深刻的印象。果然，有一天他走在校园里，老师看到他之后喊道："喂，这位同学……"张扬一回头，老师不好意思地说：

"你叫什么名字？我只记住了波斯猫。"张扬郑重其事地把自己的名字告诉老师，这下子，老师把他的人和他的名字，以及波斯猫，都联系起来了。自从被老师记住，张扬在学习上就有了很多的便利，与老师的关系也亲近了很多。

张扬很聪明，他知道老师面对百十名学生，很难记住每一个学生的名字，因而索性谁都不记。为此，他在无意间得知老师养波斯猫之后，特意以此作为他与老师之间的独特联结，让老师把他与波斯猫先联系起来，而后又主动问起他的名字，最终成功记住了他的名字。这就是张扬的聪明之处。对于老师而言，记住和波斯猫相关的人和事，比单纯地记住学生要更有动力。

要想激起他人的谈兴，我们一定要找到与之相关联的事物，并且以此作为联结物，与对方展开交谈。如此一来，你一定能够如愿以偿地给对方留下深刻的印象，且能够与对方愉悦地交谈。

聊天点睛：

很多人都知道以点带面，殊不知，与他人闲聊时，也应该先从点开始，这个点就是我们上文提到的联结物。因为这个点是最容易给对方留下深刻印象的，因而这个点也能够帮助你深刻地留在对方的记忆中，让对方牢牢地记住你。等到这个点的联结足够紧密，再谈起其他的话题自然也就毫无生疏和隔阂之感，最终水到渠成。

掌握对方兴趣和偏好，顺利找到最佳话题

关于饮食，每个人都有自己独特的偏好，有人喜甜，有人爱咸，有人嗜酸，有人无辣不欢……总而言之，并非每个人的口味都是完全相同的。不仅饮食如此，谈话也是如此。面对交谈，有人喜欢说猫说狗，有

人喜欢说些家长里短的事情，有人关心国际形势和国家大事，有人则非常文艺范儿，总是说书说画……那么，要想做到与对方愉快交谈，我们首先应该找到最佳话题，这样交谈才能顺利展开。而要想找到最佳话题，最先要做的就是掌握对方的兴趣和偏好，做到投其所好，与其志趣相投。如此一来，交谈怎么会不热烈呢？

琳达看起来瘦瘦弱弱的，偏偏最喜欢美食。在日常生活中，她总是观看各种各样的美食节目，偶尔有时间出去旅游或者出国，也总是要找到当地的特色美食大快朵颐。又因为美食总是要走遍千山万水去寻找，所以琳达也特别喜欢旅游。不过，除了旅游和美食之外，琳达似乎没有其他特别的爱好。

有一次，几个朋友聚会，说起近来工作上的进步和变化，大家全都兴致高昂，唯有琳达默不作声地坐在一旁。见此情形，最了解琳达的薇薇说："琳达，怎么不说话啊！快来告诉大家，你最近又去了哪里旅游，找到了什么好吃的？"琳达突然两眼冒光，笑着说："我还真找到了好吃的。我跟你们说，等到你们去巴黎埃菲尔铁塔时，一定要去一家手工甜品屋吃马卡龙。这简直是我走遍世界吃到的最正宗的马卡龙，任何马卡龙都无法与之媲美。"一个朋友笑起来，说："埃菲尔铁塔居然成了你对马卡龙的坐标。"琳达笑了，说："唯美食与美景不可辜负也。"又有个朋友问："巴黎好玩吗？"琳达开始滔滔不绝地介绍自己在巴黎的见闻，当然，她也没有忘记穿插对美食的介绍。看着眉飞色舞的琳达，大家都笑着听她讲述。

对于琳达而言，她最偏爱的话题就是美食，其次是旅游。因而，当了解她的朋友看到她闷闷不乐地坐在一边时，就主动问起她最近吃到了什么美食，这一下子就打开了琳达的话匣子，让她的两只眼睛都冒起光来。对于熟悉的人，我们总是知道他们的软肋在哪里，也总是知道他们偏好什么话题，这就像是把握着一个人的晴雨表，很容易就能调动谈话的氛围，让对方兴高采烈地参与谈话。

在找到对方偏爱的话题之后，如果你拥有举一反三的能力，就会由此衍生出很多相关的话题，因而，你与对方谈话就总是不会冷场啦。当然，最好的情况是对方偏爱的话题里恰恰有与你重合的地方，这样你们俩就都会兴致盎然地聊个没完。

聊天点睛：

当对方偏爱的话题与你的话题恰恰重合，则你们俩几乎一定能够聊到一起，且会聊个没完，意犹未尽。即使对方的偏爱话题里没有你所感兴趣的内容，那么你也可以根据这些话题成功调动对方的谈兴，让对方更加乐于与你交谈。

关心时事，助你马上找到与他人的共同语言

现代社会，信息传播速度如此之快，尤其是喜欢上网的人，几乎第一时间就能知道国际上、国家发生了什么大的事情。即使不上网的人，最迟当天晚上也会在新闻联播上看到相关信息。因而，人们在一起可供闲聊的内容无形中增加了很多。人们再也不像几十年前那样信息闭塞，见面只能问彼此吃饭没有，而是可以天南海北地聊。即使作为普通百姓，也可以关心大到国家形势、转基因食品，小到某位明星生闺女或者儿子了，要不就是离婚了结婚了。总而言之，随着网络的发达，已经进入信息大爆炸的时代，全民娱乐成为可能。

议论时事还有一个好处，即不必考虑对方的兴趣爱好，也无须担心对方的性格与自己大相迥异，只要就事论事即可。这样一来，就避免了因为性格不同导致的话不投机，也无须害怕因为不能迎合对方的喜好而导致对方兴致索然。在大多数聊天中，关于时事的话题接近于万能，即这个话题适用于所有了解相关信息的人。为此，要想尽快与他人聊起来，我们就应该养成看新闻的好习惯。每天，只要抽出短暂的时间，就能了解这些时事新闻，从而有效避免在别人提起新闻时事时，你却茫然不知

所以。不过，需要注意的，新闻讲究的是时效性。所有的新闻媒体，在发布新闻时一定都是争分夺秒的，为的就是在第一时间发布新闻。新闻的这个特点也就决定了新闻的有效期很短暂，因为事态总是处于随时随地的变化之中，如果你不小心以过时的新闻为话题和他人展开交谈，则一定会贻笑大方。

最近，中国南方大部普遍发生洪涝灾害。很多地方，诸如安徽、湖南、湖北以及南京、河南等部分地区，都出现了道路阻断的情况。为此，大爷大妈们茶余饭后的资料就是关于洪水的情况。

张大妈瞪大眼睛告诉大家："湖南的某个地方都滑坡了呢，不知道有没有人员伤亡。"

这时，李大婶不屑一顾地说："滑坡都发生好几天啦。现在据最新报告，没有人员伤亡。幸好政府及时组织人民转移，不然那整个村子得被活埋多少人啊！还有解放军战士，真是冲锋在前。有个小战士才十八岁，满手都是血泡。"

张大妈说："是啊。人们子弟兵，在这种危难时刻，就表现出来他们的重要性了。要不然，谁能不要命地往前冲。听说，有个地方决堤了，都用汽车拉着石头堵决口呢！"

李大爷也不甘落后，说："你说的是武汉。那司机开着车子往里冲，马上就要冲到河里了，才跳车，肯定摔得鼻青脸肿。真不容易啊！"

大爷大妈们虽然已经退休，但是对于国家大事还是很关心的。不过，显而易见，在聊天的过程中，掌握最新信息的人才能成为众人瞩目的焦点，因为他们说出的新闻最有权威性。洪水如猛虎，情况瞬息万变，只有最新消息才能告诉我们洪水的最新情况。如果用过期的新闻四处宣扬，也许还会造成民众的恐慌呢！

毋庸置疑，信息和新闻一样，都是有时效性的。我们只有掌握最新的信息，才能在第一时间吸引他人的注意力，从而与他人更好地交流。只有最新鲜的谈资，才能让谈话的氛围热烈，让每个人都争先恐后地畅所欲言。

聊天点睛：

最新鲜的新闻才能成为最热门的话题，因为诸多新闻媒体连炮似的轰炸也无形中为你的新闻造势不少。因而，我们必须注意新闻的时效性。尤其是年轻人在一起，大家都很关注新闻，获得信息的渠道也特别多，因而一定要聊那些最有时效性的新闻时事。

一起探讨心中困惑，顺畅自如开始闲聊

生活始终不会一帆风顺，因而每个人生活中都会面临很多困惑。这些困惑，大到整个家庭的前途命运，小到炒菜的时候为什么油花四溅，都是让人有些小小烦恼的。因此，当觉得他人无话可聊的时候，不如就从这些困惑着手。因为，你所有的困惑，别人也一定曾经遭遇过，或者至少也有可能会面对。大多数困惑，都是非常贴近生活的。无疑，这些都可以成为最佳的闲聊话题。

最近，王玲刚刚学会在淘宝上购物，因而非常新鲜。有一天，她遇到了老同学丽丽，在彼此寒暄之后，她兴奋地和丽丽说："丽丽，你会在淘宝上买东西吗？"丽丽点点头，说："会啊，很方便呢，什么都送货到家，足不出户几乎什么都能买到。"王玲羡慕地说："哎呀，我简直太土了，最近刚刚听说还可以从网上买东西。这不，现在天天都在研究琢磨，准备买个什么练练手呢！你说，我买什么好呢？"丽丽笑了，说："你不网购肯定不知道，网上什么都有卖的，甚至包括鲜花、海鲜，还有冰淇淋之类的。""啊？"王玲惊讶地瞪大眼睛，"冰淇淋也能在网上买？那岂不是都化了吗？""不会的。现在都有保温箱，而且里面会放冰袋，所以只要不是路途特别远，冰淇淋到家的时候还冻得好好的呢！我就买过好几次。所以，你完全不用发愁买什么，只怕你一旦会买了，什么都想买呢！"王玲笑了，说："那我就先给孩子买个奶瓶吧，先从简单的事情开

始做起。谁让我是个菜鸟呢！对了，你能告诉我网上买东西要注意些什么吗？会不会有陷阱什么的啊？我真是对网购一窍不通，看到办公室里的同事们天天收快递，所以特别想尝试。”接下来的半个多小时，丽丽一直在告诉王玲关于淘宝购物的注意事项，王玲听得津津有味，感慨地说：“太感谢你了，丽丽，真是听君一席话，胜读十年书啊！”

丽丽笑着说：“只怕你现在感谢我，等到你网购成瘾，每天不买东西就难受的时候，又该后悔当初不学网购就好了。你知道不，我们办公室的人全都网购成瘾，门槛都快被快递踩平了。大家天天喊着剁手。”“剁手？”王玲露出惊恐的表情，说：“把手剁掉？为什么？”“因为买得太多了呀！我们办公室的小刘，居然一个月在网上买了三千多元的东西，把所有的工资都花完了。对了，我再给你传授个经验，你学会网购之后，为了控制自己的购买欲，可以专门在一张卡里存几百块钱。每个月呢，等到这几百元用完了，就坚决不再存钱，如此就没法买了。千万不要绑定工资卡啊，天天收快递很恐怖的。”听了丽丽的经验，王玲忍俊不禁，说：“放心吧。我每个月工资一发就取出来还月供，顶多只有几百块钱在里面。况且，钱本来就紧张，不是非买不可的东西我可不敢随便买呢！”“那就好，那就好！”

两个久未见面的同学，彼此寒暄之后，针对网购的问题，进行了一番探讨，简直意犹未尽。作为资深网购专家，丽丽给了王玲很好的指导和建议，并且传授了自己的心得。王玲呢，也很愿意接受新生事物，因而非常努力地虚心学习，并且记住了那些注意事项。

生活中，我们总会面对各种各样的困惑。如果同为家庭主妇，关于如何做菜更好吃，也是说上三天三夜都说不完的。因而，我们只要处处有心，就总能找到合适的话题与人交流。也因为说的是困惑的问题，所以多多少少带着请教的心态，因为交谈会显得更加和谐愉悦。

聊天点睛：

既然生活中每个人都有相似的困惑，那么当我们以困惑为话题与他人展开交流，很容易就能与他人产生共鸣。当彼此感受相通时，甚至还会觉得一见如故呢！

练习聊天能力，别错过大妈、带孩子和遛狗的人

很多人都因为自己不会聊天而苦恼，看着他人侃侃而谈，他们心生羡慕，也不由得想方设法想要练习自己的聊天能力。为此，这些内向的、羞涩的人，都抓住各种机会练习聊天，以便提升自己的聊天能力。有的时候，他们逮着同事使劲地聊，却不知同事吃完午饭习惯于午休一小会儿。有的时候，他们下班回家和爱人使劲地聊，但是爱人经过紧张忙碌的工作已经劳累一天了，很想静静地喝杯茶，看会儿电视节目，或者是读读书。其实，练习聊天能力的最好对象，是那些在小区公园里闲逛的大爷大妈，以及那些带孩子和遛狗的人们。

众所周知，大爷大妈都是离退休人员，每天除了吃饭睡觉，根本没有必须完成的工作。而且，再加上有些大爷大妈的孩子不在身边，因而更觉得苦闷。至于那些带孩子遛狗的人呢，遛狗的大多数都是闲人，很愿意侃侃大山。带孩子的人，则不能分心干其他的事情，在专心带孩子的同时，也就勉强能兼顾闲聊，打发他们的无聊。所以，对于带孩子的人来说，同时闲聊是排遣寂寞，打发时间。因此，他们往往欢迎闲聊。

林倩大学毕业后，进入一家保险公司从事推销工作。然而，也许是因为林倩太害羞了，每次进行陌生拜访都毫无收获。主管看到林倩的工作状态很担心，因而特意给林倩放假一个星期，让她去社区里找那些大妈们聊天。林倩困惑地问："我和同学聊天不行吗？"主管肯定地说："不

行。同学是你认识的人。但是你在工作中常常需要面对陌生人。而且，我们保险面对的主要对象就包括那些大妈们。所以，你必须去与大妈们聊天，还有那些带孩子的妈妈们。如果你一周之内能够自如地与陌生的大妈和带孩子的妈妈聊天，你接下来的工作就会大有进展。”在主管的建议下，林倩来到一家单位附近的社区活动中心。

与几个大妈搭讪之后，林倩才意识到主管给她安排的工作难度还是比较小的。因为这些大妈都很爱聊天，似乎正愁找不到人说话呢！在社区活动中心，林倩很容易就能找到聊天的人。还有那些带孩子的妈妈们，也很愿意向林倩了解一些保险的常识，并且纷纷表示准备为孩子买保险。这让林倩欣喜若狂。转眼之间，一个星期过去了。林倩觉得自己已经能够非常大胆地与陌生的大妈们聊天了，因而来找主管报到。不想，主管说：“接下来，你就开始向她们推销保险吧。等到你能把保险成功推销出去，下一步你再锁定新的客户群体。”

要想练习聊天能力，从大爷大妈，以及带孩子和遛狗的妈妈们开始着手，无疑是最佳选择。相比那些行色匆匆的上班族，与这些人聊天的难度无形中降低了很多。如果你觉得自己常常羞涩，也不知道如何与陌生人打交道，不如从现在就开始与生活中遇到的形形色色的人聊天吧。当你变得大胆，你就会发现与陌生人搭讪根本没有那么难，只要找准话题，与他人愉快地交流也往往水到渠成。

聊天点睛：

任何能力，在经过锻炼之后，都是可以提高的，聊天能力也不例外。只要我们有意识地找准聊天对象，勇敢地与其搭讪、交流，我们的聊天能力就一定能够得到提高。久而久之，我们的社交能力也会相应提高，在与人交往时自然如鱼得水。

一个小零食，马上就能拉近彼此间的距离

看看电视上的那些坏人，要想接近孩子，总是先以五颜六色的糖果或者零食作为诱饵。果然，天真无邪的孩子真的就上当受骗了，与坏人说了很多真话，甚至还有的孩子高高兴兴地跟着坏人走了。这就是小零食的魅力。吃，是人与生俱来的本能。人们常说，吃人的嘴软，拿人的手短，是有道理的。很多时候，一旦接受了别人的好处，哪怕只是一点点小小的恩赐，我们也会觉得理亏，情不自禁地就要向别人示好。当然，我们不能学着坏人的样子去引诱小孩子，但是我们可以借鉴坏人的思路，学着先用一点点好处，堵住他人的嘴巴，收买他人的心。

很多年轻的女士都习惯于随身带着一些小零食，其实男性朋友也可以随身带点儿东西，这样就可以与他人拉近距离。例如，如果一位女士突然间因饥饿低血糖，你拿出一点儿小零食，一定显得非常绅士。或者是你的客户带着一个孩子来到你的办公室，在孩子闹腾时，如果你能变戏法般地拿出几块糖果，效果也会非常显著。也许有人会说，成人之间玩这种游戏不觉得太幼稚了吗？其实不然。不管多么年长或者年老，吃都是人的本能。每个人都离不开食物提供能量，给人以享受，因而大家都对美食情有独钟。

露露是刚刚进入这家公司的。让人惊讶的是，她不出三天，就与办公室里所有的女同事打得火热，甚至与男同事也熟悉起来。看到露露的适应能力如此惊人，连领导都不由得对她刮目相看。很多新同事进入公司之后，都要花很长时间才能融入团队。

后来，领导发现一件奇怪的事情，即露露办公桌的抽屉里装满了巧克力。而露露呢，每到工作闲暇喝茶时，就会拿着巧克力去茶水休息室，把这些巧克力分给同事们吃。女孩子们当然都很喜欢甜食，尤其对巧克

力情有独钟。特别是在巧克力代表爱情之后，女孩子们就更加热衷于吃巧克力，似乎只要吃了巧克力，也就意味着占有了爱情。为此，大家都很喜欢露露，在吃了露露的巧克力之后，再也不好意思对露露冷淡了。有的时候，茶水间里也有男同事，露露也盛情邀请他们吃巧克力，最终弄得大家都称呼露露为巧克力公主。露露当然很高兴，因为这个绰号实在是很合她的心意。后来，每当大家吃巧克力，总会想起露露，也总不忘给露露送去巧克力分享。就这样，露露利用巧克力的甜蜜，顺利地打入了团队的内部，成为受欢迎的巧克力公主。

露露无疑非常聪明。众所周知，巧克力并非普通的零食，名牌巧克力堪称奢侈。然而，她却毫不吝啬，准备了一抽屉的巧克力与大家分享。这既让大家认识到露露是个很大方的人，也让大家在接受巧克力的同时接受了露露，可谓一举两得。

朋友们，要想与他人拉近距离，不如也学着露露的样子准备一些美味的零食与大家分享吧。只要你足够大方，相信每一个人都会乐意以同样的慷慨大方来回报于你的。

聊天点睛：

很多时候，小零食不但能帮助你拉近与他人之间的距离，也能帮助你以此为谈话的由头，与他人展开谈话。只要你把小零食运用得当，就能享受小零食给你带来的无限好处。万一遇到有人低血糖，还可以雪中送炭呢！

从第三者的言论下手，切入聊天话题

如果想要闲聊而又实在无话可说，不如以第三者说的话作为切入点，从扯闲篇开始。当然，第三者说了什么，对于我们当然是无关紧要的。

所谓谁人背后不说人，谁人背后无人说，恰恰说明了每个人都会说别人，也会被别人说。既然如此，如果第三者说的话本就与我们不相干，那就更无须介意。即使真的与我们有关系，也不如聊以自嘲或者调侃自己，也无关紧要。

现实生活中，人们往往很在乎他人对自己的评价。如果听到他人在背后说自己不好的地方，就会无端沮丧。相反，如果能够从谈话对象的口中听到他人对自己的赞美，则无异于意外的惊喜。既然如此，我们在闲聊时就可以以此调动对方的情绪，让对方很高兴地与你聊天。

作为留校的辅导员，很多已经成为教授的老师们，都对张晴不以为然。毕竟，他们之中曾经有亲自教授张晴的老师，还有的是有几十年丰富教学经验的教授。在他们眼中，一定觉得年纪轻轻的张晴是个黄毛丫头吧！为此，刚刚从学生转化为辅导员的身份，张晴颇有些不适应，甚至不知道如何与老师们相处。

一天中午，办公室里只有张晴和马老师在。马老师正在翻阅学生的论文，张晴突然说："马老师，看您阅读学生的论文可真认真啊！"马老师不以为然地笑笑，说："不认真又能怎样呢，吃这碗饭就要为学生们负责。"张晴又说："前几天我和学生们聊天，白雪，就是那个写得一手好文章的女孩，您有印象吗？"马老师点点头，说："那个学生很有才华。"张晴继续说："她呀，对您赞不绝口。她说您是全校老师中知识最渊博的，而且也是最认真负责的。我想，您能在学生心目中有这样的口碑，绝非一日之功。"马老师显得很高兴，说："白雪真的这么说的？那个丫头可高傲得很，一般的老师她都不放在眼里。"张晴说："所以说啊，她一定是真心佩服您，才会这么说的。而且，她也不知道您会知道这件事，完全是出自真心。"

听到张晴的这番话，马老师高兴极了，简直喜形于色。他问张晴："张老师，你最近担任辅导员工作，觉得还顺利吗？现在的学生，思想工作很难做呢！"张晴听到马老师的关心，不由得暗暗高兴，赶紧回答："还好吧。我几个月以前也是学生，所以还比较能了解他们的想法。您当

了这么多年教授，肯定深有感触，现在的学生的确比以前的学生复杂得多呢！”“嗯，好好干，我们都是这样过来的。”马老师鼓励张晴道。

在这个事例中，张晴为了与马老师套近乎，特意借用了白雪对马老师的夸赞。虽然这赞美马老师并未亲耳听到，而且也不是由张晴说出的，但是马老师却喜形于色，并且对张晴的态度也亲切了许多。这就是利用他人的赞美为自己赚人情的好方式，如果我们也能运用得当，一定能落得好人缘。

没有人不想得到赞美，因而，不管这赞美来源于何处，只要是由你的口中说出来的，就能起到让人兴奋的效果。不管这份赞美是真的由他人说出来，还是你借由他人之口说出来，总而言之，听的人都以为是他人的赞美。正因如此，即便你把赞美说得夸张一些，也不会产生不好的效果。由此一来，我们也就可以放心地赞美他人，而不会有溜须拍马的嫌疑啦！

聊天点睛：

从第三者所说的话为切入点，与他人展开聊天，如果招致他人反感，则这些话完全不是你说的，他也无法迁怒于你。但是如果他人很高兴听到你的转述，则真正说话的人并不在眼前，他会把所有的喜悦都回报于你，你当然可以有所收获。

第 8 章

顺利接下话头儿：首先你必须弄清楚对方在想什么

聊天的时候，我们常常在别人说出一句话之后，不知道如何应对。这或许是因为我们与对方话不投机，也或者是因为我们根本不了解对方在想什么，因而不敢轻举妄动地接茬搭话。的确如此，聊天就是你一言我一语，然而如果你的话总是不能说到对方的心里去，你们彼此之间的交流就会越来越晦涩，也无法继续愉悦地进行下去。由此可见，要想顺利接下话头儿，弄清交谈对象的想法至关重要。

看透对方心思，你才能正确应答如流

中国文字历来博大精深，很多情况下，人们都会运用意在言外或者正话反说的语言，表达自己内心深处的真实想法。偏偏有些人天生木讷，即使对方的情绪明显，他们依然无法真正理解交谈对象的意思。遇到这种情况，往往会发生误解等现象。因而，我们在交谈时除了要用心理解他人的语言，更要细心观察他人的表情、肢体语言等，这样才能综合作用，更加准确地理解他人的意思，也不至于闹出乌龙来惹得大家都不高兴。

很多时候，说话者的手势会准确表达他的内心。到底是肯定还是否定，细心的人一看就能了然。例如，说话者如果采取站立姿势，且双臂环抱在胸前，双脚平行站立，则他肯定处于戒备的状态，正在随时准备反击。通常情况下，这种姿态表示明确的拒绝，也意味着对方感觉你们之间的交谈乏味至极。那么，你就应该适可而止地结束谈话。除此之外，双手交叉挡住面部，不停地看时间等，都是表示否定的意思。当交谈对象表现出这种姿势和表情，最好马上结束谈话。那么，当交谈对象面带微笑地看着你，或者十指交叉放在面前的桌子上，则都表示他非常心平气和，正在耐心认真地听你讲话。这时，你可以从容地详细讲述，也不用担心招致对方的厌烦。有的时候，听话的人还会握紧拳头，倘若此时你正说到高潮，则他是想以这种方式给你加油鼓劲。相反，如果听话的人厌倦得哈欠连天，你即使磨破嘴皮也是没有用处的。总而言之，人们的肢体语言是丰富而又微妙的，只有认真细心地观察听话者，我们才能准确了解他们心中的意思，是肯定还是否定，才能及时调整思路，继续选择最合适的态度说下去。

在与多年不见的老友丽丽重逢时，杜鹃几乎毫不迟疑地就拉着她去了最知名的龙虾店。虽然十几年过去了，杜鹃依然记得丽丽的口味——

蒜蓉龙虾。杜鹃点了最大份的，“丽丽在国外这么多年，一定久已馋这种味道了吧。”果然，丽丽来不及说话，先大快朵颐，吃得不亦乐乎。酒足饭饱之后，丽丽开始讲述自己在国外这些年的生活，自然是有苦有乐，酸甜苦辣皆有。听了足足半个小时，丽丽依然没有停止的意思。杜鹃呢，也急着要说说自己这些年的生活，她想证实给丽丽在国内也很不错。然而，丽丽还是滔滔不绝。因为心中渐渐厌倦，杜鹃情不自禁地用右胳膊支住脑袋，盯着丽丽不停蠕动的嘴唇。

看到杜鹃这个动作后，丽丽的讲述戛然而止，对杜鹃说：“不好意思，亲爱的，我只顾着说自己了，你也说说你吧，这些年过得怎么样？”看到谈兴正浓的丽丽突然间就停止讲述，杜鹃不由得纳闷。她开始讲述自己的生活，丽丽时而点头微笑，时而惊讶地瞪大眼睛，时而握紧拳头似乎想为杜鹃加油，杜鹃不由得感动万分：丽丽倾听的表情是那么认真和投入。就这样，一场愉快的交谈在她们之中展开，等到曲终人散时，真正是宾主尽欢了。

丽丽很聪明，在看到杜鹃的姿态之后，她马上敏锐地意识到杜鹃心底里的厌烦，因而调整思路，给予杜鹃时间去讲述自己。虽然杜鹃不知道丽丽为什么戛然而止，但是依然很愉快地开始讲述自己这十几年来的发展，如此相互体贴，让她们的交谈无比快乐。

在与人交谈的过程中，我们往往无法直接通过语言了解他人的想法，这就要求我们必须认真细致地观察他人的姿势和表情，从而准确意会他人的意思。从而，我们也可以根据他人的反应及时调整思路，让交谈更加愉快。

聊天点睛：

身体语言，往往能够更加准确地表达人的真实内心。因而，在交谈的过程中，为了更加准确地把握他人心理，我们除了需要认真倾听之外，还要做到细心观察。这样，我们在应答他人时，才能更加顺畅通达，能够尽量避免产生误解。

面对口是心非的人，你要学会辨别是非

正如张雨生的一首歌名一样，生活中有很多人都是口是心非的。在恋爱中，有很多陷入热恋的人会因为爱人的口是心非，受到极大的困扰。那么，在生活中遭遇口是心非，也同样会给我们带来莫名的障碍。要想消除这一类的障碍，唯一的办法就是努力地探查他人的真实心理，避免被他人的口是心非误导。

办公室里新调来的领导总是说“初来乍到，有做的不对的地方请大家多多指教，我肯定虚心接受”，刚刚认识的女朋友也会说“没房子有什么关系，咱们还年轻，慢慢挣钱吧”，老板在会议结束时也会说“大家对我有什么意见，尽管指出来。”这么多口是心非的话，你真的全都相信吗？如果你全都相信，那么你就糟糕了，因为这些话里假的成分多，真的成分少，甚至有些完全都是虚情假意。如果你真的去指手画脚地指教领导，如果你真的在会议结束前开始批判老板，如果你真的今朝有酒今朝醉，从不攒钱买房，那么你不但得罪了领导和老板，也无法如愿以偿地抱得美人归。很多口是心非是故意的掩饰，等着听话的人自己去领悟真意，还有些口是心非，只是人们日常生活中的客套话，聪明人当然不会当真。总而言之，不管是出于哪种初衷的口是心非，我们都要认真判断，千万不要因此而误解他人的真实意思，造成不快。

大四那年，卢勇带着女友一起回家。在镇上下车时，突然遇到初中时期的好友李鹏，正在镇上的集市上买菜。多年不见的李鹏看到卢勇很亲热，马上寒暄：“你上大学了吧？咱们多久没见了。怎么样，晚上来我家吃饭吧，咱们好好喝几杯。”卢勇客套一番，李鹏依然热情邀请。后来，李鹏因为有事要去办理，在离开之前还叮嘱：“去我家啊，我肯定等你。”思来想去，卢勇因为怕李鹏等个空，只好带着女友步行去了七八里路外的好友家。当时，天已经黑蒙蒙的了，但是让卢勇尴尬的是，李鹏非但没有在家等着，而且根本就没回家。这时，卢勇才知道李鹏的热情完全是口是心非的客套话。当着女友的面，卢勇觉得尴尬极了。

当天晚上，因为天晚了，卢勇无法带着女友走夜路回家，幸好他的大姨也在这个村里，因而他们只好去了大姨家，凑合住了一个晚上。女友闷闷不乐，说："你可真是个傻实在，好好的假期都快被你给搅黄了。"卢勇一声不吭，心想："以后再也不能把别人的客套话当真了。"

对于李鹏的口是心非，卢勇偏偏就当了真，还带着女友步行很远的路，却扑了个空。对此，西方人来到中国之后总是很不适应，因为原本中文能力就很弱的他们，再加上习惯于直接表达，因而对于中国人之间的寒暄、客套和口是心非，根本是丈二和尚摸不着头脑。不过，既然国情和民俗如此，我们只能尽量提升自己辨别他人真实意思的能力，从而避免闹笑话，或者招致不快。

在与他人交谈时，除了从字面了解他人意思之外，更重要的是领悟其中的深层意思。古人云，醉翁之意不在酒，就是说人们说话的时候往往意在言外，或者说的是这个实则指的是那个。只有用心判断，才能"辨明真伪"。

聊天点睛：

当你把别人说的"欢迎多提宝贵意见"的话当真，并且毫不客气地指出他人很多缺点时，你与他人的友情一定会因此受到影响。特别是当你把上司这样的话当真时，也就意味着你的职业生涯即将发生重大转折。任何时候，我们都要真切了解他人的想法，才能把话说对、说好。

面对无关紧要的理由，你只需再次真诚邀请

生活中，我们常常面对他人的邀请，对于好朋友的邀请，我们会欣然接受，对于不太熟悉的人，我们则会再三思量。同样的，我们也经常以主人的姿态去邀请他人。每当这时，我们总是希望邀请能够更加顺利地被接受，而不至于一波三折。其实，很多情况下，我们之所以被拒绝，并不是对方真的想拒绝，而只是对方想要得到我们再三的邀请。尤其是因为工作而发生的邀请，作为功成名就的人士，为了抬高自己的身价，总是会再三推辞之后才接受。

举个最简单的例子，有很多综艺节目，特别是时下流行的真人秀节目，总是会邀请那些大牌明星参加节目。然而，邀请一而再，却都被明星的经纪人拒绝了。拒绝的理由不外乎“他正在拍戏，暂时没有时间”“他正在外地出席颁奖典礼，要过段时间才会回来”“很抱歉，他正在赶制新专辑”等。等到邀请进行到第三次甚至更多次时，经纪人才会仿佛格外开恩一般地说：“我真不好意思继续拒绝你了。这样吧，我尽量安排时间，让他这周抽出时间来参加，你觉得如何？”实际上，这位明星真的有那么忙碌吗？他并不忙碌，这只是经纪人在帮他制造一种假象，从而提升他在公众心目中的地位，也帮助他获得节目组更加隆重的接待。这是一种营销手段，只不过对象是人，而不是商品。

官渡大战之后，刘备被曹操打败，不得不投靠刘表。为了把刘备的谋士徐庶占为己用，曹操四处散布谣言，说徐庶的母亲病重。由此一来，徐庶不得不马上赶去许都照顾病母。当然，徐庶知道自己这一去很难再回来，因而临行前告诉刘备，天下奇才诸葛亮居住在卧龙岗，倘若能够得他相助，一定能一统天下。次日，刘备带着关羽、张飞，备上厚礼，早早启程去卧龙岗拜访诸葛亮。然而，诸葛亮出去云游且归期不定，家

里只有一个小书童。无奈之下，刘备只好返回。

又过了几天，刘备实在等得心急，迫不及待地想要见到徐庶口中的天下奇才，得到他的辅佐，因而顶着鹅毛大雪，再次带着关羽、张飞登门拜访诸葛亮。这次，刘备看到一个年轻人正在伏案读书，因而赶紧上前行礼。出乎意料，这个年轻人是诸葛亮的弟弟，诸葛亮去拜访朋友了。刘备第二次败兴而归。失望的他留下来一封亲笔信，信中表达了对诸葛亮的渴慕之情，并且真诚地邀请诸葛亮帮助他平定天下。

很快，新年过去了。这次，刘备特意选了个吉日，再次来到卧龙岗拜访诸葛亮。诸葛亮正在午休，睡得香甜。刘备嘱咐关羽、张飞在门外等候，自己则安安静静地站在台阶下等待诸葛亮醒来。过了很久，诸葛亮才睡醒。刘备马上上前行礼，并且虚心向诸葛亮请教如何一统天下。诸葛亮看到刘备这么恳切，当即为他分析天下形势，说："曹操在北，占据天时；孙权在南，占据地利；将军唯有拿下四川，占据人和，才能成就大业，与曹操、孙权三分天下。"刘备听了之后深感有道理，对诸葛亮敬佩不已，并且当即请求诸葛亮出山相助。当年，只有27岁的诸葛亮答应了刘备的请求，成为辅佐刘备平定天下的功臣。

很多时候，人们的推辞并非真的推辞，而是以退为进。这种策略，不但能够帮助人们考验他人，也能帮助自己提高身价。对于这样的情况，当你以主人的姿态出面邀请时，只需要拿出足够的诚意，再三邀约即可。

聊天点睛：

人，都是虚荣的。倘若别人一邀请，就马上乐滋滋地接受，无疑显得不够身份。找些无关紧要的理由推辞，则能够让对方多次邀请，这样身份立马倍增。需要注意的是，假意推辞的理由应该是无关紧要的。倘若你的理由看起来太真，而且一下子把人心中的希望之火浇灭，那么对方就会彻底死了心，再也不来邀请你了。凡事皆有度，推辞也是如此。

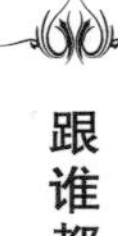

你知道“年轻真好啊”的真实意思吗

不管是在生活中还是在工作中，年纪轻轻的我们，总是听到他人羡慕地说“年轻真好啊”。每当这时，你会怎么做？是莞尔一笑，还是安然享受他人的这份羡慕，或者是能够体察到这句话的真实含义，给予他人最佳的回应。想必采取前两种方式的年轻人很多，但是真正能够体会到他人含义的则不多见了。

在生活中，大多数对我们说“年轻真好啊”的人，或者是老人，或者是中年人。他们在说这句话的时候当真是无限感慨，因为老人已经迟暮，中年人也青春不在。在这种情况下，我们最佳的回应是“您也很年轻啊，如今三四十岁的人最让人羡慕呢，家庭和睦，事业有成，多好啊！”或者对老人说：“要是我老的时候，也能和您一样功成名就，受人敬仰，可就太好了。”这样的话，不管是中年人还是老年人，心里都会觉得很舒服。在职场上，如果是上司或者是年纪较大的同事对你说这样的话，则你一定要谨慎回答。当你辛辛苦苦地加班熬夜做晚报表，上司对你说“年轻真好啊”时，你一定不要沾沾自喜，觉得年轻就是资本，而应该毕恭毕敬地对上司说：“现在年轻已经不是资本啦，真羡慕您年轻有为呢！要是能得到您的指点和提携，那真是我的万分荣幸！”听到这样的话，远远比你享受的表情更让上司欣慰。其实，上司在对你说这句话时，只有小部分是在羡慕你的年轻，大部分的意思都在告诉你：“年轻人，我不会输给你的，你休想赢过我。”因而，你应该适时地表示羡慕和敬仰，才能安慰上司因为不再年轻而略感遗憾的心。

在学校的年度表彰会议上，邱颖作为青年教师的代表，上台领奖。校长给邱颖颁奖时说：“年轻真好啊！”邱颖向校长笑了笑，鞠了个躬。后来，邱颖越想越觉得自己做得不够。校长年近六十，快要退休了。正

值迟暮的他，心中一定有着无限感慨吧。在颁奖典礼之后的聚餐会上，邱颖特意端着酒杯去给校长敬酒，校长再次感慨地说："真是长江后浪推前浪啊！想当初我刚刚毕业时的情景依然历历在目，你们这些小孩子居然都成为优秀教师啦！"听了这话，邱颖赶紧谦虚地说："校长，您现在也是老当益壮啊！这么多年来，您桃李满天下，为教育事业做出了巨大的贡献。如果我们后生晚辈将来也能如您这番，那可才真正值得骄傲呢！您不知道，我们有多么钦佩您啊！"听了邱颖的话，校长高兴极了，居然把杯子里的酒一饮而尽。他对坐在身边的黄主任说："黄主任，这些年轻人都是值得栽培的，你一定要多多指导他们呀！"黄主任连连点头。

年长的人感慨"年轻真好啊"，其实是在感慨自己已经老了。这种感慨背后，隐藏着消极的心态，尤其是对于即将退休的老校长而言，也意味着人生在职场上的谢幕。因而，邱颖及时表示对校长的敬佩，并且赞美了校长一生之中桃李满天下，这就是对校长最大的褒奖。正因如此，校长对邱颖的印象非常好，而且深刻，还特意叮嘱邻座的黄主任好好栽培邱颖呢！

不管是在生活中还是在职场上，当听到他人感慨地对你说"年轻真好啊"时，一定要提高警惕，机灵地做出回应。人的生命就这样代代相传，老人不断地老去，年轻人朝气蓬勃地成长。如果你能够多多自谦，并且表现出对长者的尊重和钦佩之意，长者一定会感到更高兴、更欣慰。

聊天点睛：

年长的人不会直接说"我老了"，所谓人老心未老，不服老，就是这个意思。在发出"年轻真好啊"的感慨时，他们实际上是想让别人证实他们没有老，即使老了也是老当益壮，而且拥有辉煌的一生。因而，作为听话者，一定要及时体察他们的真实心意，把话说到他们的心坎里去。

总是自我贬低的人，你该如何应对

生活中，我们常常听到他人自我贬低，如“我不行，老了啊”“我可担不起这么重要的责任”“我脾气特别火爆，一点儿都不好”“我哪里白呀，你才白呢”……在这些包含着自我否定意味的话中，往往隐含着相反的意思。假如你顺着这些话朝下说去，对他人的自我贬低表示认可，那么你就上当啦。

很多时候，说自己性格不好的人其实很自恋，他们心底里觉得自己好着呢。倘若在谦虚地说自己性格不好之后，却被你毫不犹豫地表示认可，说他的确性格不好，那么他即便勉强维持表面的笑容，心底里一定也恨死你啦！即便这些人真的认为自己性格不好，那也是只许州官放火，不许百姓点灯，准许自己说自己性格不好，却不允许他人表示认可。因为他实在觉得自己即使性格不好，也是很让人满意的。因而，不管对方出于哪种目的说自己不好，你都只能否定，而不能认可。当然，除了性格不好之外，一个人还有很多地方可以自我贬低，你都不能当真，而应该借机认可他，赞扬他，这样才能让他喜笑颜开，让交谈愉快地进行下去。

从某种意义上来说，这些总是虚情假意地自我贬低的人，都有自恋的倾向。就像希腊神话中说的那样，美少年站在水中出神地看着自己的倒影，居然爱上了自己，因为相似而死，变成了水仙花。对于自恋者，我们应该在言谈举止间充分尊重他们，从而满足他们的优越感、自我满足感。需要注意的是，一定不要试图给自恋者提出宝贵而中肯的建议，他们非但不会领情，反而会对你心生不满。要知道，一个自我陶醉的人是不会接受他人的批评和指正的。因此，与自恋者友好相处的首要原则就是隐藏对他们的不满，充分尊重他们的选择。假如面临不得不说的严重问题时，要想避免自恋者不顾一切地反对你，你应该迂回曲折，先尊重和认可他们，然后再给予他们充分的赞美，最后再委婉地提出建议。如此一来，他们才更容易接受。

在和相亲认识的女朋友约会几次之后，晓峰越来越觉得女孩有点儿奇怪。比如每次约会时，女孩都会问晓峰，诸如“我的口红颜色是不是太鲜艳了？”“我的裙子是不是有点儿太透了？”“我是不是脾气有些急躁？”刚开始时，晓峰不明就里，总是老老实实地回答“是的，要是粉一些会更好看。”“裙子还好吧，不过我还是喜欢女孩穿及膝的裙子。”“你的性格，我还不了解呢！”这样回答之后，女孩总是有很长时间都郁郁寡欢地噘着嘴，不愿意和晓峰说话。

直到一个偶然的机会，晓峰才知道这是女孩想要得到他赞美的表现。因而，这次约会，当女孩问“我的新发型是不是有些太扎眼了”时，晓峰笑着说：“没有啊，我觉得这样很好看。人嘛，就应该独特一些，不要太随大流。这个发型很适合你的气质，颜色也很漂亮。”听完晓峰的回答，女孩终于露出了满意的笑容。

为了得到晓峰的赞美，女孩可谓费尽心思。遗憾的是，晓峰在前几次中根本不懂女孩的心思，居然中规中矩地按照事实回答了。现在，晓峰可知道了，等到女孩再说自己脾气急躁时该怎么说了。生活中，我们常常遇到别人的自我贬低。现在，大家都知道应该怎么做了吧！

当然，很多时候我们并没有足够的耐心去赞美自恋者，更无暇顾及他们的情绪。诸如你是单位里的领导，但是偏偏你的下属是个自恋者，常常在你面前夸大自己，你也不妨提醒他适当改进。

聊天点睛：

要想向自恋者提出意见，除非你是他的长辈或者上级，否则你最好不要轻举妄动。倘若你能够首先认可和赞美他，然后再以建议的口吻提出意见，效果也许会更好。很多情况下，自恋者都很难接受他人的意见，因而你必须多多动脑筋，才能如愿以偿。

面对他人“我胖了”，你可千万别中计

现代社会，和古代的唐朝以胖为美显然不同，几乎已经进入全民减肥的时代。不但妙龄女郎忙着减肥，那些几岁的小姑娘和六七十岁的老太太，同样关注自己身材的苗条和健美。在这样的大背景，还有几个人是真心喜欢胖呢？！因而，在面对他人说“我胖了”，即使对方真的仿佛吹了气的气球一样越来越圆滚滚，你也千万别中计。当你实话实说的时候就注定你完蛋了，你一定会惹得对方不高兴，甚至躲得你这个不会聊天的人远远的，恨不得再也不见你。

生活中，诸如此类的话题还有很多，如有些人会说“我老公才是个小小的科长”“我儿子数学才考了95分”“我家房子才120多平方米”……这些话题都是意在言外的，其实是在以反面的话来晒自己的幸福。这种情况下，你可千万不要说“是的呢，人家小李的老公都是局长了，才比你老公大几岁”“哎呦，95分可排不上前五名，至少也得98分啊”“小马家房子大，足足300多平呢，厕所都赶上你家的客厅了”……这样的回答，一定让人不想再与你聊天。其实，说话的人想得到的答案是什么呢？——“别谦虚啦，年纪轻轻就当科长了，将来肯定前途无量”“我儿子数学才88分，你儿子语文还考了全班第一呢”“我家房子更小，祖孙三代挤在60多平方米的蜗居里，你已经很幸福啦，别不知足”……这样的回答说出口，一定让说话者喜笑颜开。其实，说话者的本意就是想要得到他人的羡慕和赞赏啊！既然都是一句话，我们当然要说得让人高兴，而不能给人添堵。

小方出差刚刚回来，见到了三个月未见的女朋友思雨。一见面，小方就张罗着要带思雨去吃她最爱吃的日式料理，不想，思雨忸怩地说：“我不想吃了，我这几个月都长胖了。”小方认真看了看思雨，说：“嗯，的确长胖了一些。”思雨听到小方的回答，突然间就生气了，气鼓鼓地不

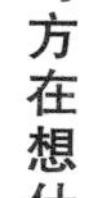

告而别。小方还不知道怎么回事呢，赶紧追上前去道歉，思雨生气地说："你还追我干什么呀，我都长胖了！"小方这才恍然大悟，笑着说："是长胖了一些，不过你以前太瘦了，现在这样正好，增一分则肥，减一分则瘦。"听了小方的话，思雨这才破涕为笑，高高兴兴地跟着小方一起去吃日式料理了。

小方与女友久别重逢，一下子就说错话了。幸好，小方及时道歉，而且脑子也很活络，马上想出了补救的话，否则女友还不知道要生气多久呢！如今，几乎每一个女性都把减肥的话挂在嘴上，随时说。不管你面对的是自己的女朋友，还是熟悉的朋友，或者是素不相识的陌生人，只要听到对方说自己胖了，就要马上表示否定，并且及时赞美，这样才能避免中计。

很多时候，人们对自己的贬低都是谦辞，听到的人千万不能当真。实际上，在很多情况下，那些真正有缺点或者不足的人，反而很少把缺点和不足挂在嘴边上。大多数把缺点和不足挂在嘴边上的人，其实心里还是很自信的，自我否定只是为了得到赞美而已。

聊天点睛：

当听到他人说贬低自己的话时，不管出于何种心理，作为听众都不应该随声附和。我们必须认真认清对方的心理，然后才能作出正确回应。退一步说，赞美是人人都不会讨厌的，宁愿赞美错了，也不要顺杆往上爬，随着他人的自嘲否定他人，这是肯定要出问题的。

与人交谈时对方不停看时间，你该怎么做

生活中，我们因为各种各样的原因，常常需要与他人交流。诸如，我们在路上偶遇亲戚朋友，一定会站在原地说会儿话；我们在工作上遇

到难题，或者有了成就，会向领导汇报工作；去同学同事家里做客，总免不了要交谈……总而言之，每天的时间，我们除了闷头干活和睡觉的时间，几乎都在与人交流。那么，交谈总是有始有终，开始往往是随遇而安，结束又该怎样才能选择好时间点呢？如果交谈双方都没什么事情，那么闲聊自然是可以占用更多时间的。如果恰巧其中一方有事，但是另一方却滔滔不绝说个不停，事情就有点麻烦了。要是关系非常亲密的朋友，想走的时候完全可以直接说有事先行告退，如果是关系不那么亲密的，又不好意思直接结束谈话，应该如何是好呢？

如果你能够读懂肢体语言，你就会知道有一种肢体语言是可以提早结束谈话的。在交谈过程中，当其中一方频频地看时间时，就意味着他想结束谈话，也许正在赶时间急着做某件事情。因而，如果你作为听话者看到对方频繁地看时间，就应该识趣地结束谈话，如果你作为那个赶时间的人，也可以通过频繁看时间的方式提醒对方尽快结束谈话。

当很多职员都在抱怨顶头上司的会议冗长得向老太婆的裹脚布一样时，作为广告策划部的主管，林丹的会议总是深得下属欢迎。每次开会，下属们从不皱眉，总是兴高采烈。因为他们知道，林丹总是在恰到好处的时候结束会议，不会占用大家太多的时间。

为此，营销部主管请教林丹是如何做到这一点的，林丹笑着说："其实很简单。当你的下属开始哈欠连天，而且有些下属开始不停地看手表时，你就应该长话短说，尽快结束会议。至于对会议的领悟，他们会后自然会去做的。"营销部主管纳闷地说："看手表？"林丹点点头，自信地说："没错。当他们开始频繁看手表，就意味着你的会议内容对他们失去吸引力，而且他们开始烦躁不安。这时结束会议是最好的选择，否则只是徒劳地浪费时间。"果不其然，再次开会时，营销部主管也特意观察下属们，发现会议进行到三分之二，即主要精神内容都传达完时，下属们或者看手表，或者看手机，全都心不在焉，甚至昏昏欲睡。因而，销售部主管也学着林丹的样子抓住时机结束会议，果然大家突然间变得精神抖擞，全都兴奋得如同出笼的鸟儿。

对于会议而言，未必时间越长越好。大多数情况下，会议的效率高才是最重要的。就像林丹的会议，干脆利落，下属们反而都很欢迎，也不排斥。但是一旦会议冗长，让下属长久地坐在闷热的会议室里昏昏欲睡，会议效果就会非常差。既然如此，何不选择让大家都轻松且效率也很高的方式开会呢？林丹真是一个细心的主管，也因为能够读懂肢体语言，从而更好地了解下属的所思所想。

朋友们，当你们在生活中与人交谈时，千万不要只顾自己一时兴起就说个不停。除了要关注对方的语言回应之外，我们还应该认真仔细地观察对方的肢体语言，这样才能及时了解对方的真实想法，从而合理调整交谈的节奏。适时结束谈话，才是最好的选择。

聊天点睛：

如果你不小心选择了一部无聊乏味的电影观看，那么你一定会如坐针毡地度过在电影院里的时光，甚至在短短的一两个小时里，不停地看表，恨不得时间一闪而过。相反，如果你看的是一部自己心仪已久的电影，只怕你在不知不觉间就度过了电影时光，甚至还意犹未尽呢！交谈也是如此，永远不要把乏味无聊的交谈延续下去，也不要在对方释放出明显着急信号时依然滔滔不绝。

第9章

掌握“秘密武器”：适当时候不妨吊吊对方胃口

很多事情都不能过度，交谈也是如此。如果你一见人说话就掏心窝子，那么非但不能博得对方的心，反而还会被对方看成是缺心眼，因为很少有人这样毫无保留。很多情况下，我们一五一十地诉说自己的内心未必能够赢得友谊，反而是把话只说三分，别人更容易被我们吸引。总而言之，交谈是有秘诀的。只有掌握诀窍，我们才能更好地与人交流。

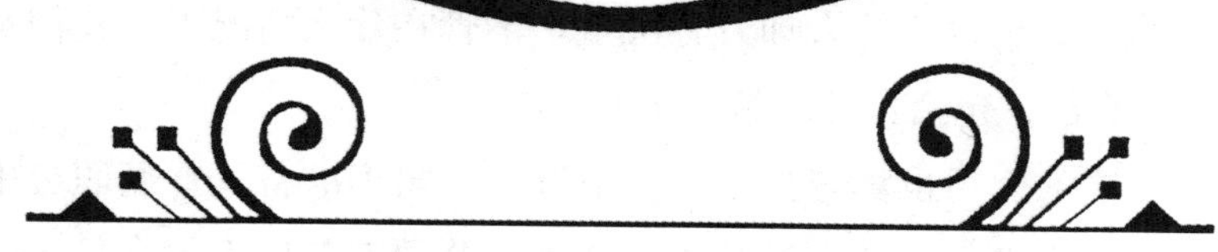

言多必失，祸从口出，你要学会三分话

从小我们就被教育要真诚待人。的确，真诚是人与人之间交往的基础。然而，不管是真诚也好，还是坦诚也罢，只是一种待人处事的态度，而非具体的交往方式。即使我们秉承着真诚与坦诚的原则与人相处，也不能如同竹筒倒豆子一般，一股脑儿地把自己的心里话全都说出来，否则，我们就很有可能受到“伤害”。正如人们常说的，害人之心不可有，防人之心不可无。尤其是面对陌生人，我们更应该谨言慎行，切不可在还不了解对方的情况下，就把自己的各种事情和盘托出。这样一来，你在一个全然不了解的人面前，岂不成了一个透明人？

事实证明，越是容易信任他人且对他人无话不谈的人，越是容易受到伤害。那些一见到他人说了没几句话就掏心窝子的人，最后总是被伤得最深。有些事情是只能独自一个人承担和享受的，有些事情非至亲至信的人是绝对不能说的。面对不同的交谈对象，我们必须把好自己的嘴巴，这样才能做到该说的说，不该说的不说。尽管自古以来掏心窝子都代表绝对的真诚和热情，然而世界上有无数的人，又有几个是能够成为你的知己的呢？正如古人所说，知己是可遇而不可求的。因此，千万不要动辄就把别人当成自己的朋友、知己、闺蜜、铁哥们等，这些称呼说起来轻飘飘，真正以心待人却万分沉重。不管在什么情况下，我们都要首先保护好自己，包括自己的隐私在内。

叶子在这家公司也算老员工了。最近，公司正准备从普通职员中提拔一名中层管理者，好几个和叶子一样进入公司五年以上的老员工，都跃跃欲试。当然，公司提拔中层管理者也是很慎重的，毕竟是公司的中流砥柱啊。再加上只有一个名额，因而竞争也算得上是激烈。每个想抓住这个机会晋升的老员工，全都摩拳擦掌，跃跃欲试。当然，他们也不忘做好本职工作，争取在这非常时期好好表现。

综合情况来看，叶子显然是最佳人选，此外，叶子在公司里的好朋友玛丽也很有希望。虽然昔日的好友如今成为竞争对手，但是叶子对玛丽依然如故。每天中午吃饭时，叶子都会把自己精心烹饪的美食分给玛丽吃。然而，就在竞争进入白热化的几天，关于叶子的流言蜚语突然满天飞起来。同事们议论纷纷，都说叶子根本没有真才实学，连读大学都是父母找人才冒名顶替上的呢！关于这件事情，一直是叶子心里的隐痛。那个时候，她还不谙世事，因为一分之差与大学失之交臂，恰好有个农村的女孩子因为家境贫穷，不得不放弃读大学的机会，同在教育系统的父母就找了层层关系，让叶子以这个女孩的名义进入大学读书。但是，这件事情只有玛丽知道啊，叶子不敢想象玛丽真的会因为这个虚幻的职位出卖自己。然而，事实就是铁证，除了叶子自己，全公司上上下下，只有玛丽知道这件事情。果然，叶子下班时如同往常一样喊玛丽一起走，玛丽借口还有工作没有处理完，推托了。看着玛丽躲躲闪闪的眼神，叶子突然间什么都明白了。叶子懊悔不已，虽然她并不是非要得到那个职位，但是玛丽以这样的方式与她竞争，还是让她心痛不已。

单纯的叶子，因为与玛丽交好，就把自己的很多事情都向玛丽和盘托出。然而，职场上的同事很容易因为各种情况成为竞争者，当竞争激烈的时候，玛丽果然禁不住考验，以这种下三滥的手段企图打败叶子。这样的伤害，就像是从心脏的地方给人一刀，让人简直难以接受。这件事情之后，叶子一定能够明白那些关于职场的箴言，其中最重要的一条就是不要与你的同事成为知己。否则，说不定等到利益的诱惑足够大时，对方就会用你的秘密作为打败你的武器。

聊天点睛：

现代社会，生存压力越来越大，尤其是职场上，各种形式的竞争越来越激烈。要想合理有效地保护自己，我们首先要慎言。古人云，言多必失，祸从口出，都是有道理的。此外，逢人只说三分话，除了能够合

理保护我们自身之外，也能让我们在他人面前保留几分神秘感，从而促使交往。世人皆为蒙娜丽莎的微笑沉醉，恰恰是因为蒙娜丽莎的微笑非常神秘，让人浮想联翩。当你成为一个一眼看到底的透明人，相信别人一定会失去继续深入探究你的欲望。

话说到家往往显得乏味，不如留个悬念

从小学四年级作文水平渐渐提高开始，我们就在老师的点拨下，了解了开门见山和倒叙的写作方法。毋庸置疑，开门见山就是一提笔就切入主题，这样直截了当的方法，是很多同学都喜欢采用的。与开门见山相比，倒叙的写作手法显然更为高明一些，难度也更大。所谓倒叙，就是提笔先说结果，这样一来，不明就里的读者朋友们肯定如坠云里雾里，逼着自己也要继续读下去，一直读到结尾了解前因后果。与本人的主题相联系，所谓倒叙，其实就是设置悬念，从而起到引人入胜的效果。

从心理学的角度来说，设置悬念要想取得成功，关键就在于激发起人们的好奇心，让人们对于事情的前因后果和发展走势密切关注，并且无限期待。正是因为有了关注的心态，人们才能在悬念的指引下一步一步地跟随作者的思路，一路往下走。也正因为事态的悬而未决，导致人们更加渴望洞察真相，再加上在解开悬念的过程中产生的各种感情，使读者朋友简直欲罢不能。其实，不仅仅写文章如此，说话也是如此。生活中常常有人说起话来平铺直叙，而且一气儿把起因、发展、高潮和结局全都和盘托出。这与我们经常在小学时代被老师评价为“流水账”的作文别无二致，几乎毫不引人入胜。毫无疑问，大多数人说话时绘声绘色，就是为了吸引听众的注意，让听众全神贯注。那么一旦平铺直叙，听众怎么还有兴趣继续听下去呢？要想改变这种状况，最好的办法就是设置悬念。没错，说话也是可以设置悬念的。就像孙敬修讲述西游记的

故事，总是让人跟着他的语调时而欢喜，时而担忧，时而不解，时而恍然大悟。如果我们说起话来也能像讲故事一样吸引人，那么我们无疑是成功的。

有一天，马赛去离家十公里左右的小镇银行办事。因为是周一，所以银行里的人不是很多，大概有十来个人的样子。正当马赛办完事情准备离去时，突然之间，一个头上戴着黑丝袜的歹徒冲进银行，在转眼之间就控制了所有人。大家全都吓得瑟瑟发抖，不得不按照歹徒的指示蹲在地上，双手抱头。这时，歹徒巡视一圈之后，选中了马赛。只见他用手枪指着马赛，声音瑟瑟发抖地说："你，过来！把手放到脑后。"马赛当然不会在这个时候逞英雄，他根据歹徒的指示缓缓地站起来，并且双手举过头顶。不过，他显然比歹徒镇静，这一点从他的神情上就能看出来。

正当马赛朝着歹徒走过去时，细心地看到歹徒拿枪的手也有些轻微地颤抖。再结合歹徒瑟瑟发抖的声音，马赛确定歹徒是第一次抢劫，肯定不是惯犯。即便如此，他也没有鲁莽行事，以免激怒歹徒。走了两三步之后，马赛突然说："朋友，你肯定是初次做这行当吧？你是不是拿着一把玩具枪？"听到马赛的话，歹徒呆住了。他的注意力全都被马赛吸引过来，因而整个人都显得有些呆滞，一时之间他根本不知道如何回答马赛的质疑。这时，马赛继续从容地说："即便你拿的是真枪，我也怀疑你的枪里根本没有子弹。看看吧，你甚至根本不会拿枪，你可真是个孩子。"原本，歹徒以为会遭到马赛的激烈反抗，不想马赛就像在和他聊家常，因为歹徒很慌张，完全忘乎所以。他马上把枪口调转向着自己，甚至想打开枪膛检查其中是否真的没有子弹。说时迟，那时快，马赛猛扑过去，把歹徒压在地上。这时，其他人也上来帮忙，缴了歹徒的枪，把歹徒制服了。

原本对于拿着枪的歹徒，马赛心里也是非常紧张的。但是他有良好的心理素质，能够战胜自己的恐惧，故作镇定。和他相比，初次抢劫的歹徒显然更紧张。马赛突然之间抛出的话题，更是让歹徒大吃一惊，不知如何应对。这就是设置悬念起到的让人应接不暇的效果。正是因为歹

徒被马赛出人意料的话题弄昏了头，不知如何作答，所以马赛才能抓住歹徒愣神的好时机，一举制服歹徒。在这种情况下，如果马赛按照常规的做法向歹徒求情，或者苦苦哀求歹徒放过大家，则歹徒肯定不会被扰乱心神。

生活中，我们难免需要在各种各样的场合与他人交流。要想起到一语惊人的效果，平铺直叙是不可行的。只有设置悬念，才能在最短的时间内吸引众人的注意，为我们争取宝贵的时间和机会。

聊天点睛：

竹筒倒豆子般平铺直叙当然是爽直的表现，但是却未必适合所有的情况。尤其是你想要在交谈中吸引他人注意力时，设置悬念才是最立竿见影的办法。如果你从未使用过这个办法，那么不妨找个合适的机会试一试吧，相信一定会有意外的收获。

不按常理出牌，你才能出其不意，攻其不备

我们的身边不乏按部就班的人，他们总是按照生命既定的轨迹做着一切事情，从不逾越规矩，甚至从不张狂放肆。对于这样的乖小孩，我们当然无法说什么，因为他们的一切都太合乎规矩啦。然而，也因为如此数十年如一日地乖巧，他们变得很乏味，做任何事情都不可能推陈出新，即便对待人生中的很多大事，也从来没有创新的意识。他们是父母眼中的好孩子，是老师眼中的好学生，唯独有些对不起自己平淡如白开水的一生。事实上，人在很多时候都需要纵情放纵一次，归根结底，生命是用来感受的，而不是用来按部就班的。

尤其是在做很多事情的时候，当你遵循着前人说了无数遍的经验前行时，你永远也领略不到别样的风景。这就如同爬山，为什么有很多人

喜欢爬野山呢，也就是那些尚未开发的山，就是因为不走寻常路才能看到独特的风景。倘若每个爬山的人都循着前人的足迹前进，虽然渐渐地把山上踩出了一条路来，但是每个人看到的风景都是千篇一律的，感悟也大多相似。如此想来，爬山也就失去了天然的野趣。不管是做人还是做事，在一生之中我们至少要有一次，不按照常理出牌。尤其是在与对手对决时，你如果因循守旧，招招式式都会被对手预先想到，从而提前拆解。只有不按照常理出牌，你才能出其不意，攻其不备，让自己大获全胜。

近来，尤其爱吃龙虾的南京人都很苦恼，因为网上接二连三传出人们因为吃龙虾而患上肌溶解症的消息。那么，那些吃了龙虾也从未患病的人就更加纠结和痛苦，到底是吃呢，还是不吃呢？不吃，肚子里的馋虫在作怪。吃，又担心点儿背，也患了肌溶解症，那可就得不偿失了。

这一天，王先生在从网上看到吃龙虾患病消息的第一时间，就把这件事情告诉了酷爱吃龙虾的媳妇。以下是他们在微信上的聊天内容：

王先生：看看这则新闻吧，太可怕了。

王媳妇：嗯嗯，看完了。这个让人患病的小龙虾居然就是从咱们买菜的市场卖出去的，太吓人了。

王先生：是啊，生命脆弱啊。

王媳妇：你想说什么，不如直说吧。

王先生：你觉得呢？你这么聪明，难道不了解我的意思？

王媳妇：以后咱们换个市场买龙虾吧！

王先生：……

虽然这只是一则夫妻间的小笑话，说的也是日常生活中的琐事，但是最后媳妇的回答却让每一个人看了都忍俊不禁。可以得出结论：一、这个媳妇是个爱龙虾如命的南京人；二、王先生此刻肯定正在被气得吐血；三、媳妇现在一定正在哈哈大笑，自鸣得意。的确，媳妇的精妙回答，完全是出其不意，攻其不备。原本，王先生循循善诱，只是为了让媳妇说出以后不再吃龙虾的豪言壮语，不想在最后一步因为媳妇的回答

功亏一篑。可想而知，这个媳妇智商很高，心思敏捷，与她一起生活一定是愉快的。

不按常理出牌，往往能在我们的生活中起到意想不到的效果。除了日常交谈，在面试的自我介绍、演讲等特殊场合，不按常理出牌，说些让人意外的话，然后再大开大合回到主旨上来，一定能给人留下深刻的印象，甚至调动全场的气氛进入高潮。那么，你学会不按常理出牌了吗？练起来吧！

聊天点睛：

需要注意的是，不按常理出牌虽然偶尔为之效果显著，但是如果说起话来总是猎奇，恨不得“语不惊人死不休”，时间长了，就无法起到预期的效果，甚至惹人生厌。由此可见，不按常理出牌也是需要把握适度原则的，凡事皆遵循过犹不及的定论。

假装“泄密”的样子，效果出人意料

细心的人会发现，在生活中，那些刊登在报纸或者新闻头条的新闻，很难引起轰动效应。反而是通过网络上的论坛等小众渠道或者是依靠人们口耳相传的小道消息，传播速度非常快，而且更容易吸引众多眼球。这是为什么呢？就像是乾隆的传记一样，和正史相比，人们更喜欢看野史，这也是《戏说乾隆》红遍大江南北的原因。

在与他人聊天的过程中，当对方突然神秘兮兮地要与你咬耳朵根子时，你是不是兴奋得满脸通红，仿佛对方即将告诉你一个惊天大秘密。这是一种心理的状态，而并非意味着那个秘密多么惊人。很多情况下，人的心理很奇特，当某些话只有两个人能够听到，且杜绝在其他群体中传递时，神秘的气氛无形中就产生了。由此一来，我们对于对方即将说出口的话，怀有强烈的兴趣，这就是“窃窃私语”的神秘吸引力。也正因如此，如果你有事情想要告诉他人，且想让这件事情引起对方足够的重视，那么直接告诉对方的效果是远远不够的。聪明人会反其道而行，从而达到目的。具体做法就是装作与另外一个人正在诉说秘密，从而让你想要告诉的那个人无意间听到你们的秘密，那么那个你想告诉的人一定会对你所说的秘密印象深刻，甚至奉若圣旨。

自从进入青春期以来，方钢就一直对父母叛逆。比如考大学吧，父母让他往东，他偏偏就要向西，最终还是违背父母的意愿，从遥远的东北跨越大半个中国，来到了厦门。后来，父母因为年纪大了，相继生病，但是方钢却留在了厦门。尽管父母几次表示想让方钢回家，但是都被方钢拒绝了。思来想去，父母决定奔赴遥远的厦门，在方钢面前说一次悄悄话。

父母来到厦门看望自己，方钢还是很高兴的。他每天都带父母出去吃当地的特色美食，休息的时候还带父母到处游玩。眼看着父母归期在即，一天晚上，方钢突然听到客厅里有窃窃私语声。原来，是父母在说悄悄话。方钢悄无声息地走到靠近客厅的走廊里，想听听父母到底在说什么。

父亲：“看到小钢在这里一切都好，我也就放心了。”

母亲：“老伴，你的病挺严重的，还是告诉儿子吧。”

父亲：“不告诉，不能告诉，不然他非得辞掉工作回家。你忍心看到儿子辛苦打拼的事业付诸东流吗？”

母亲：“但是你的病等不了了啊，我一个人可怎么办呢？”

父亲：“船到桥头自然直，总之你千万不要告诉小钢我生病的事情。我不想拖累他。”

听到这里，方钢心里害怕极了，父亲到底得了什么病，居然这么严重。虽然他默默地回到卧室，始终没有找父母问个清楚，但是他心里却突然豁然开朗：“即使事业再怎么成功，如果不能让父母颐养天年，也是最大的遗憾。”想到这里，他决定辞职，和父母一起回到家乡，一切重头

开始。

第二天，当方钢告诉父母自己准备辞职时，父母都表现出极大的惊讶，并且全都强烈反对。然而，方钢去意已决，不想改变。在携儿子一起回家乡的火车上，父母全都喜笑颜开，他们多年的心愿终于了了。

原来，父母这次去厦门就是想带儿子回乡的，因为父亲患了严重的高血压，而且心脏也不好。但是他们知道如果正面和方钢交涉，方钢也许依然会与他们的心愿背道而驰。思来想去，他们决定以“泄密”的方式透露父亲的病情，果然，效果出乎意料的好。

对于意外得知的秘密，人们总是非常慎重地对待，而且很珍视。因而，如果你想让自己的话在他人心里产生影响，或者让自己的意见被采纳，不如试着采用这种方法，也许会比你滔滔不绝地磨半天嘴皮子效果更好呢！

聊天点睛：

假装泄密的方式虽然效果显著，但是却不能经常使用。只有适可而止，才能保持效果，否则一旦真相被觉察，只怕他人就再也不会相信你了，就像狼来了的故事中那个孩子一样，即便说的是真话，也无人相信。

守好自己的底牌，才不会轻易被他人看穿

会打牌的人都知道，要想赢得一场牌局，最重要的就是守好底牌。如果过早地透露底牌，对手就会早做准备，从而轻松地战胜你。只有在最后的关键时刻亮出底牌，才能出其不意，攻其不备，获得成功。人们常说曲径通幽，也是这个道理。如果园林里的一条路直直地一通到底，那么目视之处就会一览无遗，毫无悬念可言。相反，即便园林很小，如同苏州的拙政园，但是园内的道路却弯弯曲曲，一步一景，也依然能够

引人入胜。人与人交往，也是如此。我们常常喜欢和有趣的人打交道，是因为他们总能带给我们新鲜感，且始终让我们对其满怀好奇。倘若这个人如同一张白纸一样一览无遗，那么你只需要短短的几次交往，就可以完全透彻地了解他，那么他对你还会有吸引力吗？归根结底，要想在形形色色的博弈中取胜，我们就必须守好底牌，避免被他人看穿。

所谓底牌，就像是战争进行到白热化阶段的绝密武器，往往能够起到转败为胜的神奇作用。因此，底牌也能够决定一个人的成败。很多大智若愚的人，为人处世都讲究藏拙，即把清明透彻的心隐藏起来，显得笨拙，这样才不会被人死死盯住，也就有了更多的周旋空间。前段时间热播的《青岛往事》中，黄渤扮演的满仓就是一个懂得守住底牌的人。为了给亲朋好友报仇，满仓始终密谋报复日本人。在妻子小曼都对他不理解的情况下，他依然守口如瓶，坚决不把自己的计划和盘托出。最终计划之所以能够大获成功，正是因为他不但瞒住了小曼，瞒住了朋友和兄弟，更瞒住了其他人，所以才能把聪明狡诈的日本人也骗得团团转。由此可见，守住底牌是多么重要。

公司里即将提升一个职员成为中层管理者，为此，很多符合条件的职员都跃跃欲试，想要抓住这个机会鲤鱼跳龙门。其中，张强是大家公认的最有希望晋升的人。与对待张强的态度恰恰相反，对于同样想要参加竞聘的赵凯，大家则都不看好。因为赵凯平日里非常懒散，而且声望也不高。不过，赵凯依然准备着竞聘的相关事宜，毫不气馁。

转眼间，竞聘的日子到了。在候选人逐个进入办公室参加面试时，张强的演讲稿属于老生常谈。赵凯呢，着实让大家大吃一惊。原来，赵凯不但精心准备了别具一格的演讲稿，让每一位作为考官出现的领导都耳目一新，而且还根据演讲稿上提出的理念，成功地为公司洽谈了一个大项目，已经初步签约。这件事像是一个惊天霹雳，把全公司上上下下的人都惊呆了。就连老板都说："看来，这个赵凯真是蛟龙出水啊！"毫无疑问，赵凯成功晋升。张强呢，虽然平日里占据优势，却因为自信满满，早早地就亮出了底牌，最终被赵凯成功逆袭。

和张强相比，赵凯显然棋高一着。张强因为自己平日工作上表现很好，也因为大家都一边倒地支持他，因而自信满满，根本没做特别的准备。赵凯呢，虽然平日工作中表现平平，却唯独为这次竞聘做足了准备，还把初步签约的一个大项目作为厚礼送给老板，也以此验证了自己即将推行的理念对工作是有切实指导意义的。如此心思缜密的面试，如何能不获得全票通过呢？赵凯能够成功竞聘，也是在情理之中的事情。

当遇到千载难逢的好机会时，你是眼睁睁地看着机会溜走，还是不遗余力地抓住机会，相信大多数人都会选择后者。然而，抓住机会也是要有技巧的。这就像是下一局牌，只有守住底牌，到关键时刻亮出来，你才能成功地博取众人的眼球，从而脱颖而出。

聊天点睛：

每个人都有自己的底牌，底牌不是平日里无关紧要的时候拿出来炫耀的，而是要等到关键时刻才拿出来亮的。只有把底牌物尽其用，你才能扭转局势，反败为胜。因而，即便拥有底牌也不要妄自得意，底牌要想发挥强大的作用，还必须选择最佳时机，才能助你一鸣惊人。

把话传过去，也许比你当面表达效果更好

怎样说话效果才更好呢？如今，不管是面对年幼的孩子，还是对待垂暮的老人，抑或是与我们年纪相仿的朋友同事，我们都能充分意识到赞美的作用。也为了更好地处理人际关系，我们从不吝啬赞美。然而，当赞美泛滥，效果还能一如既往的好吗？

事实证明，当赞美泛滥，其在人们心中所起的作用也渐渐减弱。很多人现在面对赞美，已经无动于衷。其实，有一种赞美的方法永远不会过时，那就是背后赞美。试想，当一个人当面赞美你，你会怎么想？也

许会沾沾自喜，也许会怀疑对方是不是有事相求，因而曲意奉承。假如把当面的赞美变成背后的赞美，对方的这些疑虑顷刻间就会消失。尤其是当他从别人口中听到你的赞美时，一定会对你十分欣赏，因为他知道，如果你不是出于真心赞美他，根本没有必要在背后赞美他。由此，他对你必然有好感，你还愁与他的关系处不好吗？

许亚丽大学毕业后，分配到这家中学教书。刚刚进入办公室的那几天，她简直觉得如坐针毡。因为她本身性格就内向，而办公室里的那些老教师们，也都因为此前就彼此熟悉，因而不怎么主动与她说话。如何才能与办公室的同事之间迅速搞好关系呢？哪怕只是与其中一个同事先熟悉起来，也可以结束这难堪尴尬的新人生涯啊！许亚丽思来想去，决定试试自己在一本书上看到的背后赞美法。

一天中午，办公室里只有许亚丽和韩丹老师在。许亚丽找了个话题与韩丹老师搭讪起来，渐渐地，就把话题说到了哪个老师的字最漂亮。许亚丽说："我觉得，宋茜老师的字最漂亮。她虽然看起来很较弱，小鸟依然，但是字却刚劲有力，虎虎生风，好像让人一下子就能感受到她爱憎分明的性格似的。"韩丹笑着说："你这个小丫头，还真是观察细致。要说我们办公室里哪个老师最刚烈，一定是首推宋茜老师，你居然从她的字上看出来了。"后来，办公室里要出一期板报，大家都在推选由字最漂亮的人抄写内容。很多老师都不愿意写，连声推辞，这时，韩丹老师突然说："宋茜老师，就你抄写吧。你不知道，我们这位新来的许亚丽同学，对你的字可是赞不绝口啊，说你字如其人，字虎虎生风，遒劲有力。恰巧这期的主题是关于爱国的，配你的字最合适。"听到许亚丽居然在背后称赞自己，宋茜老师也不再推脱，很高兴地就把板报抄写好了。后来，许亚丽明显感觉到宋茜老师与她亲近了许多，也常常主动与她说话了呢！果不其然，许亚丽和宋茜很快就成了关系要好的同事，许亚丽也不再觉得孤单了。因为有了宋茜的支持和鼓励，她很快就融入了办公室的团体之中，与大家相处得其乐融融。

许亚丽运用背后赞美法，在韩丹老师把她的赞美准确传达给宋茜老

师之后，效果马上显现出来。对于赞美，大多数人都是欢迎的。但是对于泛滥的赞美，则往往抱着怀疑的态度。背后的赞美恰恰规避了这个缺点，让赞美变得无比真诚。正因如此，许亚丽的背后赞美法才能取得良好的效果。

朋友们，你们是否也曾想要迅速地接近一个人，与其拉近关系呢？如果一筹莫展，不如也试试背后赞美法吧。而且，只要长期坚持下去，你一定会发现那些得到你背后赞美的人，都会对你非常友善。渐渐地，你还会意外地收获好人缘呢！

聊天点睛：

通常情况下，背后赞美他人的人一定是出自真心，而且也非常宽容友爱。当大家发现一个人很喜欢在背后赞美他人时，即便赞美的那个人不是他们自己，也会无形中对这个乐于赞美的人形成良好的印象。如此一举数得的好事，何乐而不为呢？

第10章

学会花样提问法：问对问题能让对方主动开口

对于人际交往而言，交谈无疑起到重大的作用。对于交谈而言，问对问题、以正确的方式提问，则在很大程度上决定了交谈能够顺利进行。提问的方式有很多，如果总是枯燥地一问一答，则很难激起他人的谈兴。唯有学会花样提问法，问对问题，以恰到好处的方式提问，才能让对方主动开口说话，甚至滔滔不绝，口若悬河。

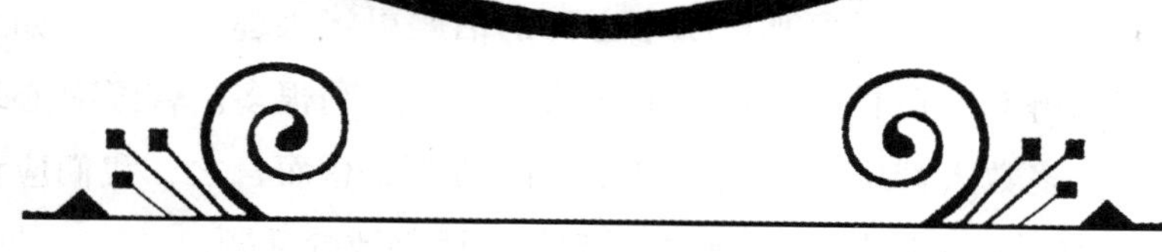

提问要使对方乐意回答，一定要找准兴趣点

如果你细心观察过各种各样的交流，你会发现大多数谈话都是以提问为开始的。例如，“吃饭了吗？”“准备去哪里玩啊？”“你还好吗？”“最近忙什么？”等，这些问题都是为了得到他人的回应，所以作为搭讪的日常用语出现。然而，你所提出的问题能够吸引对方的注意，激发对方的兴趣吗？这是至关重要的。如果对方对你所说的话根本不感兴趣，那么就会对你不理不睬，或者即使回答，也是漫不经心的，根本没有继续交流的欲望。这样一来，你的搭讪就是失败的，很难让谈话顺利开展下去。

要想让搭讪获得成功，成为愉快交谈的开始，应该提出怎样的问题呢？首先，你的问题一定要让对方乐意回答。试想，如果对方根本不愿意回答你的问题，尤其是在陌生人之间，如果你的问题无法激起对方的兴趣，那么你们的谈话也许就会以你最初提出的那个枯燥乏味的问题结束。其次，要想把问题问到对方的心坎里，必须找准对方的兴趣点。对于熟悉的人之间，找到兴趣点当然是很容易的，因为大家彼此了解。但是对于初次见面的陌生人，找到兴趣点并非能够一步到位。通常情况下，为了找到兴趣点，我们必须不停地试探，或者尝试提出各种问题，从而从对方的不同反应，观察其对哪个方面的话题更感兴趣。此外，如果你事先能够了解对方擅长的领域，那么谈话也会顺利很多。曾经有心理学家证实，大多数人都乐于谈论自己擅长的话题。总而言之，我们应该根据交谈对象的综合情况，选择最能激起他谈话兴致的话题。

作为访谈类节目主持人，沙特采访时的提问总是能够打开受访者的心扉。这主要是因为沙特能够根据受访者的身份、年龄特点、职业等综合特点，分析受访者感兴趣的话题，从而一开始提问就吸引受访者，激

起受访者的兴趣。因而，沙特采访时很少冷场，总是能够与受访者谈得兴致勃勃，甚至采访结束了，受访者依然意犹未尽呢！

此时此刻，沙特正在采访一对带着孩子周游世界的夫妇。

沙特问爸爸：“在旅行中，您担忧过安全问题吗？”

爸爸：“的确。有的时候我们会走到荒无人烟的地方，我会担心妻子和孩子的安全问题。”

沙特：“那么，您是如何避免危险发生的呢？”

爸爸：“我们尽量坐车旅行，在人群中会感到更安全。如果确实无法避免单独行动，也会随身携带自我保护的工具。”

沙特问妈妈：“您呢，在旅途中最困扰您的是什么？”

妈妈：“我会担心孩子过长时间的独处和教育问题。因而，我会尽量让孩子与他人交流，也随身带着一些书，以便随时随地地教孩子一些知识。”

沙特：“旅程中，您曾经遇到过卫生条件不好的情况吗？”

妈妈：“当然。不过，当你敞开怀抱接受大自然，你会发现其实尘土没有那么脏。我们总是竭尽所能地解决卫生问题。”

沙特问五岁的孩子：“宝贝，你喜欢旅行吗？”

孩子：“是的，我喜欢。旅行太好玩了。”

沙特：“旅行中，你最难忘的是什么？”

孩子想了想，说：“有一次下大雨，我不小心掉进水塘里，爸爸来救我。”

沙特：“爸爸很爱你。”

孩子幸福地笑了。

在对于这一家三口的访问中，沙特并没有盲目提问。对于全家的保护神爸爸，沙特提出了安全问题。对于全家的主管妈妈，沙特提出了卫生问题。对于孩子，沙特则提出了最难忘的事情。如此有针对性的提问，兼顾了一家三口不同的角色需要，不但不会出现冷场，还会让受访者感到非常轻松自如，回答问题自然也就更加真实坦然。

我们已经意识到，每个人的脾气秉性都是不同的。我们还应该意识到，每个人都因为性别、环境、年龄等不同，对于谈话也有着截然不同的喜好。要想成为一个好的谈话者，我们必须认真细致地观察谈话对象，从而尽快找到对方的兴趣点，让谈话愉快地进行下去。

聊天点睛：

需要注意的是，要想让谈话愉悦，除了要找到对方感兴趣的话题之外，还有很多禁忌是不能提起的。例如，对方有些私人问题，涉及个人隐私，一定不要莽撞地去问。此外，还有些敏感的话题，诸如和竞争者交谈时，不要问起对方的经营策略和营销成果等。总而言之，该问的多问，不该问的不问，才能让交谈更愉悦。

具体的问题不涉嫌故意刁难，可以经常使用

生活中，总有些琐碎的小事，需要我们认真耐心地处理，也因此在与熟悉的人交谈时，我们常常说起这些小事，甚至乐此不疲。然而，在与不太熟悉的人或者初次见面的陌生人交谈时，我们却不知道如何搭讪了。或者即便顺利搭讪开始交谈，所提的问题也总是大而空泛，让人难以作答。实际上，在提问他人时，过大过空的问题总是让人难以回答，甚至涉嫌故意刁难。与其这样，不如真诚地问一些具体的问题，对方反而乐意回答。

举个最简单的例子，有个记者在采访某重要且知名的公众人物时，突然问：“你如何看待中国与西方国家的关系？”公众人物尴尬地沉默几秒，说：“你这个问题太大了，我恐怕得花几年时间写一本书才能概述一二。”的确，这个问题大而空泛，让人很难作出回答。西方国家的涵盖范围很广，关系也涉及方方面面，尤其是在聚光灯下的公众人物，根本

不可能随意作出回答。有些普通人在生活中偶然遇到不常见面的熟人时，也会突然问："最近怎么样？"对方只好尴尬地笑笑，含糊其辞地说："还好。"这样的问题，只需要简简单单的两个字就能终结，理所当然地成为了话题的终结者。实际上，大多数提出空泛问题的人，都是想要尽可能地从他人口中得到更多的信息，殊不知，交谈不是一蹴而就的事情，只有耐心地提问，循序渐进地深入，才能获取信息。

要想让他人兴致盎然地回答你的问题，你必须选择以最合适的方式提问。如果你能坚持用具体的方式提问他人，你就会发现别人的回答也相应地变得更生动具体，且翔实。当回答问题变得轻松，且自己很乐于回答，别人怎么会拒绝呢？如果把"最近怎么样"换成"最近家里一切都好吧"，回答的人马上就会想到家里老人的身体健康，孩子的学习情况，夫妻间是否和睦等，因而回答起来也会更加轻松容易。当对方通过回答问题给予你的信息越来越多，你也就可以根据回答生发开去，继续提出更加详细具体的问题，从而使谈话进入良性循环。

在这次同学聚会上，已经十年未见的同学全都变了模样，彼此之间也显得生疏了。直到酒过三巡，大家才渐渐消除隔阂感，开始热闹地谈笑起来。郑玉和田震挨着坐，也开始窃窃私语地交谈。郑玉问："田震，一眨眼都毕业十年了，现在工作怎么样呢？"田震笑着说："唉，我是没有后台也没有关系，只凭着自己苦哈哈的干，现在也不过是学校里的教学组长。"郑玉感慨地说："教育系统就是这样，很多事情都凭关系，你能靠着自己的努力当上教学组长，已经很不错啦。下一步就朝着教导主任努力吧。幸好我当时没进教育系统。"田震："你现在在哪里工作呢？"郑玉："当时毕业后就去了私企。虽然累些，竞争激烈，不过付出还是有回报的。我现在是公司的中层管理，管理一个部门。"田震羡慕地说："那你可是功成名就啦。个人问题呢？大城市生活的人总是结婚晚，不像我们小地方。"郑玉笑着说："大多数年轻人在大城市打拼，的确结婚都很晚。我是例外，先成家后立业，我爱人就是在单位认识的。朝夕相处，很快就结婚了。"田震惊讶地问："我看很多电视节目上，私企都不让夫妻在一

个单位工作啊？”“是的，的确如此。所以我们恋爱时是地下情，偷偷摸摸的，结婚以后我爱人就辞职了，现在全职在家抚育一双儿女呢！”“你居然还是一双儿女，真是人生赢家啊……”

从对话不难看出，田震与郑玉相谈甚欢。原本十年未见的老同学，关系渐渐生疏，但是却因为这一个个具体生动的话题，让田震和郑玉迅速熟悉起来。曾经的同学情谊，现在因为生活和工作中的琐事，变成了亲情、友情。对细节的关心，也使得他们彼此间更加亲切和熟悉起来。

除非是外交辞令，否则不管与谁谈话，我们都应该尽量把问题提得更加生动具体。这样，对方才会更轻松地作出回答，也才会更乐意回答。要想掌握提问具体的原则，必须注意两个方面。一是提问的范围应该尽量缩小，问题要有针对性。二是提问要形象，不能抽象。例如，我们与其问一个人对于旅行的感受，不如问他觉得旅行中最有趣的事情是什么，最担心的事情是什么。这样一来，别人就更容易做出具体而又生动的回答。

聊天点睛：

需要注意的是，在提问尽量具体生动的同时，我们还要注意问题的衍生性。例如，妈妈问孩子：“你想吃冰淇淋吗？”“想。”“你想吃什么口味的？”“草莓味的。”这样的问题，孩子在用简单几个字回答之后，就没有生发的空间了。换个方式，妈妈问：“你为什么喜欢吃冰淇淋？”“因为冰淇淋吃起来很凉爽，而且甜甜的。”“你觉得哪种口味的冰淇淋更好吃？”……这样具有衍生性的问题，能够让孩子有更大的空间回答和表达，也使谈话能够顺利展开。

好汉爱提当年勇，你要给他人机会诉说得意

尽管爸爸今年已经60岁了，但是每当酒过三巡，提起当年正值而立时做的那些得意之事，他依然会马上滔滔不绝，口若悬河。原来，对于得意的诉说能让人们忘却时间，立即回到当初的辉煌时刻。由此可见，古人说的好汉不提当年勇，并非适应所有的情况。很多情况下，好汉爱提当年勇。因而，我们在与他人交谈时，如果想要打开他人的话匣子，不如说说那些让他得意和高兴的事情，那么他一定会转眼之间就像变了一个人似的，即使内向的人，也会顷刻健谈起来。

作为一名保险推销员，彤彤一直想把保险销售给一家公司的老板。要知道，这个老板腰缠万贯，肯定买保险也是大手笔。但是无论彤彤多么频繁地拜访，这位老板就是毫无兴趣，总是坚定不移地拒绝彤彤。

在一个偶然的机会，彤彤读到了关于这位老板的访谈，知道这位老板去过撒哈拉沙漠。再次去老板的办公室拜访时，彤彤特意留心，发现老板办公室的桌子上果然摆放着他去撒哈拉沙漠的单人照片。彤彤欣喜若狂，虽然依然遭到拒绝，但她却喜滋滋地离开了，因为她已经知道如何进行下一次拜访的准备，而且势在必得呢！

再次拜访时，彤彤为老板带来了撒哈拉沙漠的骆驼头骨，说："张总，您好。每次来拜访您都空手而来，这次给您带了一个小小的礼物，不知道您是否喜欢。"当彤彤打开包装盒，露出骆驼头骨时，老板显然大吃一惊。彤彤笑着说："家里一个朋友在航空公司当机长，我搭乘他的班机去撒哈拉，顺便请他利用职务之便，帮我带回了骆驼头骨。"原来，老板当初去撒哈拉旅游就想带回骆驼头骨，却因为太多，不能如愿。这次，彤彤的礼物可送到他的心里去啦。说起在沙漠探险的经历，老板简直是眉飞色舞。尤其是当听说彤彤虽然去了撒哈拉，却没有横渡撒哈拉时，老

板更是手舞足蹈地说："没有横渡撒哈拉，就相当于没去过撒哈拉啊！上次，我们一行人足足走了半个多月，才横渡整个沙漠，不但惊险刺激，而且终生难忘。"彤彤问："您在旅行中最奇异的见闻是什么，可以分享吗？"老板迫不及待地开始讲述海市蜃楼的景象，居然说了半个多小时，才停了下来。看到彤彤专心致志地听着，他不由得笑了起来。这次的拜访，彤彤与老板相谈甚欢，三天之后，老板让她带着保单去签约。就这样，彤彤顺利拿下了老板全家人的私人保单，而且还拿到了老板给员工上的保险。

在数次遭到老板拒绝之后，彤彤别出心裁，居然以撒哈拉沙漠为支点，撬动了老板坚定不移的心。这次的成功，让老板成了彤彤的独家客户，肯定在有机会的时候也会为彤彤介绍其他客户。这一切，只因为彤彤给了老板一个机会讲述他在撒哈拉沙漠的历险历程，也送给了老板一个他心仪已久的礼物。

与他人交谈，一定有一个突破口。只要打开这个突破口，他人就会向我们敞开心扉，畅聊无阻。在不了解对方的情况下，我们很难找到那个突破口。然而，一旦说起得意的事，对方也马上会兴致勃勃，滔滔不绝。所以，我们不妨就从这个捷径入口，顺利打开对方的交谈突破口。

聊天点睛：

人的本性就是渴望得到他人的认可和肯定。为了满足交谈对象的心理，我们不妨引导他谈论自己的得意之事，再适当加以肯定，全神贯注地倾听，就一定能够让对方谈兴渐浓，意犹未尽。当然，要想做到这一点，在拜访之前提前做好准备工作是有必要的。你了解得越多，交谈成功的可能性就越大。

任何时候都不要居高临下，不如怀着请教的心态

孔子云，三人行，必有我师焉。意思是说，三个人一起行走，其中肯定有个人能够担当我的老师。从这句话不难看出孔子谦逊的态度。作为圣人，孔子的态度都如此谦逊，更何况是我们普通人呢。每个人都应该怀着一颗谦逊的心，遇到问题时，能够真诚地向他人请教，而不是颐指气使。唯有如此，我们才能更加愉快地与他人交谈，并获得好人缘。

生活中，我们几乎每天都需要与他人交谈。决定交谈是否愉快的，除了合适的话题之外，最重要的就是谦逊的态度。试想，如果有个人向你问问题，毫不客气地说："哎，去南京理工大学怎么走？"你也许只会给他一个白眼，或者故意不搭理他。相反，如果有个人毕恭毕敬地问你："您好，能麻烦问您一下去南京理工大学怎么走吗？"就凭着这彬彬有礼的态度，对方也不好意思不回答你。即使再忙着赶路，也会给你指路吧。当然，如果你再脸上挂着笑容，对方肯定会非常乐意成为你的向导。这就是谦逊的力量。

作为一名办公设备推销员，小童几乎每天都穿梭在写字楼中。他的工作就是送货上门，帮助写字楼里的各家公司淘汰旧设备，更换新设备，提高办公效率。刚开始进入这行时，虽然小童是公司里最勤奋的推销员，几乎每天都至少在外面奔波八个小时四处推销，但是他的销售业绩却很差。直到有一天，小童无意间看到其他公司的推销员成功的经历，才明白自己的问题所在。

那天，小童照常来到写字楼里的一家公司，问前台："请问，你们这里需要办公设备吗？我们公司新出品的打印机非常好，您需要看看吗？"

前台头也不抬地说："我们有打印机。"小童脱口而出："你指的是这台吧。这台已经是被淘汰的款式了，早就过时了，而且打印效果也特别差。"这下子，前台连搭话也不搭了，完全把小童当空气。正当小童郁郁寡欢地想要离开时，又一个推销员来到前台，问："您好，请问您需要了解下最新款的打印机吗？"前台依然头也不抬："不需要。"推销员毫不气馁，继续彬彬有礼地问："那么，能否耽误您宝贵的三分钟时间呢？我们公司正在开展问卷调查，想要了解大家对于我们这款打印机的宝贵意见。您可以帮忙提出宝贵意见吗？"这时，前台抬起头，看了看推销员展示的打印机，说："这是最新款啊。"推销员说："是的，这款打印机出墨更均匀，而且打印出来很清晰。不过，任何一款产品都是有缺点的，我们还是欢迎您提出宝贵意见。您觉得这个进纸口设计得怎么样？是否方便使用呢？"前台认真地观察打印机的进纸口，说："嗯，这款进纸口和我们的老款不一样，应该不会卡纸吧。我现在用的打印机总是卡纸，快把人烦死了，不知道浪费了多少纸。"推销员赶紧说："如果您愿意，我可以把这台打印机留下来，给您适用一个月。如果能够满足您的需求，您再考虑更换。即使一个月后不买也没关系，您只需要把使用感受反馈给我们就行。"反正现在也不用买，前台很高兴地留下了打印机。毫无疑问，在感受新产品的畅快自如之后，她很快就打报告给上司，申请更换打印机了。

小童在一旁看着听着，受益匪浅。从此之后，他也使用这种请教的态度说话，果然很快就顺利推销出去几台打印机。从此，他成为公司里销售业绩最强的推销员，这个话术也总是屡试不爽。

同样的话，以不同的态度和不同的表达方式说出来，产生了截然不同的效果。小童的业绩之所以能够快速提升，恰恰是因为掌握了这个让人欢喜的请教方法，他才有机会展示自己的产品，与对方更多地沟通。

实际上，不仅仅推销员需要掌握这种请教方法取悦他人，从而使交谈更加顺利，我们每个人每天在生活中都难免要与人打交道，也要掌握这样的方法，才能有效地改善交谈状况，获得好人缘。

聊天点睛：

在请教他人时，我们一定要摆正心态，心口一致。倘若你心里其实对人很不屑，语言上却又表现出求教的态度，那么他人一定会有所察觉，你也就无法如愿以偿。所谓尺有所短，寸有所长，其实每个人都有值得我们学习的地方。这样想来，你是否能够心甘情愿地向他人求教了呢？

旁敲侧击，如果对方想说就会告诉你

人的好奇心总是在作怪，对于想知道的，我们总是挖空心思想要知道。然而，越是追问，他人就越是守口如瓶，我们该怎么办呢？实际上，没有人愿意被强迫，谈话也是如此。如果你不停地追问，甚至威胁对方，则对方一定会反其道而行："就不告诉你，就不告诉你，就不告诉你！"在这种情况下，我们只能智取，而不能使用蛮力。

很多朋友都知道旁敲侧击这个词语，也了解它的意思：指人在说话或者写文章时，不从正面直接点明，而是从侧面委婉曲折地表明自己的观点，或者针砭时弊，讽刺、抨击某些人或者某些事。如此一来，就避免了正面交锋的尴尬，也不会导致针锋相对。实际上，我们在谈话中也可以旁敲侧击地提问。如此一来，他人如果不想作答，就可以佯装不明白你的旁敲侧击；他人如果愿意作答，一定会顺着你的话题继续谈下去，给出答案或者解释。这种旁敲侧击的提问方法，给我们留出了回旋的余地，也给谈话对象一定的选择空间，是很有弹性的提问方式。

作为意大利大名鼎鼎的女记者，奥里亚纳·法拉奇的提问向来以犀利尖锐见长。不过，她很多时候都能如愿以偿地得到满意的答复，这又是为什么呢？原因就是，她很擅长用旁敲侧击的方式提问。

有一次，奥里亚纳·法拉奇得到机会采访越南总理阮文绍。为了了解阮文绍对于外界传言他是"越南的腐败大王"的看法，奥里亚纳·法

拉奇旁敲侧击地问："听说，您小时候家境贫寒？"听到这个提问，阮文绍突然心潮起伏，便开始详细地描述自己小时候贫穷的生活。随后，奥里亚纳·法拉奇又问："今天的您已经不再受到贫穷的困扰，听说您在很多国家的银行都有存款和房产，不知道传言是否属实呢？"如此提问，阮文绍当然要对传言作出回应，他很认真地介绍了自己的"少量"财产，撇清了谣言。如此一来，奥里亚纳·法拉奇自然得到了自己想要的答案。

奥里亚纳·法拉奇的提问目的虽然很一针见血，但是却以旁敲侧击的方式表达出来，先是让阮文绍忆苦，接着又让阮文绍回应现在的腐败传言，从而避免了阮文绍的尴尬。即使阮文绍不想作答，也可以直接回避问题，以简单的肯定或者否定结束这个问题的谈话。不过，显然阮文绍很愿意借此机会撇清传言，因而进行了详尽的解答。

很多情况下，当我们毫不留情地直接提问时，往往会导致对方陷入尴尬，甚至遭到对方毫不掩饰的拒绝。为了避免这种情况的出现，最好的办法就是旁敲侧击，这样不但能够缓和谈话的气氛，也能够循序渐进地把谈话导入正题。

聊天点睛：

所谓旁敲侧击，关键在于从问题的侧面入手，给双方都留出余地。当直接提问会导致交谈双方陷入尴尬境地时，旁敲侧击无疑是最好的提问方法。这种迂回曲折的提问方法，总是能够让谈话继续愉快地进行下去。

巧用反问句，让对方意会你的真意

谈话陷入僵局，无疑是一个非常尴尬的时刻。在这种情况下，我们必须想点儿办法，顺利打破僵局，才能让谈话顺利地进行下去。否则，难堪的沉默时间太长了，就会导致谈话的氛围怪怪的，再也无法恢复最初的和谐融洽。

要想打破僵局，可以调转话题，也可以使用反问的提问方式，吸引对方的注意力。所谓反问，就是用与事实完全相反的表述再加上强烈的语气进行提问，其最大的作用就是能够激起对方的交谈兴致，让原本对谈话失去兴致的交谈对象，再次生发谈兴。有些交谈对象总是假装清高，显得孤冷高傲，貌似根本不想交谈。但是，一旦你用反问句提问，激他，让他不得不说，则他必须得说，否则就会承担误解。由此一来，他就从我不想说，变成了我一定要说，甚至别人拦都拦不住呢！

在家具市场，齐豫看中了一套橱柜。看到她转来转去左看右看，原本在远处的导购小姐走了过来，问："女士，对于这套橱柜，您有什么想了解的吗？"齐豫说："价格多少呢？有折扣吗？"导购小姐回答："这套橱柜原价 9999 元，现在打折之后，是 7888 元。"齐豫犹豫了一下，说："这么贵？！"导购小姐解释说："我们这个品牌的产品，都是用料最好的。其他品牌的橱柜，这样一套也要九千多元呢！"齐豫脱口而出："但是人家打折之后只要五千多元啊，你们足足贵了两千多元呢！"导购小姐笑着说："一套橱柜，居然打了对折，您敢买吗？！"听到导购小姐的反问，齐豫突然语塞，说："我就是相中你们家的，所以才问你价格的。"导购小姐笑了，说："是的呢，一看您就是个识货的人。那些四五千块钱的橱柜，让您买您肯定也不敢买。常言道，买的没有卖的精，没有人会做赔本的买卖。您就踏踏实实看我家的橱柜，肯定质量是没有问题的。"

齐豫思来想去，又与导购小姐磨了很久，终于得到了一个懒人沙发作为赠品，买了这家的橱柜。

原本，当齐豫说出其他家橱柜的价格时，导购小姐似乎不占优势了。但是，导购小姐思维敏捷，马上就以一句反问，把问题抛给了齐豫。"一套橱柜，居然打了对折，您敢买吗？！"这句话铿锵有力，掷地有声，让原本犹豫不决的齐豫，马上决定就买这个信心满满的导购小姐推荐的产品。由此一来，导购小姐轻而易举地做成了一笔生意。

用逆向思维提出反问，语气肯定比平铺直叙要强烈很多，因而表达

效果也是成倍增长。因此，如果我们在谈话中处于劣势时能够适当地提出反问，也许就能扭转局势，甚至达到意想不到的效果。

聊天点睛：

运用反问提问，不但能够扭转谈话的局势，也能激发那些不愿意说话的人谈兴顿起。与此同时，使用反问句式提问，还可以掌握主动权，成为谈话主宰。不过需要注意的是，反问通常语气强烈，所以要把握好度，否则过于激烈导致双方关系紧张，就得不偿失了。

想知道不如反其道而行，激发对方倾诉欲

很多时候，我们越是想知道某件事情，对方却偏偏不告诉我们。在这种情况下，我们越是追问，越是无法得知真相。要想顺利地得知真相，最好的办法其实不是追问，而是反其道而行，装作不想知道的样子，这样对方反而更愿意告诉你。

这就是人的逆反心理在起作用。每个人都是有逆反心理的，如有些孩子总是不听父母的话，对于这样的孩子，父母越是指挥，事情就越是难以如愿。正确的做法是，如果想让孩子在书法班和美术班中选择书法班，那么不如建议孩子选择美术班，如此一来，孩子必然选择书法班，聪明的父母也就如愿以偿了。倾听也是如此。你越是想知道某件事情，对于逆反的人，就越是不要表现出强烈欲望，而应该装作漫不经心，这样对方一定会憋不住，反而主动告诉你。

看到老公兴冲冲地从外面回家，杜丽就知道老公一定是有什么让人兴奋的消息。但是根据以往的经验，杜丽越是追问，老公偏偏越是不说。因而，这次虽然明明看到老公兴奋得满脸通红，杜丽就是装作没看见，使劲忍住不问。

终于，在杜丽做完晚饭并且端到桌子上之后，老公再也无法忍耐有好事却不能分享的痛苦，问杜丽："难道你没有看出我有些异样吗？"杜丽漫不经心地说："没有啊，我觉得你很正常啊。"老公又问："难道我有好消息你不想知道吗？"杜丽依然不以为然地说："平常的日子，能有什么好消息啊。你要是想说就说吧，我反正不想问。"老公突然大声说："哎呀，你就不能问问我嘛！"杜丽笑着说："我问了你也不会说，你还是自己憋着吧！"老公无奈地笑着说："哎呀呀，你可真是我肚子里的蛔虫啊。算了，我主动坦白吧。我被评选为优秀员工啦，还有两千元奖金呢！"杜丽这才哈哈大笑起来，说："我就知道你憋不住，我要是问了，你反而要卖关子。现在这样多好啊！"

杜丽从不了解老公，遇到事情就要追问，到现在了解老公，知道老公有好事是一定憋不住的，因此反而以漠不关心的模样，倒逼老公不得不把心里藏着的好事赶紧说出来。这就是杜丽对付老公的独门秘籍。

生活中，有很多人都喜欢卖关子。他们之所以把很多事情藏着不说，就是想等别人追问，然后又偏偏更加守口如瓶。直到最后，等到别人使劲使劲地求他们，他们才会说出来。对于这样的人，我们也要学习杜丽的方法，与其追问，不如等着他们主动说出来。要知道，他们根本不可能憋着一个好消息一直不说的，否则不是太无趣了吗？

聊天点睛：

很多人都想让他人再三追问，自己则不停地卖关子。当你熟悉和了解了这类人的脾气秉性，当然可以配合他们不停追问，但是如果你累了不想问，也可以故意装作漠不关心的样子，等着他们乖乖地主动坦白，岂不是更好？！

第 11 章

表达不同意见时：学会不伤和气的说话方法

生活中，人与人之间常常因为意见不统一，导致分歧的产生。那么，当表达不同意见时，有没有好的办法能够不伤和气？的确，任何问题的产生总要有办法解决，倘若我们能够学会不伤和气的说话，就可以更好地表达自己的不同意见，与他人融会贯通，畅意地交流与沟通。

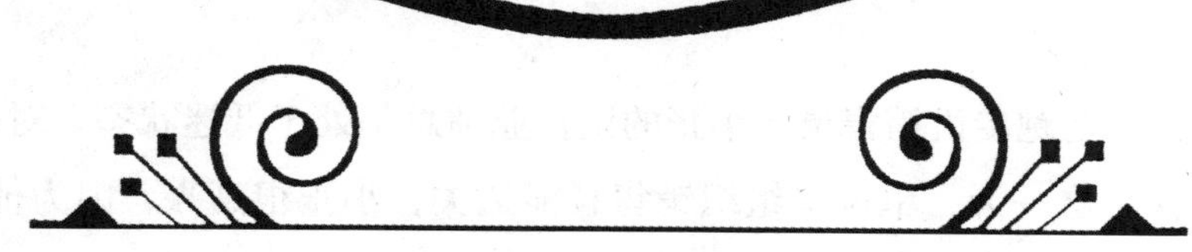

先认可再否定，更容易让他人接受

人与人之间的交流，有时候是信息的传递，有时候是观点的交换，有的时候则是争执和讨论。争执，是因为观点不同。毫无疑问，每个人都想让别人接受自己的观点，似乎只有这样，才能证明自己是对的，也才能战胜他人。这是人的好胜心理在作怪。那么，在不同意他人的观点时，我们如何才能让他人接受我们的观点呢？生硬地批判对方是错的，而自诩正确，往往很难让人接受。甚至还会招致对方的反感，让对方不知道如何继续与你交流下去。

很多直脾气的年轻人都会直接否定他人，殊不知，这恰恰是不顾及他人面子的行为，很容易导致你失去一个朋友。有的时候，对方为了维护自己的尊严，甚至还会与你据理力争，致使彼此在面子上都下不来台，甚而伤了和气。《圣经》里耶稣说的一句话在西方社会人尽皆知，即赶紧赞同反对你的人。这其实是在告诉我们，只有先尊重和认可对方，然后才能以退为进，再把我们的观点适时地传达给对方。大凡在社交之中如鱼得水的人都很清楚，在意见不统一时，最怕针锋相对。所谓退一步海阔天空也是有道理的，只有你先接受对方，对方才能作为回报也尝试着接受你。如此一来，原本剑拔弩张的谈话氛围，岂不是就变得融洽起来了吗？

作为一名跑步机销售员，小张的销售业绩总是处于低迷状态。对此，他很苦恼。这一天，单位里组织销售技能通关，小张很高兴，因为他想借此机会看看自己到底哪里做得不好。

同事们依次进入会议室找销售总监通过，一个多小时之后，才轮到小张。小张走进会议室，看到总监正在一台事先摆放好的样机前徘徊。他走上前去，问：“您好，女士，请问您需要这台跑步机吗？”总监扭头看了小张一眼，说：“跑步机的确不错，但是价格太贵了。而且，随便哪里都可以跑步啊，为什么非要花这么昂贵的价钱买跑步机呢？”听了总监的话，小张脱口而出：“你这种观念可不对。要是大家都按照你这种想法，我们那么多跑步机都卖给谁呢？”小张话一出口，看到总监脸色陡变。接下来的交谈变得很不顺利，原本和颜悦色的总监似乎看小张哪里都不顺眼，总是和小张拧着说话。就这样，小张的通关成绩完全是不合格。

事后，总监在当着所有同事的面点评时，特意把小张的通关作为反面教材讲了一遍。总监语重心长地告诉大家：“小张的专业知识等都没有问题，现在可算找到自己销售业绩不好的原因了吧。你张嘴就说顾客说的是错的，否定顾客，顾客还怎么会从你这里购买跑步机呢？即使他真的需要一台跑步机，只怕也会换个销售再买。对于顾客否定跑步机的功能，谁能给出正确的应答？”说完，总监点名让公司的销冠艾薇作答，只见艾薇心平静气地说：“女士，您说得很对。其实，在咱们上下班的路上，周末休息去公园遛弯儿的时候，都可以跑步。要是每天都能找到合适的时机户外锻炼，真是没有必要买跑步机，毕竟户外锻炼还能晒太阳补钙呢！不过，我不知道您的工作性质是怎样的，每天能否按时下班，我现在每天都要晚上九点才能下班，而且还要倒公交和地铁，十点才到家。半夜三更的，在外面跑步肯定不现实，也不安全。跑步机的优势就在于，只要我们在家里，随时随地都可以使用，也不受刮风下雨的影响，是非常方便的。”艾薇说完后，同事们都给予她热烈的掌声。的确，艾薇这样不卑不亢地说了一番话，真是让顾客心服口服啊！

小张直接否定客户，指责客户说的是错的，因而失去了客户的信任和好感，推销进展得很不顺利，而且没有任何收获。和小张愣头愣脑的回答相比，艾薇的回答则显得非常聪明。她不卑不亢，既肯定了客户的意见，也说明了自己的观点，而且非常符合客观的实际情况，如此一来，客户当然心服口服。

在生活中，不管我们是面对客户，还是面对亲戚朋友，抑或是陌生人，要想友好地交流，就必须努力地提升自己说话的水平。尤其是在意

见不一致时，千万不要一时冲动地和客户针锋相对，而一定要首先认可和尊重客户，然后再循序渐进地表明自己的观点。

聊天点睛：

没有人愿意被他人否定，这不但挫伤了我们的自信心，也会使我们觉得丢了面子。因而，在任何形式的交谈中，都不要直截了当地否定对方。正确的做法是，先认同对方的观点，给足对方面子，让对方能够敞开心扉接纳你。然后再婉转地表明自己的观点，表达自己的意见，这么做才更容易让人接受。

适时低头，远胜于强词夺理争论不停

生活中，很多人一直以来的状态都像是一只好斗的公鸡，恨不得逢人就斗，还不遗余力地想要斗赢。殊不知，哪有那么多胜负输赢呢？很多事情的结果都是辩证的，并没有绝对的是非对错之分。因而，我们完全不必那么较真，尤其是与人相处时，凡事只认真三分即可。尤其是口头上的胜负输赢，赢了又如何呢，说不定会失去朋友。聪明人在交谈时会适当地示弱和低头，人缘反而比常胜将军更好。

为人处世，远非对错那么纯粹和简单，也不是输赢就能判断出强者和弱者的。很多时候，真正的强者善于适时低头，把快乐的机会留给他人。反倒是不知天高地厚的弱者，总是强词夺理，有理声高，无理也要辩三分，惹人生厌。在与他人交谈的过程中，我们常常会与他人意见不一致。在这种情况下，除非不得已，不要强迫他人接受你的观点。因为每个人都有权利坚持自己的观点，我们所能给予他人的就是足够的尊重。否则，一味地想要赢，最终的结果非但导致对方更加与你尖锐对立，也会让你失去了一个朋友，可谓损失惨重。

大学毕业后，王敏进入一家公司当了广告策划，主要负责提出广告创意，为客户制定合理的广告方案。由于是广告公司，好的创意总是需要不停地碰撞和融合，因而开会研究广告方案是家常便饭，有的时候一天甚至开好几个会。这可让王敏找到了大显身手的机会。王敏思维敏捷，对于广告策划很有灵感。每当开会时，大家各抒己见，王敏更是神思泉涌，总是侃侃而谈。渐渐地，虽然上司很欣赏王敏的敢想敢说，但是同事们却越来越讨厌王敏。原来，每次与他人意见不一致时，王敏就会像一只好斗的公鸡一样，直到把他人辩驳得哑口无言才能作罢。这让同事们都不愿意与他说话，因为谁也不想每次都被他征服。

虽然上司很欣赏王敏的才华，但是广告策划是团体作战，必须环环相扣，同心协力。因而，当上司看到王敏人缘奇差，也只好忍痛辞掉王敏，否则就会导致同事们全都闹意见。

王敏很聪明，且才思敏捷，但是他却不懂得为人处世的原则，总是逞口舌之强，把同事们都辩驳得哑口无言。长此以往，当然没有人愿意与他交往了。这也直接导致了他职业生涯的结束，希望他能知道自己到底哪里做错了。

每个人在生活中都需要与他人交流，当产生分歧的时候，如果是无关紧要的问题，适当低头并没有什么大不了的。当我们一而再再而三地忍让他人，我们的人缘也会越来越好。我们会因此而损失什么吗？当然不会。相反，我们却借此给了他人足够的面子和自尊。

聊天点睛：

在社交活动中与人交谈时，千万不要成为那个一味地想要在口头上赢得他人的人。这样非但没有任何好处，还会使你被他人摒弃。同时，如果不小心与争强好胜的人遇到了一起，适当低头也没有什么可羞耻的，这恰恰证明了你的宽容大度。

有所保留地妥协，给对方留面子

争辩，在生活中似乎总是无处不在。除了在辩论赛上我们要不遗余力地辩赢他人之外，在大多数时候，我们都不应该不留情面地与他人辩论。首先，很多事情都没有绝对的对错输赢，每个人观点不同只是因为所站的角度和出发点不同而已。既然从根本上看待问题的角度就是不同的，我们还有什么必要与他人争辩呢？即便让他人表面上接受你的观点，对于事情也没有什么实质性的好处。很多时候，你以为你说的是对的，放在别人身上未必正确，也许恰恰是错的呢！因而，不要强求别人认可你的观点，正确的做法是有所保留。

也许有人会说，即使我不与人争辩，那么如果遇到一个好争辩的人欲罢而不能呢？的确存在这种情况。当你遇到一个好争辩的人，非要逼迫着你接受他的观点，你不如退一步，有所保留地妥协，这样既给了对方面子，也坚持了自己的观点，还不会伤害彼此的情谊，可谓一举三得。

很多人都说装修是婚姻生活的噩梦，这句话是特别有道理的。这不，原本高高兴兴地拿了新房钥匙正准备装修的琼斯和约翰，此刻正因为装修问题而争辩不休呢！

琼斯想把洗衣机放在阳台上，因而装修的时候就要提前预留上下水，且上下水必须通过客厅的地面汇聚到卫生间的主管道。对此，约翰很有不同的意见。约翰认为，把洗衣机放在阳台上，导致客厅的地面一旦发生水管渗漏，就需要拆掉地板，大动干戈。因而，他主张把洗衣机放在卫生间。但是琼斯一直心仪按摩浴缸，如果把洗衣机放在卫生间里，就没有地方安装按摩浴缸了。夫妻俩为此争论不休，足足争论了半天，也没有得出结论。这时，琼斯说：“要不这样吧，我觉得也可以把洗衣机放在厨房门口的走廊里，这样距离卫生间很近，也不影响卫生间安装按摩浴缸。”听到琼斯的提议，约翰只好顺坡下驴，说：“好的，那就安装在厨房门口的走廊拐角处吧，原本那里也是计划放装饰品的，对整体格局并没有影响。”就这样，琼斯适时地退让，有保留地妥协，依然保证了浴缸的安装，却给足了约翰面子，约翰也只好表示赞同。这个棘手的问题，就这样圆满解决了，约翰和琼斯都很满意。

很多时候，越是争执，交谈的双方就越发不愿意让步，似乎让步就意味着低头。当事情陷入僵局，只有其中一方进行有保留地退让，才能给予对方足够的面子，识趣的人一定也会做出相应让步，让事情往前推进一步，获得皆大欢喜的结果。

发生冲突时，千万不要一味地固执己见。否则，问题永远也得不到解决。一切冲突，都是因为利益的对立，如果能够有保留地妥协，让原本对立的利益变得一致，问题也就会迎刃而解。同时，提前做出让步的那一方，友善的态度也会感染另一方，让另一方也相应退让，从而避免了因为针锋相对导致的两败俱伤。

聊天点睛：

有保留地妥协，既保证了自己的权益，也做出了适度的让步，并且能够感染对方的情绪，让对方也变得和善宽容，从而有助于圆满地解决纷争。此外，如果是强势的一方，也可以采取高姿态，向弱势的一方妥协，从而换取对方的好感，最终获得长期受益。这就要求我们做人做事，要把眼光放得长远一些，千万不要鼠目寸光。

没有人愿意被指责，你不要评判他人的错

没有人愿意被指责，即使对待自己的孩子，也不要直接说“你错了”。虽然这三个字说起来轻飘飘的，但是却会重重地压在他人的心上，

让他人觉得喘不过气来，自信心也受到严重打击。

为什么理发师在给顾客剃胡须的时候，总是预先涂上一层肥皂水呢？这是为了起到润滑的作用，使顾客在剃胡须的时候不会觉得疼痛。说话也是如此，生硬的话如同一把尖刀，直直地扎进人的心里。要想避免这样的伤害，我们在说话时也应该学会使用润滑剂。很多时候，严厉的批评和指责未必能够起到预期的效果，反而会导致事与愿违，对方因为逆反心理，更加错误百出。恰恰相反，赞美或者是宽容，更能够让犯错的人深刻自省错误，并且保证绝不再犯同样的错误，效果异常显著。

作为著名的成功学大师，卡耐基的演讲一场接着一场。作为卡耐基的秘书，莫莉的主要工作就是提前为卡耐基准备好演讲稿，并且于头一天下午把次日要用的演讲稿整理好放在卡耐基的办公桌上。这一天，直到下班前一刻钟，莫莉才急急忙忙地帮卡耐基整理演讲稿，急于下班的她甚至没有来得及检查就匆匆离去。

次日下午，正当莫莉悠闲地坐在办公室里看《纽约时报》时，卡耐基结束了演讲回到办公室。他满面微笑地看着莫莉，莫莉关切地问："卡耐基先生，演讲很顺利吧？"

"哦，当然，全场掌声雷动。"

"太好了，恭喜您！"莫莉真诚地表示祝贺。

看着毫无心机、单纯善良的莫莉，卡耐基依然满面笑容地说："莫莉，你肯定想象不到今天的演讲现场。我既定的题目是'怎样摆脱忧郁创造幸福'，但是当我打开演讲稿开始读第一句时，全场就爆发出热烈的掌声。难道我真的有这么大的魅力吗？"

"肯定是您的演讲太精彩了！"

"是很精彩，因为我不假思索地读了一条怎样增加奶牛产量的新闻。"说着，卡耐基打开公文包，把演讲稿递给莫莉。

莫莉羞愧得满脸通红，小声说道："对不起，卡耐基先生，我太粗心了。这是不是让您很丢脸？"

"当然不，我还要感谢你给了我一个自由发挥，即兴演讲的机会呢！

谢谢你！”

虽然卡耐基先生一句话也没有批评莫莉，但是莫莉从此之后再也没有因为急于下班回家而耽误工作。

作为宽容而又风趣幽默的上司，卡耐基从始至终都没有严厉地批评莫莉，而是以满面笑容和幽默的话，让莫莉深刻认识到自己的错误，因而再也没有犯过相同的错误。不管面对谁，我们都不应该粗暴地批评对方“你错了”，否则对方一定会深受伤害。如果事情能够以更加宽容友善的方式解决，为何要闹得大家都不愉快呢！

“你错了”，就像一记闷棍，会把人完全打蒙了，也失去了主动性。恰恰是友善的方式，才能帮助人们更好地反省自身的错误，从而心甘情愿地改正错误。这么做的效果，显然立竿见影。

聊天点睛：

任何批评，都应该是对事不对人的。因为任何人都会犯错误，这个世界上没有从不犯错误的人。既然如此，我们在为他人指出错误时，千万不要一竿子把人打死。能够尽量具体地为他人指出错误，才是正确的方式。高明的批评者，从不会从外因教育犯错的人反省，而是以宽容的方式让他们心甘情愿地改正错误。

拒绝的方式有很多，你要选择最合适的

如果一个人不会拒绝，就会成为他人的奴隶，由此可见，学会拒绝是多么重要。尤其是在现代社会，人际关系越来越复杂，我们总是要与形形色色的人打交道，因而学会拒绝就显得尤其重要。在很多人心里，拒绝就是说“不”。其实，拒绝的方式有很多种，如果只会说“不”，则未免显得生硬。而且，还有些人因为腼腆或者善良，总是不好意思说

“不”。每当遇到这些情况，我们就需要学会其他的拒绝方式了。

尤其是在职场上，如果你是一个从不会说“不”的人，那么你就会给自己招来无数麻烦。当你成为同事心中的老好人，会有越来越多的人把本该自己完成的工作强加于你，导致你出力不讨好，甚至还因为工作上出现纰漏而被上司批评。实际上，现代职场每个人都是各司其职，如果你会拒绝，完全无须承担他人的工作。在生活中，虽然我们打交道的都是亲戚朋友、亲人爱人等，不会拒绝也同样会导致生活陷入困境。如果你恰巧有个不怕麻烦人的朋友，那么不会拒绝的你就等着被他使唤吧。总而言之，我们虽然不能吝啬，但是也要学会拒绝他人不合理的请求，这样才能更好地经营自己的生活和工作。

大学毕业后，叶子就与好友丽娜分道扬镳了。叶子去了遥远的南方城市打工，想要打拼出属于自己的一片天地。丽娜呢，则回到家乡，在父母的安排下成为一名公务员，过着安稳的生活。几年之后，叶子与丽娜偶然相聚。丽娜问叶子：“叶子，你在深圳一个月能挣多少钱？肯定很多吧。”叶子一时间不知如何作答，沉默了一会儿才说：“工资的确很高，不过深圳消费也很高，每个月所剩无几。”“得了，你这个白领还在我面前哭穷啊。说真的，我的确有事求你。我不是交了个男朋友么，下半年就要结婚了。原本他家里说给我们买套两居室，我觉得太小了，怎么也得是个大三居吧，所以还差点儿钱。你能不能借我点儿钱？”丽娜不假思索地说。

叶子听到丽娜的话，很想直接说“不”。但是一想到彼此之间大学时的情谊，又说不出口了。在大城市生活惯了的叶子，坚持从不向他人借钱，也不借钱给他人。为此，她委婉地说：“我这几年确实也攒了些钱，不巧的是，我这次回家之前，把钱都买基金定投了，必须要等到三年之后才能取出来。如今，我身上只剩下点儿零花钱，就等着领下个月的工资呢！你要是不着急，等到期我就取给你。”听到叶子的话，丽娜当然也不傻，赶紧说：“这样就算了。我是想着你要是有闲钱不用借给我呢！没关系，家里亲戚朋友多，我再想想其他办法。”

原本，如果叶子直接生硬地拒绝丽娜，丽娜一定会对彼此间的大学情谊感到失望。幸好，叶子情急之下想到了一个好借口，表面看来承诺丽娜三年之后基金到期就借给她用，实际上委婉地拒绝了丽娜。当然，丽娜也不会等到三年后才买房子，因而借钱的事情就不了了之了。如此一来，她们的情谊还在，丽娜也不至于觉得太尴尬。

人与人之间的感情，因为关系的远近，总是不同的。在拒绝他人时，我们必须考虑彼此之间的交情，然后再找一个最合适的理由。除了找借口之外，我们还可以以半真半假开玩笑的口吻拒绝他人，只要是聪明人，肯定都能意会。如果实在不知道如何拒绝，还可以以反问的语气否定自己，如“你看我这样子像是有钱人吗？”这样的话一说出口，对方当然明白你的意思。总而言之，拒绝的方式多种多样，我们必须找到最合适的方式，才能最恰当地拒绝他人。

聊天点睛：

在拒绝他人时，一定要注意别伤害他人的面子。大多数能够张口向你求助的人，一定是觉得你们彼此之间关系还算亲近的，倘若毫不顾及对方的面子，一定会伤害彼此间的情分。拒绝时，一定要表明自己是能力不足，或者有实际困难，这样对方才不至于觉得你是因为不信任他，才拒绝帮助他。还有的时候，我们也要表明自己的立场和态度，告诉对方我们的拒绝是一视同仁的，是原则问题，这样对方如果通情达理，也就能够体谅你了。

保持中立，未尝不是一种恰当的姿态

生活中总是充满了是非，我们也因为这些是是非非或喜或悲。然而，不论怎样，每个人的是非都是自己的，作为局外人，最好还是保持旁观

者的态度，尽量少掺和别人的是非。明哲保身，不得不说是一种明智的态度。然而，有些时候我们偏偏无法做到明哲保身，反而会被拖进这是是非非的泥沼中。

尤其是现代职场，小团队的现象非常严重。当你被旋涡拖拽着进入力量的争夺战中时，加入哪个团队显然是个问题。然而，你偏偏哪个团队也不想加入，那么最好的办法就是保持中立。职场情势瞬息万变，很多情况下，一旦站错队伍，也许就会导致你的职业生涯受阻。因而聪明人总是竭尽所能地保持中立，很少蹚浑水。

莹莹大学毕业后，经过父母托关系，才进入这家大型金融公司实习。和莹莹同期进来的一共有八个实习生，不过等到三个月实习期满之后，只有两个实习生能够留下来继续工作。为了争取留下来，实习生们都很拼。

眼看着已经进入实习的最后一个月了，莹莹虽然不是垫底的，但是也不是最优秀的。为此，莹莹很忐忑。有一天早晨，莹莹刚刚来到单位，实习生娜娜和小敏突然神秘兮兮地把她叫到茶水间，并且出示了手机上的一张图片给莹莹看。原来，图片上是同为实习生的薇薇在与公司的一个高管逛商场呢！莹莹茫然不知所以，问她们："怎么了？"她们马上愤愤不平地说："这个薇薇，居然在这个节骨眼儿上与公司高管好上了，这不明显是为了留下来么！这么做，对我们太不公平了。我们准备联名向老总反映，你加入吗？"莹莹想了想，说："我觉得咱们还是做好自己的事情吧，薇薇谈恋爱是她自己的事情，我们没有必要干涉吧。"就这样，莹莹决定保持中立，凭着自己的良心照常认真勤奋地工作。半个月以后，主管找到莹莹谈话，说："我很高兴你没有参与这次的联名上告。要知道，在我们这种大公司，最讨厌的就是员工之间互相挖墙脚，钩心斗角。我们是一个团队，只有团结，才能获得长远发展。好好干吧，你一定会前途无量的。"听了主管的话，莹莹心里悬着的石头终于落了下来。她知道，自己保持中立是正确的。

在职场上的钩心斗角中，不乏被误伤的人。如果莹莹当时也加入娜娜和小敏的队伍一起联名上告，也许就无法得到主管的赏识，也就更加不可能留下来。幸好，莹莹是个心思单纯的女孩，她觉得只要问心无愧地做好自己的事情，命运一定会公平公正的。因而，她选择依然坚定不移地做好自己，不过问薇薇的私人感情。这个决策无疑是英明的，让上司认识到了莹莹的人品。

职场形势千变万化，很多时候，保持中立都是最好的选择。既然我们不能做趋炎附势的小人，也不知道加入哪个队伍才是正确的，那么就坚定不移地做自己吧，问心无愧就好。

聊天点睛：

当局势不明朗的时候，保持中立无疑是明智的选择。退一万步来说，即使胜负显而易见，我们也没有必要趋炎附势，而应该坚定地做最本真的自己。这个原则，不管你是职场菜鸟，还是经验丰富的老人，都应该时刻遵守。

第 12 章

学点幽默的艺术：让喜欢交际的你聊得更愉快更轻松

幽默，就像是一簇芳香的花儿，让每个靠近它的人都能嗅到阵阵芳香。幽默，就像是人与人之间的润滑剂，让原本紧张尴尬的关系，变得圆滑通达。如果你想成为交际场上的明星，一定要学会幽默的艺术，这样你才能在与他人聊天时如鱼得水，畅快自如，也能让你与他人的交谈变得更加愉悦轻松。

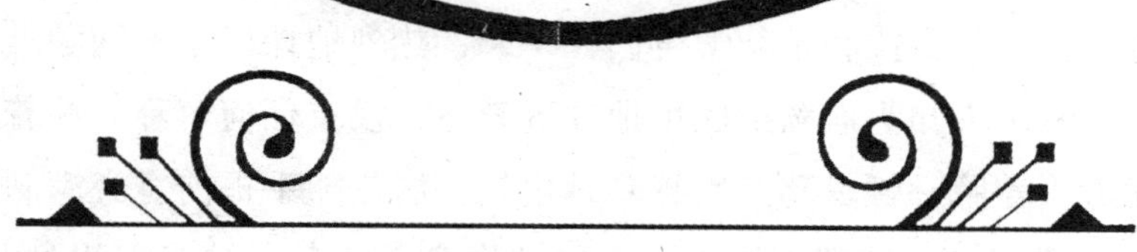

幽默，让你成为社交场合最耀眼的星

幽默，不但是一种艺术，而且遵照古人“笑一笑，十年少”的训诫可以推断出，幽默还是很好的健身方法，不但有利于我们的身体健康，笑声还能调整我们的心情，让我们变得轻松愉悦。自古以来，不管是从哲学范畴，还是从医学的角度，都证实了幽默的养生功效。所以，男生女生向前冲，赶快学会幽默，让自己拥有幽默的能力吧！

在西方国家，大多数人都很重视幽默的能力，甚至有些女士在寻找人生伴侣时，都会把幽默作为一项必不可少的条件。只有懂得幽默，我们才能更加快乐地享受生活，也给他人带来轻松快乐。生活中，几乎时时刻刻都可以幽默，只要你有心，就总能给自己和他人带来快乐。英国著名作家萧伯纳如此评价幽默：“幽默就像是马车上的减震弹簧，如果缺少幽默，我们就会因为人生路上的小石子颠簸不止，浑身难受。”尤其是在社交场合，我们难免会遇到尴尬的情况，如果能够机智地运用幽默化解，那么一定会让交谈欢声笑语，也能随时化解难堪。如果是在人多的场合，幽默更是能够帮助你吸引众人的目光，使你成为社交场合最为耀眼闪亮的新星。

古希腊著名的哲学家苏格拉底有个彪悍的妻子，这是众人皆知的事情。有一天，苏格拉底正与学生们在一起，热烈地探讨学术问题。突然之间，他妻子不知为何歇斯底里地冲进教室，没有任何解释，冲着苏格拉底就劈头盖脸一顿臭骂。她越骂越生气，居然随手提前身旁满满的一桶水，冲着苏格拉底迎面泼来。苏格拉底毫无防备，被泼得浑身湿透。在场的学生们全都紧张地看着苏格拉底，原以为苏格拉底一定会大发雷霆，不想，苏格拉底却笑了笑，幽默地说：“我就知道，打雷之后，一定会暴雨倾盆。”学生们都被苏格拉底的风趣幽默逗得哈哈大笑，这时，苏格拉底的妻子也满面羞愧地走了。

平日生活中，人与人之间难免会产生摩擦与隔阂，如果不懂幽默，难免会让彼此陷入尴尬。而懂得幽默的人，则能够适时化解，让一切不快都烟消云散。尤其是在社交场合，我们往往面对不同的人，如果是熟悉的朋友，尚且能够彼此谅解。如果是陌生人，则一旦产生纷争，就很难恢复关系。为此，我们必须提升自己的幽默能力，以便随时化解矛盾，获得好人缘。

幽默的人，通常具有积极开朗的个性和健康的心态。在社交场合，人们总是情不自禁地围绕在幽默的人身边，感染快乐。事实证明，人们更愿意信任那些具有幽默感且能给大家带来快乐的人。当然，幽默和粗俗的玩笑是不同的。对此，德国著名作家布拉尔说:“滑稽只能让人当时感到可笑，幽默却能让人越想越忍俊不禁。”面对人生的诸多坎坷和挫折，具有幽默感的人总是能够找到让自己欢乐的理由，从而积极地改变命运。如果说愤怒的情绪是一剂毒药，那么幽默则是最好的解毒剂，能够帮助人们摆脱生活的厄运，迎来明媚阳光。

聊天点睛：

对于健康，幽默是灵丹妙药。因为大凡懂得幽默的人，总是经常欢笑。生理学家经过研究证实，笑能够让我们的大脑分泌兴奋剂，从而使我们感到愉快。尤其是哈哈大笑，更是能够增加我们的肺活量，促进血液循环，从而加快身体的新陈代谢。很多人在笑过之后都觉得神清气爽，神思敏捷，这是因为幽默能够活跃脑细胞，改善脑供血。因此，很多医学专家都认为应该把笑作为积极有效的治疗手段加以应用。在社交场合，如果你是一个幽默的人，浑身散发出独特的魅力，不但能够为他人带来欢乐，也能对他人展开笑的疗法，又怎么会不受欢迎呢？

创造和谐融洽的交谈氛围，让彼此更交心

很多事情都讲究氛围，诸如学习，如果氛围不好，那么整个班级的学习成绩都会出现整体下滑。因而作为教师，总是刻意调动部分同学的学习积极性，从而让他们以点带面，带动整个班级的学习氛围转向积极的一面。谈话也是如此。如果没有良好的交谈氛围，参与谈话的人与人之间就会始终存在隔阂，无法尽情地倾诉。

在职场上，很多上司给下属开会时，都是一本正经，满面严肃。如此一来，会议就变成了一言堂，下属们全都面色凝重地坐着听上司的训诫。即便上司在需要征求下属意见时，下属们也依然三缄其口，默不作声。这样的会议，毫无疑问是没有任何谈话氛围可言的。所有下属都抱着接受批评和指令的态度，根本不敢发表自己的意见。如果换成是一个非常民主友爱的上司，特别是在各种创意和广告公司，那些金点子必须依靠集体的智慧相互碰撞和融合，因而会议的气氛就变得非常热烈。因为上司总是告诉大家在讨论策划案时，没有上下级之分，再加上上司的确以实际行动向大家证实，他真的不在乎大家各抒己见，更是允许大家什么话都可以说，因而下属们也全都心情轻松，直抒胸臆。只有如此，好的创意才能在每个人毫无保留的各抒己见中，渐渐崭露头角。

要想让参与谈话的每个人都能说出自己心底里最真实的想法，就必须营造和谐融洽的交谈氛围。

作为广告策划部的主管，莉莉每次开会前，都会先与同事们扯闲篇。她们的话题简直上到天文，下到地理，而且还会说些无厘头的话，关于明星的八卦谣言更是满天飞。看到莉莉也没有尺度地满口胡言，同事们简直兴奋至极，每个人都不停嘴地胡说八道。每当说到愚蠢的地方，大家还会笑成一团。如此一来，等到切入正题时，每个人都已经全然忘记了莉莉是为他们主持会议的上司，在阐述创意时，依然满嘴跑火车，根

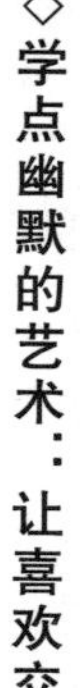

本找不到任何条条框框。

让人倍感惊讶的是，恰恰是这样的会议方式，让莉莉的团队每次会议之后，都会产生非常好的创意雏形。对此，很多人都请教莉莉是如何做到每次会议都有收获的，莉莉则不以为然地说："会议不是工作，而是闲聊，这样才能激发他们最好的创意横空出世。"的确，如果广告策划的会议氛围如同一群酒过三巡的好友正在无所顾忌地畅聊，又怎么会没有好创意呢？

在这个事例中，莉莉带领团队屡战屡胜的原因，就在于她的会议不是会议，而是闲聊，且是三五好友把酒言欢式的闲聊。对于靠创意为生的团队而言，这样的会议氛围无疑是可遇而不可求的。好在大家在莉莉的带领下已经习惯了这样的会议形式，因而也总是能够创意百出。

很多时候，我们无须一本正经地开会。归根结底，每个会议都是有目的和宗旨的，只要目的达到了，一切也就迎刃而解了。让企划会议变得像喝酒聊天，让每一次会议都进行得无比轻松，却能在愉悦自如的环境里实现目标，这才是最重要的。

聊天点睛：

即便朋友在一起聊天，也完全无须一本正经。只有创造和谐融洽的交谈氛围，人与人之间的交流才能敞开心扉，我们也才能真正走入他人的心里去。要想创造和谐融洽的谈话氛围，一定不要拘泥于交谈的形式，而是要选择以轻松的话题为开始。

以幽默的方式批评，是大智慧和大宽容

生活中，每个人都难免会犯错误。对待自己的错误，我们当然要进行深刻的反省，从而有则改之，无则加勉，避免再犯相同的错误。那么，

对于他人的错误呢？我们要进行严厉批评吗？当错误涉及必须严格遵守的原则，严厉批评是必不可少的，这样才能让人牢牢记住原则，不再触犯。然而，生活中的大多数错误都无关紧要。在这种情况下，如果我们还是声色俱厉地批评他人，则非但无法起到很好的教育作用，反而会导致对方觉得丢了面子，产生逆反心理，最终更加与你的初衷背道而驰。在这种情况下，如果你能以宽容的心态，充满智慧地用幽默的方式委婉批评，则效果会好得多。

曾经，有位年轻的文学爱好者，对文学满怀热情，但是始终投稿不被采用。思来想去，他决定走“捷径”，居然渐渐养成了抄袭他人作品的坏习惯。有一次，他拿着一首诗来到某杂志社，找到主编问道：“主编，我这首诗写得很好，您能帮我发表吗？”主编看完诗之后，笑着问：“年轻人，这首诗的确很好。不过，这首诗是你写的吗？”年轻人信誓旦旦地说：“当然。这首诗的每句话，每个字，都是我写的。为了写这首诗，我呕心沥血，废寝忘食，您看我的头发都白了呢！”说着，他还指了指自己头上的几根白发。这时，主编站起身来，毕恭毕敬地说：“莎士比亚先生，我一直拜读您的大作，还以为您已经仙逝了呢！今日万分荣幸得见您的真容，我简直太高兴了。”看着主编伸出来准备握手的手，年轻人羞愧得满面通红，赶紧拿着诗灰溜溜地走了。

在这个事例中，主编并没有明确指出这个年轻人的诗作是抄袭莎士比亚的。而是当即毕恭毕敬地站起来，与“莎士比亚”握手。这表面看起来是尊重，其实是在讽刺年轻人抄袭已经去世的莎士比亚的作品，最终让年轻人羞愧得满脸通红。如此幽默的批评方式，避免了直接与年轻人发生冲突，也起到了良好的批评效果。幽默批评的方式，不仅适用于成年人之间，也同样适用于孩子，而且能够很好地保护孩子的自尊心。

巧巧是三年级的语文老师，三年级的孩子正值调皮捣蛋的时候，巧巧几乎每天都在声色俱厉地批评孩子，但是当看到孩子因为遭到批评蔫头耷脑时，又觉得于心不忍。思来想去，她决定换种方式。这一天，马小跳利用课间十分钟，与同学追逐打闹。当看到巧巧朝着教室走来时，

他一时心急，居然用两只手撑住桌子，突然腾空跳起，猛地两腿分开坐在椅子上。看到这样的情形，巧巧既惊又怕又生气，但是她控制住怒气，走到讲台上清了清嗓子，拖长腔调说："同学们，看来我们班马上就要出一位名人啦。2004年，刘翔成为举世闻名的跨栏王。依我看，2012年的跨栏王必将在你们之间诞生。看看马小跳同学吧，你们就知道老师说的话是有道理的。马小跳同学利用课间时间，勤学苦练跨栏和奔跑速度。只要他能坚持不懈地练习下去，老师相信他一定能赶上2012年的伦敦奥运会，并且为国争光。但是，老师必须提醒你的是，在教室跨栏是特别危险的，一旦跌倒摔伤，非但无法成为跨栏王，还很有可能只能参加残奥会。"听了巧巧的话，全班同学哄然大笑，马小跳也笑起来，随即又羞愧地低下头。从此之后，再也没有同学在教室里进行危险的跨栏活动了。

虽然孩子年纪尚小，但是也是很讲自尊的。在批评孩子时，老师如果能够采用幽默的方式，则不但能够保护孩子的自尊，而且效果也更加显著，还能表现出老师除了严肃还有幽默风趣的一面，能够拉近师生之间的心理距离。法国著名的演讲家雷曼麦曾经说过，"用幽默风趣的方式阐述真理，更加能够衬托真理的严肃，比直接提出更能让人心甘情愿地接受。"如果说传统的教育方式是在走直线，那么幽默的批评则是曲线救国。

聊天点睛：

以幽默的方式批评他人，不但能够顾全对方面子，不伤和气，而且效果显著，还能表现出我们的风趣机智，可谓一举数得。不过需要注意的是，以幽默的方式批评他人也要讲究度，对于自尊心特别强的人，他也许会把你的幽默风趣当成是恶意的挖苦讽刺，因而必须适度才能达到预期的效果。而且，理解能力不强的人甚至还会误解你的意思，所以要根据他人的理解能力酌情使用幽默批评的方式。

以幽默的方式表达不同意见，不会导致反感

生活中，人们常常会遇到意见不统一的情况。如果问题无关紧要，我们当然可以视若无睹，毕竟每个人都有自由表达意见的权利，谁也无法强求。但是如果问题是需要统一意见并且及时解决的，就需要我们及时表达不同意见，从而推动问题得以解决。在这种情况下，如果我们仗义执言，则难免会得罪他人。倘若委婉曲折地表达自己的意见，则又担心无法起到良好的效果。其实，有一种方式表达不同意见效果显著，且不会招致反感，这就是以幽默的方式表达。

很多矛盾是非常尖锐的，针锋相对的表达方式一定是不受人们欢迎的。幽默则不同，即便说的是不同意见，也能让听者忍俊不禁，如此自然不会与你决裂，甚至产生难以协调的争执。如此和平地解决问题，才能帮助我们协调好人际关系。

在西方的某个国家，有条道路因为走得人比较少，虽然出现了一个很大的坑，但是政府并没有关注，也没有及时修补。一个民间艺术组织，在外出写生时经过这条路，不由得产生了一种想法：给政府提出意见，让政府把这条路修好。艺术家们想了很久：用什么方式提意见呢？过激的方式非但无法让政府修路，还有可能连累他们。委婉的方式则很难引起政府的注意，修路的问题也未必能够得到解决。思来想去，艺术家们终于想到了一个好办法。他们根据道路中间的坑洞，用夸张化的办法拍摄了一组照片。在这组照片中，坑洞或者变成养鱼的池塘，或者变成洗漱间，或者变成海滩，还有比基尼美女在一旁晒太阳呢。政府相关部门的负责人在收到这组作品后，感到非常新奇有趣，当即安排相关部门修补道路。看到问题得到快速解决，艺术家们全都觉得很高兴。

这群艺术家，以行为艺术的幽默方式，把这个坑洞的严重性和给人们生活带来的不便表现出来，最终让事情获得了圆满解决。如果普通民众在表达诉求时都能以这样幽默有趣的方式进行，相信与政府之间的摩擦和矛盾会减少很多。

生活中，我们难免会遇到各种各样的问题需要表达不同意见，如果方式不当，就会导致人们彼此之间产生不快。在这种情况下，倘若能够以幽默的方式表达问题，则效果会很出人意料地圆满。

聊天点睛：

以幽默的方式表达不同意见，不会招致他人的反感，反而能够使谈话的气氛更加融洽，人们彼此之间也更容易交流和坦诚相对。很多事情的解决方式都不是唯一的，只有找到最恰当的方式，事情才能朝着我们所期待的方向发展。如果你也曾经遭遇过不知如何提出不同意见的尴尬，不妨多多研究幽默的方式吧，相信一定不会让你失望的。

用幽默化解尴尬，让人与人更友好和谐

生活中，我们拥有很多快乐，也曾承受痛苦。很多时候，我们还会因为各种各样的原因陷入尴尬的境地，如果不能机智应对，也许就导致更大的难堪。其实，尴尬的发生往往是被动的，即事态并不在我们的控制范围内。然而，化解尴尬时我们却掌握着主动权。如果你足够机智风趣，就可以用幽默化解尴尬，与他人和谐相处。

用幽默化解尴尬的方式有很多，如巧用同音字，或者是以子之矛攻子之盾，还可以将错就错。其中，将错就错的办法就让人敬佩，不但能够即时化解尴尬，还能让在场人的忍俊不禁。在欢笑之余，他们一定会更加欣赏当事人。

在疾驰的公交车上，司机因为道路前方突然冲出一条小狗，因而下

意识地一脚急刹车，导致车辆猛然减速，一位男士猝不及防，突然身体后仰，撞在一位女士的身上。当时正值炎热的夏季，很多居心叵测的男性在拥挤的公交车上揩油，因而这位女士当即破口大骂："什么臭德行！"在众目睽睽之下，男士满脸通红，满怀歉意地说："抱歉，女士，这不是德行，是惯性！"满车厢的人都发出善意的笑声，包括那位女士在内。

在第一个事例中，何润东将错就错，承认自己的确很丑，还很遗憾自己为什么没有得到亚洲最丑明星的冠军，让在场的人无一不为他的机智幽默喝彩。这样风趣的回答，让人完全被何润东的智慧深深吸引，这是比相貌更重要的内涵。在第二个事例中，男士因为司机急刹车，猝不及防地撞到女士身上，导致被误解为"臭德行"。在众目睽睽之下，一味地辩解显然是行不通的，幸好男士在尴尬之余想到以"惯性"解释"德行"，最终以相似的读音但截然不同的含义，博得了众人善意的微笑，也获得了女士的谅解。

在生活中，幽默就是这么重要，几乎时时处处都需要我们发挥幽默的精神，才能把我们从尴尬中解放出来。

聊天点睛：

谁不会遇到尴尬的时刻呢？在这种情况下，如果撕破脸皮，恰恰会让事情的发展更加不可控制，甚至失去控制。那么，尴尬就会升级，变成争执，甚至是打斗。只有灵活机智地运用智慧，发挥幽默的强大作用，才能做到及时化解尴尬，恢复和谐融洽的氛围。

幽默的最高境界是自嘲，只有智者能为

所谓自嘲，顾名思义，就是自己嘲笑自己。但是自嘲的目的并非自我贬低，而是以这种自我贬低的方式，表现自己的自信与豁达。通常情

况下，真正自卑的人很少自嘲，因为他们生怕一旦提及自己的缺点，就会被他人发现。相反，只有乐观自信，且对自己的缺点不以为然的人，才会拿自己的缺点开玩笑，自我贬低，表现出内心的精神力量。

曾经有个人特别胖，就连坐公交车都需要占用并排的两个座位。有一次，朋友们都笑话他越长越胖，他却不以为然地说："哼，我是胖，但是我比你们都有优势。知道吗，我连做好事都是你们的双倍！"朋友听了他的话全都疑惑不解，他却继续一本正经地说："你们每次坐公交车让座，只能让一位女士坐下。我呢，每次让座，都有两位女士可以得到座位，因而我也就得到双倍的感谢和欢喜。"听了他的话，你是不是觉得他非但不因为自己的胖感到自卑，反而发自内心地充满自信呢？这才是真正的强者，心理上无比强大，而且神思敏捷，能够机智灵活地作出反应。活跃在银屏上的著名笑星潘长江，在男人之中的确是个矮人。但是他自诩"浓缩就是精华"，从来不因为自己的身高而感到苦恼。他不但有个比自己高的媳妇，还有个非常漂亮的女儿，如今外孙子都好几岁了，可谓真正的人生赢家。由此可见，我们应该杜绝自卑的心态，因为每个人都有缺点，也有他人无法取代的优点。只有摆正心态，我们才能更加快乐地面对生活。

英国首相丘吉尔与美国总统罗斯福，在长期的交往中形成了深厚的友谊。有一次，丘吉尔来到美国白宫做客，并且留宿白宫。第二天清晨，丘吉尔和往常一样，很晚才起床，然后开始洗澡。洗完澡之后，他开始享受雪茄的浓烈味道。他叼着雪茄和平时一样赤裸着身体走到客厅，开始向男性秘书口授信函。这时，罗斯福礼节性地敲门，然后走进客厅，马上就看到了丘吉尔赤身裸体的样子。罗斯福大为吃惊，呆若木鸡，反而是丘吉尔淡定自若，马上说："看看吧，我从不对您撒谎。正如我的誓言一样，英国首相绝对不会隐瞒美国总统任何事情。"听闻此言，罗斯福尴尬顿消，甚至笑了起来。

在第一个事例中，杨澜在众目睽睽之下主持节目时摔倒，一定是非常难堪的。然而，她用机智幽默的语言进行自我解嘲，很快就扭转情势，

逗得台下的观众哈哈大笑，自然也就不再关注她的尴尬。在第二个事例中，作为英国首相，居然赤身裸体地被美国总统撞了个正着，这无疑是让人面红耳赤的事情。幸好，丘吉尔灵机一动，把赤裸相对的事情与自己对美国总统的承诺联系起来，形成了强烈的幽默效果。

生活中，尴尬的情况时时皆有可能发生。如果我们能够自信乐观，敢于用自己的缺点或者不足自嘲，那么反而能够顺利渡过困境。大凡自嘲者，都是拥有大智慧的人。自嘲，也是最高形式的智慧表现。

聊天点睛：

虽然自嘲对于我们化解尴尬效果显著，但是凡事过犹不及，我们自嘲也应该适度。一旦过度，就会成为老生常谈，无法起到让人耳目一新的作用，反而让人心生厌烦。而且，自嘲还应该秉承尊重事实的原则。如果自嘲过于脱离事实，则难免让人觉得你的自嘲是过分的和虚伪的。此外，自嘲还要注意场合。并非所有的场合都适合自嘲，只有在恰到好处的时机自嘲，我们才能如愿以偿地摆脱尴尬。

第13章

掌握推销的技巧：与顾客接触要靠口才赢得人气

在诸多工作中，推销工作无疑是最能锻炼人的。很多推销，都要面向陌生客户展开。如果没有良好的口才，与他人愉快地聊下来，推销工作往往很难成功。因而，如果你正准备从事推销工作，或者已经奋战在推销工作的第一线，那么你必须提升自己的口才，帮助自己赢得更多的人气。实际上，推销也是有技巧的。只要我们掌握推销的技巧，就能够事半功倍。

顾客就是上帝，谁会与上帝过不去呢

现代社会，“顾客就是上帝”这句话尽人皆知。尤其是在销售行业，更是把这句话奉为经典。实际上，这句话的起源要追溯到19世纪中后期。当时，马歇尔·菲尔德百货公司提出了“顾客总是对的”的营销理念，无条件为顾客服务。为了给顾客更好的购买体验，创始人马歇尔·菲尔德还把“顾客自慎”的原则进行改动，变为无条件退货。由此一来，曾经一经出售概不负责的商品，只要顾客不满意，就可以无条件退货或者换货。在细节方面，该百货公司还提供板凳让广大顾客休息，从而养精蓄锐继续采购。这种理念发展至今，就变成了我们所说的“顾客就是上帝”的服务理念。

的确，现代社会的商品极大丰富，各家商品之间的差距也很微小，因而在选择商品时，除了要考虑商品质量和品质之外，人们更多地会考虑购买的体验和售后服务等附加值。正因如此，“顾客就是上帝”这句话频繁从管理层口中说出，作为对具体服务顾客的销售人员和服务人员的督促与激励。既然顾客就是上帝，有谁会与上帝过不去呢？在万能的上帝面前，只怕人人都卑躬屈膝，以求上帝给予我们更多的恩赐吧。虽然我们无须跪拜在顾客面前，但是顾客的确是我们的衣食父母。因而，在为顾客服务时，千万不要与顾客发生争执，更不要对顾客盛气凌人。很多时候，认可顾客的想法，并且适当示弱，才能更好地促进交易达成。

周末，小小和闺蜜豆豆结伴逛街，她们都想买一条美丽的长裙。很快，身材娇小的小小就买到了合适的裙子，但是豆豆因为比较胖，买裙子相对困难。整整一个上午过去了，豆豆还没有买到合适的裙子，因此她们只好就近吃午饭，准备养精蓄锐，下午继续奋战。

下午，原本已经觉得心灰意冷的豆豆都对买裙子不抱什么希望了，

突然，小小看到一条橱窗里正在展示的裙子，大叫着扑上去："这条裙子漂亮，漂亮，我好喜欢啊，可惜我已经买了。"虽然豆豆再三怀疑裙子有没有大码，小小还是拽着豆豆来到店铺里。在得知裙子有大码之后，豆豆主动要求试穿加大码3XL的裙子，不想，店员却坚持说："按照您的身高体重，只需要穿2XL的就行了。"尽管豆豆再三让店员拿加大码的，店员却依然坚持己见。最终，不愿意试穿的豆豆愤怒了，喊道："我愿意买多大码数就买多大码，你管得着吗？你有特大码的，为什么不能拿来给我试呢！"店员依然嗫嚅着说："但是，你只需要穿2XL的啊！"如此继续争辩下去，也不会有什么结果，豆豆哀叹自己遇到了一个一根筋的店员，因而找到店长，要求提供特大码的裙子，还要投诉店员。得知事情原委后，店长马上拿来特大码裙子，果不其然，豆豆穿上刚刚好，略显宽松。因为买到了心仪已久的裙子，再加上店员在店长的勒令下已经向豆豆道歉了，所以豆豆才打消了投诉的念头。

在这个事例中，店员无疑是个心思不拐弯的人，既然有特大码的，却又坚持不听取豆豆的意见。其实，每个人对于自己都是最了解的，因而，作为销售人员，我们与其执拗地要求顾客听取我们的意见，还不如按照顾客的要求配合顾客，让顾客亲自去尝试。如此一来，也就没有所谓的口舌之争了。在不幸发生争执时，还要学会示弱。唯有如此，才能让"上帝"怒气全消，不再与你过不去。

聊天点睛：

顾客就是上帝，与其与顾客争执，不如给顾客更多的机会，让他自己去尝试。这样，无论买的是否合适，"上帝"都不会在你给出合理建议后迁怒于你。需要注意的是，作为销售人员，即便你觉得自己说得很有道理，也千万不要固执己见地强迫顾客接受你的意见，否则一定会惹恼顾客的，反而得不偿失，事与愿违。

因应不同脾气秉性的顾客，需要施展不同口才

每个人的脾气秉性都是不同的，同样的道理，在从事销售工作中，我们所面对的顾客也是性格各异的。这就要求我们，在面对不同顾客时，千万不要墨守成规，总是以相同的办法与策略对待不同的顾客。否则，你不但会遭遇失败，甚至有可能弄巧成拙。

有些销售仗着自己口才好，不管接待怎样的顾客，都无一例外地滔滔不绝，口若悬河。其实，这么做是不合理的。有些顾客性格外向，喜欢与人聊天，你说个不停自然没问题。但是，有些顾客性格内向，而且心里很有主见，根本不喜欢被别人牵着鼻子走。在这种情况下，你再滔滔不绝，就是聒噪。对于这样的顾客，最好把主动权交给他们，等到他们精心选择之后，你只需要做好辅助工作即可。由此可见，所谓好口才，并不是见到所有人都口若悬河，而是应该根据不同的人，调整自己的说话思路，做到恰到好处。

作为一名房地产经纪人员，一直以来，青青在带客户看房时都滔滔不绝，口若悬河。她始终认为，自己应该作为引导者，引导客户找到最适合他们的房子。的确，青青口若悬河的效果不错，她带过的客户成家率都很高。

这一天，青青又接待了一名客户。这名客户大概三十七八岁的年纪，看起来非常沉默，而且眼光忧郁，似乎从来不相信他人的样子。青青敏感地意识到这个客户与众不同，因而收敛自己，再也不滔滔不绝地介绍小区啊、房子啊，而是让客户自己安静地看。直到客户把小区转了个遍，把符合他要求的房子也看了个遍，青青才问客户有何想法。客户

只简单一句话就把青青打发了："我再考虑一下。"第二天，第三天……青青都没有给客户去电话，而是等着客户主动联系她。虽然等待的时间是难熬的，但是第六天时，客户终于给青青来电话了，点名要把上次看过的房子中的两套，再看一遍。就这样，青青再次带着客户认真细致地看房。看完房之后，客户直截了当地对青青说："帮我约第二套房子的业主吧，我想与他见面谈谈。"就这样，在谈得很顺利的情况下，青青成功签约，帮助客户买到了合适的房子。谈起这次带客户的经历，青青总是感慨地说："幸亏我管住了自己的嘴巴，不然肯定会把这个客户吓跑的。"

作为一名销售人员，青青有着敏锐的觉察力。在意识到这名客户与众不同的沉默之后，青青再也没有肆无忌惮地大说特说，而是耐心地等着客户自己了解小区，观察房子，直到客户主动要求把其中两套房再看一遍，青青才稍微掌握了些主动权。接下来，青青继续三缄其口，等待客户自己作出决定，而她则只负责配合客户，满足客户的心愿。这样的策略性改变，让青青成功适应客户，没有招致客户反感。

销售行业就是如此，因为面对的客户是千变万化的，各个方面的情况都极大不同，因而必须非常耐心细致，针对客户的具体情况作出及时调整和完善。唯有如此，我们才能把握客户心理，找到最适合的交流方式。

聊天点睛：

任何好口才，都不可能适应所有的场合和对象。唯有认真细致地观察，了解交谈对象的具体情况，及时调整方案，才能更加有的放矢，让自己的口才发挥得恰到好处。否则，因为交谈对象的脾气秉性不同，一视同仁的话，反而会导致事态的发展超出预期，甚至弄巧成拙。

投顾客所好，才能与顾客畅聊无阻

任何人都不会就自己不感兴趣的话题畅聊无阻，顾客也是如此。作为销售人员，要想打开顾客的话匣子，就一定要找到顾客感兴趣的话题。也许有些朋友会说，初次见面，我哪里能知道顾客喜欢谈什么，不喜欢谈什么呢！其实，人们感兴趣的话题根据年龄、性别、脾气秉性、生活背景等的不同，还是有一定的共性的。例如，职场上的人大多数对于如何升迁感兴趣；家庭妇女当然不是谈老公就是谈孩子或者就是柴米油盐酱醋茶；小朋友最喜欢说时下流行的玩具和游戏；男性嘛，自然最喜欢汽车，大家不都说汽车是男人的情人嘛；还有些时髦年轻的女性，一定对时装、化妆品、奢侈品等怀有浓厚的兴趣。在不能从精神层面了解顾客且投其所好时，我们不妨从这些客观存在的特征分析顾客特点，从而先粗浅地把握顾客的兴趣点，这样总比乱说乱碰要更有针对性。

作为销售人员，当你坚持说话投顾客之所好时，你一定会有意外惊喜的发现。你会发现，经过一段时间的跟进与交流，顾客越来越愿意和你聊天，甚至你们交流的内容不再局限于你所推销的商品，也包括你们的很多琐事和感受。你还会发现，顾客越来越愿意听从你的建议，如此一来，你的主导作用必然发挥得更加到位。总而言之，投顾客之所好，非但不会让你失去自我，反而会让你渐渐成为顾客消费的引导者，因为你得到了顾客的信任和喜爱，这是比任何东西都更珍贵的。

虽然阿雅只是个年纪轻轻的小姑娘，但是在公司销售老年保健品的队伍中，却是业绩遥遥领先的。对此，很多同事都不解地问：“你一个小姑娘，怎么就能与那些大爷大妈聊得来呢，还能让他们心甘情愿地自掏腰包，从你这里买药？”阿雅最传奇的销售经验是，有个老大妈因为阿雅有个月要冲刺销冠，居然特意多买了好几千块钱的药。对此，阿雅总是

笑而不语。

有一天，一个大妈来公司找阿雅聊天，同事们这才得以看到阿雅是如何征服这群老太太的心的。阿雅泡了一杯红茶，端给正在办公室里等她的老大妈，说："大妈，喝杯红茶吧，红茶暖身。"大妈笑着说："你这个丫头，真是体贴。"阿雅："大妈，您最近身体还好吗？您坚持服用蛋白粉了吗？那个营养品强身健体，特别好呢！其实，做老人的身体好，也就相当于给子女减轻负担了，您千万别心疼钱。"大妈仿佛遇到知己般："谁说不是呢！我的闺女儿子啊，每天都忙着工作，根本没有时间陪我。我呢，也不心疼钱，就是把身体调理好，就算帮他们了！"阿雅赶紧表示赞同："是的呢。您真是开明，大妈。记得前些年，我姥姥差不多也像您这么大岁数时，舍不得吃舍不得喝，结果把自己弄得生病了，我妈伺候了好几个月。幸亏我妈提前办了退休，不然这好几个月连假都不好请呢！""嗯嗯，你这个闺女真懂事。我要是有你这么个孙女，可就好喽。可惜啊，我闺女儿子家生的都是男孩，都是皮小子。"阿雅马上说："没关系，大妈，您愿意把我当孙女就当孙女。您看，我们单位离您家这么近，您要是觉得无聊了，就喊我过去聊天。或者家里有什么您干不动的脏活累活，您也叫我去，我肯定随叫随到。"大妈和阿雅聊了一个多小时后，高高兴兴地走了，临走还说："我改天包野菜包子，到时候送给你吃哈！"

阿雅只是个年轻的小姑娘，为什么能与大妈聊得这么投缘呢？这是因为阿雅说的每一句话都说到了大妈的心坎里。原本，子女长大全都飞走之后，空巢的老人就很寂寞，但是又不能总是让忙于工作的子女陪伴。在这种情况下，他们心里难免会觉得空虚和失落。阿雅的话，恰恰安慰了大妈，让大妈意识到养好自己的身体，就是给子女减轻负担，就是帮子女的忙。如此说来，大妈怎么会不慷慨解囊般地购买保健品呢！

不管是哪个行业的销售，在面对客户时，一定要投顾客所好，把话说到顾客的心里去，这样才能赢得顾客的信任，从而更好地引导顾客购买商品。倘若你说的话，全都是顾客不愿意听的，顾客哪里不能购买商

品，何必非要在你这里买呢？俗话说，千金难买高兴。唯有让顾客乘兴而来，高兴而归，销售的工作才能做到极致，获得成功。

聊天点睛：

常言道，良言一句三冬暖，恶语伤人六月寒。一句好话，能让人打心眼里感到高兴。而一句不合时宜的话，则会让人的心情陡然恶化。既然是从事销售工作，是为大众服务的，我们就不要与顾客别扭。只有把话说到顾客心里去，让顾客感到高兴，交易才更有可能顺利达成。

面对拒绝，你应该怎样打破僵局

每一个从事销售行业的人，最先需要突破的难关就是被拒绝。因而，有人曾说，销售工作就是从被拒绝开始的。当你决定成为一名销售员的那一刻开始，你几乎每天都会被拒绝。当然，尤其是在前期缺乏经验时，你每天更是会遭遇无数次拒绝。对于频繁地被拒绝，有些心理素质差的人，自然而然地选择了放弃。而那些心理强大的人，则越挫越勇，越是被拒绝，就越是鼓起勇气再次开始，最终才能成长为一名优秀的销售人员。

销售工作，的确比其他的普通工作难度更大。因为首先拒绝就提高了我们的心理耐挫能力，帮助我们在拒绝中看到渺茫的希望和曙光。作为一名销售人员，只有做到坦然面对拒绝，才是真正成长起来了。那么，当被拒绝时，我们应该怎么做才能打破僵局呢？首先，要判断客户是否真的有需求。有需求的持续跟进，没有需求的保持联络，这样他有需求的第一时间才会想到你。其次，被拒绝时千万不要恼羞成怒，否则你就永远地失去了成交的机会。再次，被拒绝之后，最好的处理办法就是彬彬有礼地告辞，并且尽量留下你的联系方式。最后，也是最需要注意的是，有些客户的拒绝带着嫌弃的意味，这恰恰是你成交的希望所在。所谓嫌货才是买货人，你要意识到，当客户开始挑剔你的产品，恰恰说明他是真正想要购买的。对待这种情况，你不妨留下产品资料，甚至留下样品让他试用。只要你的产品能够满足他的要求，成交就会变得相对容易。

关于销售，IBM 行销部前副总裁勃克·罗杰斯有非常深刻的见解。他说："产品并不是最重要的，了解客户困难才是生意成交的关键。我们要帮助客户找到最佳解决方案，并且让他得到切实的好处，且对我们感到满意。"由此可见，很多人都以为推销的对象是实实在在的商品，其实这种看法是不够全面的。推销的时候，我们既是推销的主体，负责策划和实施推销方案，同时也和产品一样，是推销的客体。我们只有把自己成功地推销出去，急客户之所急，才能真正打开客户心扉，获得客户信任。这样的推销，才算真正的成功。因而，当推销遭到拒绝时，我们除了考虑产品的原因，还应该进行自我反省，从自身寻找原因。

作为一名保险推销员，若曦曾经遭遇了无数次拒绝。尤其是在她刚刚进入保险行业且没有任何资源时，几乎每一天的无数次陌生拜访，等待着她的都是被拒绝。对此，若曦曾经怀疑自己根本不适合当保险推销员，甚至产生了辞职的念头。然而，在同事们的鼓励下，她坚持了下来。如今的她，已经有了稳定的客户群体，收入也非常稳定。

这段时间，若曦正在跟进一家私人企业的老总，想要销售各种类型的保险给他。原本，他们前期沟通都不错，然而，在若曦再次拜访老总之后，老总突然间就对若曦变得冷淡起来，且表现出从未想从若曦这里买保险的样子。对此，若曦疑惑不解。在一个午后，若曦终于鼓起勇气给老总去了电话，问："张总，我不知道您为什么突然对我转变态度。在此之前，咱们的沟通一直很好啊，而且我觉得您也的确需要我推销的保险。"张总不悦地说："的确，但是保险推销员有很多，各家产品也都相差无几。我完全可以换个渠道购买。"若曦困惑地问："您能告诉我我哪里做得不好吗？"张总沉默很久，才说："上次你来拜访我，我把你当朋友，

兴致盎然地告诉你我女儿考入哈佛大学的好消息。但是你显然心不在焉，也许是我把咱们的友情看得太重了。”若曦一下子想起来，的确，上次去拜访张总时，张总兴致盎然。但是偏偏那天张总的办公室外面很嘈杂，若曦几次看向外面那群大呼小叫的年轻人，想知道他们在庆祝什么，由此，她就忽略了张总的话。若曦恍然大悟，赶紧真诚地向张总表示歉意。接下来的时间，她一如既往地拜访张总，再也没有心不在焉过。直到一年以后，若曦才从张总那里顺利拿到了她本该一年前就成功签约的保险单。

既然被拒绝对销售人员来说是家常便饭，那也就无须因为被拒绝而变得垂头丧气，沮丧绝望。要知道，拒绝就像是人生的一次失败，我们唯有踩着失败的阶梯，才能不断进步。在面对拒绝的僵局时，千万不要轻易放弃，只有找出原因，你才能避免再次犯同样的错误，也才能让自己从错误中总结经验和教训，让自己不断进步。

聊天点睛：

当我们能够做到坦然面对拒绝时，我们也就有了足够的勇气踩着拒绝不断攀升成功的高峰。尤其是作为销售人员，必须通过这一关，才能继往开来，无往不胜。如果一个销售人员因为被拒绝就绝望，那么他是不适合当销售人员的。只要我们坚持尝试，永不放弃，拒绝最终会变成认可和鼓励。

恰到好处的赞美，让你赢得顾客的心

作为销售人员，一定要学会认可和赞美顾客，才能成功赢得顾客的心。很多时候，在顾客心里，即使金钱，也比不上赞美更有意义，更能让他对你产生好感。然而，在赞美泛滥的今天，如何赞美才能打动他人

的心呢？如果是泛泛的赞美或者是敷衍了事的赞美，顾客当然会知道你并非真心真意，而只是为了工作的假意奉承。这样的赞美，有还不如没有，很多时候反而会导致事与愿违，让顾客感到你是功利性很强的人。在这种情况下，我们应该避免赞美空泛，如“您真苗条！”“您皮肤真白！”“您气质真好！”这些赞美，往往可以随便用到任何人身上，很难打动顾客的心。

赞美他人时，我们一定要用心，且要让他人感受到我们的用心，赞美才能如愿以偿地达到目的。既然泛泛的赞美行不通，我们不如独辟蹊径，赞美他人不为人注意的地方。当你的赞美让顾客感到惊喜时，顾客一定会发自内心的高兴，也会对你产生好感。对于这一点，大家往往觉得很难。对一个初次见面的人要找到独特的地方进行赞美，的确并非容易的事。然而，每个人都有无数的优点，只要你用心，真心，总还是能够找到的。

1960年，法国总统戴高乐应邀访问美国。在参加白宫举行的晚宴时，戴高乐看到宴会厅的马蹄形桌子中央，有一个非常漂亮的喷泉造型。喷泉很精致，在鲜艳的热带鲜花的簇拥下，让整个宴会厅都生意盎然。可以看得出，布置鲜花展台的人一定有着非常高的艺术造诣，且眼光不俗。戴高乐一眼就看出来，这一定是白宫的女主人精心摆设的。因而，他在见到总统夫妇时，马上迫不及待地称赞道：“只一看这鲜花簇拥的喷泉，我就知道女主人一定花费了心力和精力精心布置。这花团锦簇的喷泉多么雅致，摆放非常合理，真是用心巧妙啊。”听了戴高乐真心诚意的夸赞，总统夫人的喜悦之情当即溢于言表。

很多参加宴会的人，都沉浸在现场热闹的气氛之中，甚至觉得布置宴会厅是总统夫人作为女主人的分内之事，根本不值得关注和赞美。只有戴高乐，一眼就看到喷泉和鲜花的摆放是经过精心布置的，因而给予了关注和欣赏，还毫不吝啬地赞美。也因而，总统夫人对戴高乐留下了良好的印象，因为她知道戴高乐的赞美是发自内心且无比真诚的。

要想给予他人真诚的赞美，我们就应该细心地发现他人不被注意的

地方。这样的赞美才能标新立异，也才能表现我们的真诚。总而言之，虽然赞美是人人都不会拒绝的，但是泛滥空洞的赞美却很难起到明显的作用。尤其是作为销售人员，要想打动客户的心，唯有用心真诚且恰到好处，才能如愿以偿。

聊天点睛：

赞美虽然是件有利无害的好事，但是却并不如我们想象中那么简单。不用心的赞美很难打动他人，我们只有从细节出发，找到他人不同凡响的地方，才能细致地赞美他人，表达自己的真诚和友善。只有做到这一点，你的赞美才能与众不同。

恰到好处的语言促使顾客购买

在推销产品的过程中，很多销售人员都会犯一个错误，即自说自话。殊不知，这么做是销售的大忌，也直接决定了你的销售业绩低迷不振。要想成为一名优秀的销售人员，首先应该学会倾听。只有了解顾客，你才能更好地把话说到顾客的心里，打动顾客，促使顾客购买。现实情况却恰恰相反，很多销售人员都不停地说着自己想说的话，诸如自顾自地向顾客介绍公司、产品、优势等，根本不在乎顾客的感受。其次，顾客在诸多产品面前往往犹豫不决，只有掌握语言的技巧，才能适时适当地促使顾客购买产品。

在经过对产品的基本了解之后，顾客更关注的并非产品本身，而更多地考虑产品的性价比、售后服务等。在这种情况下，销售人员在推销产品时，可以适当地运用精确的数字。相比泛泛而谈，精确的数字显然更具说服力，也显得更加专业可靠。例如，一名推销汽车的销售人员，在介绍汽车省油节能时，完全可以以汽车百公里的油耗作为数据说明。

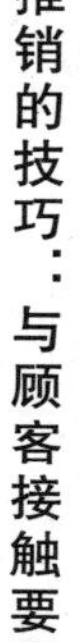

在顾客犹豫不决应该从几种产品中选择哪一款时，也可以运用对比，展现自身产品的优点。即使是在同一家产品中纠结，销售人员也应该尽快使用话术，让顾客尽快购买。例如，对于洗衣机的省水功能，在顾客犹豫不定时，就可以以一年为期限，介绍选择省水款式的洗衣机一年可以节约多少吨水，合计多少元钱。如此一来，客户自然对省水洗衣机的优点一目了然。此外，要想说服顾客购买，还有很多方式，如运用专家的权威性，或者是让其他购买过的顾客介绍使用体验，这都是非常具有说服力的。

作为一名化妆品推销员，丽娜有着白皙的皮肤，而且肤质细腻，白里透红。为此，她自己就是活广告，总是现身说法向顾客展示化妆品的美白效果，从而销售业绩节节攀升。

有一天，来了一个皮肤黝黑的女孩。毫无疑问，在这个一白遮三丑的年代，这个皮肤黝黑的女孩最希望得到效果显著的美白化妆品。丽娜马上开始为她介绍合适的产品，但是女孩显然有些纠结和犹豫："我听朋友说玉兰油的美白效果不错，不知道你家春纪的产品怎么样呢？"这时，丽娜夸张地说："玉兰油的确美白效果不错，但那都是中年人用的比较多啊。春纪则是完全针对年轻的皮肤设计的，你看看我，我去年夏天晒得特别黑，就像非洲人似的。我用了一段时间春纪之后，皮肤好多了。"女孩羡慕地说："你肯定底子就好吧。像我这么黑的，怎么用也白不了。"丽娜笑着说："放心吧，肯定会改善非常明显的。最重要的是，春纪是针对年轻肤质的。春纪的隔离霜还能防止电脑辐射呢。经常对着电脑的人都知道，皮肤会暗黄，还有蝴蝶斑。春纪都能解决。"

在丽娜的推动下，女孩最终决定购买春纪的产品。不得不说，丽娜的推动作用是强大的，尤其是当她现身说法时，很少有人不受她白皙皮肤的诱惑。

顾客在选购商品时，往往会犹豫不决。因而，有经验的推销员很少无限度地为顾客介绍产品，因为每款产品都会有其自身的优势和劣势。在这种情况下，介绍的产品越多越杂，顾客也就越发地纠结。正确的做

法是给顾客推荐合适的产品，然后再介绍一款作为对比。如此一来，顾客一定会毫不犹豫地进行选择。即使因为其他方面的原因觉得有些犹豫，只要销售人员合理以语言进行推动，就会效果显著。

聊天点睛：

和其他工作相比，销售工作无疑是非常具有挑战性的。要想把钱从顾客的钱包里掏出来，你不但要详细介绍自己的产品，更要取得顾客的信任，还要在顾客犹豫的时候，以语言进行恰到好处的推动，这样才能促使交易尽快达成。

顾客关心的问题，就是你不可回避的话题

很多时候，顾客在挑选产品时，往往会对产品质量、售后服务等感到担心。如果是经验不够丰富的销售人员，也许会刻意回避这些问题，引导顾客只看产品的优点。然而，任何产品都不可能只有优点，没有缺点，顾客也不是傻子，一定深深地明白这其中的道理。因此，销售人员的回避方法往往没有什么好的成效，甚至弄巧成拙，失去顾客的信任。

那么，面对顾客的担忧和关心的问题，我们应该怎么做呢？经验丰富、聪明机智的销售员，一定不会刻意回避。相反，与其遮遮掩掩，不如坦坦荡荡，他们会大大方方地分析产品的优势和劣势，这样反而更容易让顾客信服。例如，对于一款美白化妆品，你非要说它的补水功能特别强大，甚至超过那些补水的啫喱等，这显然是不现实的。事实上，任何美白产品因为质地较厚，因而补水效果都很一般。当顾客对此提出疑虑时，你与其睁着眼睛说瞎话，不如坦然相对，并且为顾客提出合理的解决方案：可以通过打底的方式，用水或者啫喱，在使用美白产品前补水，这样效果更好。听到你这么说，顾客一定觉得心里很踏实，远远比

你睁着眼睛骗她的效果好得多。在销售行业，很多销售人员都因为避开产品的缺点最终失去顾客的信任。大凡深得顾客信任的，都是能够坦然面对产品的优缺点，并且进行客观分析的销售人员。

小米是一家网店的在线客服。每天，她都要在网上给很多顾客答疑解惑。也因为不是实体店，无法看到真正的产品，因而顾客的担忧往往很多，想得也非常细致。可以说，作为网络销售，小米与一个顾客的沟通远超实体店。为此，小米必须学会如何为顾客打消疑虑，才能顺利地把产品卖出去。

这天下午，又有一位顾客咨询小米："您好，请问这个车厘子的大小如何？"小米马上发过去一张图片，上面是车厘子与一枚一元硬币的对比图，又附上一句话："直径不低于26.5mm。"接下来，顾客又问了很多问题，小米都一一作答。直到最后决定要买之后，顾客突然又问："这是美国进口的车厘子，那么如何保证新鲜呢？会不会都蔫吧了？"小敏直截了当地回答："亲，既然是美国进口的，即使保险技术再好，也不会像树上刚刚摘下来的那么新鲜。有个别车厘子的皮会显得有些不够脆，但是绝对不蔫吧。如果您能接受这极个别的存在不影响使用的瑕疵，您就可以放心购买。"顾客发来笑脸，说："嗯，你这么回答我就放心了。之前买车厘子，居然有个客服说保证和树上现摘的一样新鲜，我就直犯嘀咕怎么可能呢！你说的是比较符合实际情况的。"说完，顾客成功付款购买，小米也松了一口气，终于没有白费劲，做成了一单生意。

如果小米对于顾客的担心，睁着眼睛说瞎话，说车厘子和刚从树上摘下来的一样新鲜，那么肯定是不可信的。顾客当然也不傻，怎么可能万里迢迢地从美国运到中国，还是那么新鲜呢！不过，大多数车厘子都要经过一样的旅程，因为个别的表皮有些发干，是完全可以谅解的。因而在小米实话实说之后，顾客反而非常信任她，也就决定从她这里购买车厘子。

所谓做生意，自古以来就讲究诚信。尽管现代社会做生意的方式越来越复杂，途径也多种多样，但是我们更应该讲诚信。任何时候，都不

要欺骗顾客，而是把顾客的需求当成自己的需求来满足，这才是最长久的经营之道。

聊天点睛：

对于顾客担心的问题，千万不要回避。因为不自然的回避，恰恰说明顾客的担心是真的，而且你也无法给出合理的解答。聪明的销售人员，一定会坦然告知顾客产品的优点和缺点，从而帮助顾客更好地作出选择，这样才能得到顾客的信任和感谢。

推销是一门艺术，你要掌握艺术的语言

为了让推销变得更有诗意，也为了遵循推销工作的本质，我们不得不说推销是一门艺术。也许有些销售人员会说，推销时我们总是遭到拒绝，还经常吃闭门羹，更被不了解我们的顾客冷嘲热讽，这哪里有艺术性呢？的确，推销是艰苦的。每一个人，如果能够胜任推销工作，那么在很多行业都能做得风生水起。需要纠正的是，推销是一门艰苦的艺术，是一门需要我们以艺术的心境去从事的现实工作。对于大多数推销人员而言，他们在推销道路上的追求，恰恰如同艺术家对于艺术的追求一样毫无止境。不管对艺术，还是对推销，要想做出惊天动地的成就，就必须孜孜不倦，永无止境地前进。

从工作的对象而言，推销工作的对象是人。我们必须以艺术的方式，采取艺术的语言，才能让推销的过程更加愉悦。要想让推销的过程更加顺利，我们必须说好第一句话，这样才能让顾客留下，成为你的忠实听众。记得数年前有大促销的店铺会喊：“走过，路过，不要错过啊！”这句话是那样地直指人心，让人忍不住想要走过去，看一看，选一选。当然，如今这句话已经满大街泛滥了，让人耳朵都听出来老茧。这就要求

我们必须推陈出新，才能再次吸引人们的注意力。此外，还应该注意的是，顾客并非专业人士，在与顾客交流时，最好选择使用日常化的语言，尽量避免艰难晦涩，这样才能让顾客一听就懂，从而更好地与销售人员进行沟通。

在雪山脚下，很多人都在兜售雪山的水。然而，大多数人的生意都不好，小鱼的生意同样不好。小鱼是个十岁的孩子，他只能利用暑假时间兜售雪山的水，为自己赚取学费，才能继续上学。原本，父母早就让小鱼辍学一起放羊了，是小鱼向父母保证肯定能够自己供给自己学费，父母才答应了他继续读书的恳求。

得知小鱼的经历后，前来旅游的艾乐很感动，为着小鱼的坚持不懈，因为小鱼的努力上进。为此，艾乐替小鱼想出了一些很好的广告词，果然吸引了很多游客来买水。只听小鱼喊道："来雪山，不要忘记把雪山清泉带回家。""喝了雪山水，老人延年益寿，孩子耳目清明。""雪山水，赛雪莲，赶快来抢购吧！""走过路过，不要错过雪山水啦！"果然，小鱼喊了半天，销量成倍增长，他感激地对艾乐说："姐姐，看来你真是个艺术家，这么一喊，大家都来买水了。我也要好好读书，以后也像你一样成为艺术家。"

不管是兜售，还是推销，目的基本一致，就是让顾客乖乖地掏钱购买产品。然而，艺术地销售，让顾客在购买的时候带着愉悦的心情，能够帮助顾客获得更好的购买体验，也能使顾客对你更加忠诚。这就是销售的艺术。

不管你销售的是何种产品，都应该使用艺术的语言，让销售更有艺术性。生活，时时处处都需要艺术的点缀，才能让艰难变得愉悦，才能让枯燥变得充满情趣，销售也是如此。

聊天点睛：

要想掌握艺术的语言，我们就更应该努力地拓宽自己的知识面。古人云，读万卷书，行万里路。虽然很多人迫于生存的压力无法获得机会

行万里路，但是每个人都可以多多读书，开拓自己的视野，让自己拥有更多的妙语，才能更加艺术地推销。

面对否定，巧妙表达才能让顾客回心转意

作为销售人员，不管你销售的是什么产品，都难免会遭到顾客的否定。当顾客突然间心意改变，不想购买产品时，他们总是找出各种各样的托词，如："今天不买了，改天再说吧。""我再看看。""等你们有促销活动的时候再买吧！""别说了，降到我的价位我就买。"……这些或者强势或者推托的话，总是让我们不知所以。面对这样的客户，如何表达才能扭转局势，力挽狂澜呢？很多情况下，顾客之所以改变心意，拒绝购买，都是有原因的。在这种情况下，只有小心应对，才有可能让顾客回心转意。

作为汽车推销员，皮特的业绩在整个店里都是最好的。很多顾客在其他推销员手里总是难以成交，一旦让皮特进行引导销售，总是能够轻而易举地取得成功。这不，小马刚刚因为一个顾客总是推托不愿意购买，便把这个顾客介绍给皮特接待了。

果然，在皮特费心费力地一番介绍之后，这个顾客依然说："等到你们有促销活动的时候，我再购买吧！"皮特耐心地问："您为什么非要等到促销的时候买呢？"顾客笑着说："这还用问吗，至少能省几千块钱吧！抵得上我一个月的工资了！"皮特恍然大悟，说："那我可以肯定地告诉您，不用等了。有史以来，这款车促销顶多降价三千。如果您今天购买，我就向经理申请给您优惠。既然都是花同样的钱买车，我想您一定愿意提前享受吧！"顾客显然还有些犹豫："会不会等到促销的时候不止优惠三千呢？"皮特斩钉截铁地说："这个您放心。这个牌子的车我卖了好几年了，促销力度从未有超过三千的。有的时候，顶多送点儿千把块钱的

礼品。如果您信不过我，到促销的时候只赠送礼品的话，可远远不如现在的三千优惠更合适呢！退一万步说，到时候优惠了三千五，那么这五百块钱值得您再等好几个月吗？早点拿车，全家人都可以早点享受有车一族的便利啊！”

顾客显然被皮特的话打动了，说：“要不这样吧，你再申请送我个地垫，我也就不惦记促销的时候优惠多少了。”皮特当然不会当即答应，在装模作样地找经理申请之后，这笔交易顺利达成了，顾客还喜滋滋地感觉自己赚了很大的便宜呢！看到这个皆大欢喜的结局，同事对皮特佩服得五体投地。

之前的同事之所以一直没能成交这个客户，就是因为在客户再三推托的情况下，他没有了解客户推迟购买的真正原因。而皮特在了解真正原因后，马上斩钉截铁地给客户吃了定心丸，保证客户短期内不会买贵，而且还告诉客户等到促销有可能力度还没有现在大，因而客户才下定决心购买。这样的话术，正中客户心意，打消了客户疑虑，因而效果显著。

曾经有个人卖草莓，有顾客看过草莓之后表示很满意，但是要等过几天再买，卖草莓的人当即说：“过几天就没有了。”结果，顾客毫不搭理地走了。显而易见，这样的回答未免带有威胁的意味。其实，完全可以换一种委婉的说法：“这是头茬草莓，味道是最好的。等过几天，就不是头茬草莓了。您是行家，当然不能错过头茬的啦！”如此说话，不但介绍了草莓的品质，也适当地恭维了顾客，成功的概率就高了很多。作为销售，一定要知道在遭到拒绝时如何让顾客回心转意，这样才能百战不殆。

聊天点睛：

所谓嫌货人才是买货人。当顾客对你的产品挑三拣四，或者看了一通之后又改变主意不买时，一定要了解顾客心中的真实想法和不买的原因。有针对性地解决问题，才能提高效率，也提升成功率。在你成功扭转局势，让顾客回心转意后，你一定会信心大增，这对于整个职业生涯的发展都有很大的好处。

第 14 章

清楚聊天的禁忌：千万别问这些会惹恼人的问题

在聊天的过程中，人们的脾气秉性各不相同，每个人都有各自的聊天禁忌。要想愉快地与他人聊天，改善人际关系，我们就必须避开那些惹人烦恼和讨厌的问题，成为一个受欢迎的人。也许有些胖人或者极端的瘦人，不喜欢被问起体重；也许很多女士不愿意被问起年龄；也许有些年轻人不喜欢他人问起工资……总而言之，我们必须在生活中处处留心，才能在交谈的时候避开这些恼人的问题。

绅士从不问女士年龄，只会夸赞女士漂亮

如今，不仅仅那些女明星的年龄成为不能提的隐私，很多平凡而又普通的女性，也渐渐拥有更强烈的自我保护意识，不愿意被他人问及隐私问题。的确，在西方国家，很多绅士都知道不能问女士的年龄，即使对方已经白发苍苍，老得失去了性别，也千万不要问这个忌讳的问题。真正的绅士，只会夸赞女士漂亮。现在的娱乐圈中，还有很多男明星也开始渐渐为年龄保密，希望成为众多粉丝心中的不老情人。曾经有一档嘉宾访谈类节目，在主持人问及嘉宾的年龄时，嘉宾马上开玩笑似的说："女士的年龄不能问哦，虽然我是老太太，也是一样啊。"如此一句半真半假的玩笑话，就成功地搪塞了主持人的追问。只见主持人会心一笑，说："老师有一颗青春的心啊！"

尤其是在社交场合，参加的名流越多，各种习惯和禁忌也越发接近西方社会。既然年龄对女性而言是讳莫如深的问题，我们也就不能故意问起这个敏感而又隐私的问题。很多时候，只有我们尊重他人，才能得到他人的尊重，也才能让交谈更加愉快。

现代社会，随着生活节奏越来越快，工作压力越来越大，很多年轻人都不知不觉成了大龄青年。这不，小鸥也成了一名大龄剩女，而且是优质剩女。已经36岁的小鸥，不但拥有让人羡慕的名牌大学硕士学历，而且在外资企业工作，是个不折不扣的金领。而且小鸥的个人条件也很好，身材高挑，肤色白皙，五官清丽。越是这样，小鸥就越是不想随随便便把自己嫁掉，从她30岁开始，父母就心急如焚地为她找对象，但是至今依然因为小鸥的挑剔毫无结果。眼看着小鸥36岁的本命年马上就要到了，年迈的母亲整日唠叨："你呀，再不找对象结婚，生孩子都成高龄产妇啦。年纪越大，怀孕的概率也会越低的。"对于母亲的话，原本不以

为然的小鸥，也开始着急起来。

如今每当节假日，小鸥除了参加父母托亲朋好友帮忙介绍的相亲活动之外，还会参加一些单身俱乐部的活动。她心知肚明，是该把自己嫁出去了。这个周末，小鸥参加了单身俱乐部组织的爬山活动。在爬山的过程中，她与一位名叫杜刚的中年男性相识了，彼此相谈甚欢。一路上，他们时而窃窃私语，时而谈笑风生，志趣相投。然而，在爬山活动结束告别时，这位男士冒昧地问小鸥："可以请问一下，你今年的芳龄吗？"小鸥有些愣住了，沉默了一会儿才说："芳龄谈不上了。不过，我可以保密吗？如果你告诉我你的年龄，我倒是可以告诉你我是比你大，还是比你小。"男士听到小鸥的回答，笑着说："当然，我今年42岁了，是不是很老？你看起来很年轻呢！我猜也就三十出头吧！"小鸥笑了笑，说："我比你小几岁。你就是老大哥啦！"得知小鸥大概的年龄后，男士对小鸥展开了迅猛的攻势，小鸥也对男士印象良好，他们很快就确定了恋爱关系。

在这个事例中，对于以恋爱为目的的相识，当然是需要了解彼此年龄的。不过，在不知道是否有发展可能的情况下，小鸥依然不想透露自己的准确年龄，因而，她委婉地告诉男士自己比他小。这样一来，男士也好放心大胆地追求小鸥。在这种不得不说的情况下，我们也可以采取小鸥的回答方式，告诉对方大概的年龄，以便让对方做到心中有数。

很多时候，如果我们很想问出对方的年龄，不如采取恭维的方式，委婉曲折地进行。例如，和直接问对方年龄相比，如果你委婉地说："看起来，你顶多二十五六岁吧！"在这种情况下，如果对方愿意告诉你真实年龄，一定会坦然相告。相反，如果对方根本不想告诉，则也可以一笑置之，无须勉强。当然，你要注意你说的年龄一定要比对方的实际年龄小。在这个人人都奢望青春永驻的年代，你即使夸张地把对方少说几岁，对方也不会生气的。此外，你还可以说"你皮肤真好，看起来就像十七八岁的少女皮肤。""你这么漂亮，气质又好，真是看不出真实年龄啊！"诸如此类的话，都会让对方心花怒放。

聊天点睛：

需要注意的是，尤其是在西方的礼节中，问他人的年龄是非常不礼貌的行为。因此，如果你的生活和工作中经常需要接触外国人，那么千万要记住不要问女士的年龄。相比中国人，西方人显然更在乎这个隐私。当你尊重他人的交谈习惯，避开他人的交谈禁忌，你与他人之间的交流也会更加和谐融洽的。

不要问他人体重，因为这个问题真的很重

随着生活水平的提高，再加上有很多人都因为工作忙碌，因而没有充足的时间进行体育锻炼，所以越来越多的人体重节节攀升，变成了超重或者肥胖。对于大多数胖人来说，他们都因为自身的体重而感到烦恼，甚至为此自卑，因为这就像是一个无可避免的缺点。因此，在与胖人聊天时，千万不要随意问起对方的体重，尤其是女性朋友，否则一定会让对方感到尴尬。体重这个问题，真的很重，会沉甸甸地压在人的心头。

体重，对于很多人都是一个敏感的话题。在这个以瘦为美的年代，即使你像中国古代的四大美人杨玉环一样丰满可人，也依然不符合潮流的审美。随便翻开一本时尚杂志，你都会发现上面的模特全都皮包骨头，身材高挑。在西方某些国家，肥胖意味着对自身无限制的放纵，因为超重总是让人难堪和自卑。因此，在面对西方友人，或者是女性朋友时，切勿问起体重问题。即使在中国，也已经进入全民减肥的时代。越来越多的朋友加入减肥的队伍中，甚至还有些小朋友也把减肥挂在嘴边。几乎每个女人最迫切的愿望就是让自己恢复苗条，因而，我们说话时一定不能在无法如愿以偿的女性朋友心上撒盐。

尹平是个大龄剩女，已经33岁了，但是却始终没谈过男朋友。对此，尹平也很苦恼。很多朋友都不相信她没谈过恋爱，但是尹平很清楚，她

从初中时就变得超重、肥胖，怎么会有男生喜欢她呢？也因为肥胖，她从初中时就非常自卑，根本没有信心与男孩子相处。

大学毕业后，尹平因为生活不规律，变得更胖了。这让她更加无法面对自己，甚至没有勇气和男同事交流。每天，她似乎都感到有人在她身后指指点点：看，这个女孩怎么这么胖啊！尽管心理医生告诉她这都是她的幻觉，但是她依然深受困扰。

在一次离职之后，尹平决定专门花半年时间减肥。在这半年的时间里，她仅仅依靠积蓄生活，每天都去健身馆健身，去游泳馆游泳，同时还尝试了针灸、汗蒸、吃药等减肥方式。然而，肥胖依然如影随形地跟着她，即便偶尔减少几斤，也马上会反弹回来。最终，尹平放弃了减肥的尝试，又开始工作。

来到新工作不久，一天中午，办公室里的同事吃完午饭之后都在闲聊。说起买衣服的问题，一个同事突然对尹平说："我知道一家外贸店，专门卖大码衣服，就适合你这样的胖人穿。对了，你到底多重啊，肯定超标很多吧？"同事的话，让尹平的脸上白一阵红一阵，尴尬极了。尹平暗暗想道："你这个人，话怎么这么多啊，我买衣服的问题不用你操心。"从此之后，尹平总是避开这个同事，尽量不与她聊天。

也许同事只是无心的一句话，却在尹平的伤口上撒了一把盐。对于尹平而言，任何话题都比不上关于"肥胖"的讨论更让她尴尬，更何况这个同事居然公开问她的体重，简直让人讨厌。因为这件事情，尹平对那个同事心怀畏惧，总是避开她，不愿意再与她聊天。

朋友们，如果你们不想招人讨厌，就一定要学会聊天。对于女性朋友，不但不能问起年龄，更不能问起体重。曾经，大家都就范冰冰的体重问题展开讨论，很多娱乐圈的八卦记者都对此乐此不疲。"范爷"果然豪爽，有一次就居然真的把自己的体重公之于众，她的男友李晨马上力挺，说自己就喜欢丰满性感的。然而，真正有几个女性能像范冰冰一样充满自信呢？既然如此，我们还是管好自己的嘴巴，不要问让他人尴尬的问题啦！

聊天点睛：

在几十年前的艰苦年代，许多人都面有菜色，因而如果说他人胖了，无疑是在夸赞他人生活好，享福了。但是现在已经几十年过去了，没有人希望他人说自己胖了，因为这意味着身材走样，身体发福。不管做什么事情，我们都应该紧跟时代潮流，说话也是如此。只有把话说到他人的心里去，我们才能更加受人欢迎。

私密薪酬制盛行，千万不要随意打听他人薪水

在计划经济时代一个国营大厂里，几乎所有人的薪水都是公开和透明的。人们按照职称、进厂时间和级别拿工资，根本不会觉得不公平。和几十年前相比，现代职场则更注重保密性。几十年前的大锅饭方式，已经无法激励人们的工作热情和积极性了，因而更多企业开始采取私密薪酬制。私密薪酬制有什么好处呢？老板可以根据每位员工的表现决定他的工资水平，而不必一视同仁。在员工们得到赢得的回报之后，一定会更加努力和上进。由于无须一视同仁，则既起到了对优秀员工的激励作用，也为公司节省了成本，可以给那些表现平平的员工降低工资标准。在这种大环境和背景之下，薪金收入也成为职场上的绝密话题之一。有些同事之间虽然平日关系很好，但是也对薪酬问题绝口不提。

很多资深职场人士都知道，关于薪金问题，非但不能问，更是连提也不能提的。因而，当大家都对这个话题缄口不言时，倘若你不知趣地问起这个话题，则一定会让大家都很难堪。因而，职场菜鸟一定要牢记这个禁忌，千万不要犯不必要的错误。试想，如果有个同事对你说：“我这个月拿了6000元的工资，800元的奖金，一共6800元。你呢？”你会

作何感想。如果你拿的工资比他高，你不会愿意告诉他，并且只能在心里暗暗窃喜；如果你拿的工资比他低，你也不会愿意告诉他，但是心情一定会郁郁寡欢，甚至影响未来的工作。既然不管高低的结果都让人不那么愉快，我们又何必充当大嘴巴四处打探他人的工资呢？这件事情，是只有坏处，而没有任何好处的。

小米和小麦都是一个单位的同事。她们大学毕业后，一起通过应聘进入这家公司，两个人的工作职责也相差无几。转眼之间，一年多过去了，小米和小麦都成为技术熟练的职员，因而也开始渐渐关心起各方面的讯息。

这次发完工资之后，小米在和小麦一起回家的路上，说："哎呀，这个月的工资也太少了，让人郁闷。你呢，这个月工资怎么样？"小麦不明所以地说："和上个月一样啊！"实际上，小米是想变着法子打听小麦的工资是多少，但是小麦却装傻充愣。小麦当然知道，以自己和小米的关系，而且在单位里的工作职责也相差无几，在不想换工作前，还是不要知道对方的工资为好。否则，一定会让彼此心绪不宁的。不想，小米却继续不依不饶地问："我的工资总共才3600元，你呢？"小麦有些心生反感，但是因为平日里和小米关系较好，也不好意思直接说出来，只得搪塞道："和你差不多。咱们不是同时进公司的嘛！"听完这句话之后，小米不再追问了，似乎放下心来，说："我觉得也应该差不多。"实际上，小麦的心里却心潮起伏。小麦暗暗想道："我的工资只有3100元啊！论学习，论能力，我都不比小米差，为什么工资却比她少一大截呢？！"想来想去，小麦越来越不平衡，居然渐渐疏远了小米。在一次有机会表现时，小麦还在主管面前说小米的坏话，结果使主管把原本准备交给小米负责的项目，交给了小麦负责。小麦呢，尽心竭力地完成项目之后，工资果然提升到四千多。这时，她才心理平衡：太好了，我本来就比小米强很多。

虽然小麦最终也获得了加薪的机会，但是她对小米的心却再也回不到从前了。原本两个关系很好的小姐妹，就因为小米大嘴巴地打听小麦

的薪金，导致小麦背地里给她下绊子，阻碍她的进步和提升。小米哪里能想到，自己的好奇会给自己带来如此严重的麻烦呢！

生活中，我们一定要控制自己的好奇心，与自己有关系的、该打听的打听，与自己没关系的、不该打听的就不要打听。在没有比较的情况下，如果我们对自己的薪水满意，也有能力把工作做好，则早晚会得到升职加薪，让职业生涯更加一帆风顺。与此恰恰相反，如果我们在打听他人的薪水比自己高之后，难免会觉得自己大材小用，而且也没有得到应得的待遇，从而导致工作懈怠，甚至影响职业发展。总而言之，人在职场，应该谨言慎行，不要因为一些微不足道的小事导致损失惨重。

聊天点睛：

在职场上，别人的薪资是聊天的禁忌。我们只有尊重他人的隐私，也尊重自己的隐私，才能让彼此间的交往变得更加愉快。尤其是办公室，已经成为各种流言蜚语的集散地。只有谨言慎行，才能避免节外生枝，给自己带来麻烦，从而帮助自己的职业生涯进展得更加顺利。

感情是纯粹的私人问题，再好奇也不要提问

生活中，很多人都有好奇心，有些人的好奇心总是过于强烈，甚至已经超过了好奇心的界限，成为了偷窥欲。这些人不但对他人的生活感到好奇，而且对他人的私人事情也充满偷窥的欲望。当然，现代社会偷窥的可能性是相对较小的，因此他们就厚着脸皮四处打探，这样的人不得不说是惹人讨厌的。尤其是对他人感情充满偷窥欲望的人，则更加让人避之不及。

无论在哪个时代，也不管是在西方国家还是在东方国家，感情都毫无疑问属于纯私人问题。很多情况下，即使我们知道他人的感情生活出

现问题，也应该出于礼貌和尊重，而佯装不曾在意。唯有如此，才能给他人更多的时间和空间，自我疗伤。或者对于他人的幸福，也应该默默祝福，也不能因为出于好意就四处宣扬。总而言之，当你开始关注他人或者干涉他人的感情生活时，你就已经迈出了不尊重他人的第一步。

近来，张亚发现办公室主任素素手上突然少了一件东西，那就是此前素素一直戴在无名指上的婚戒。原本，张亚也没有在意。那天在休息室喝咖啡时，她看到素素的无名指上有一圈白色的印记，这才意识到这圈白色的印记是摘掉戒指的原因。对于一个中年女性而言，什么理由会让她摘掉婚戒呢？张亚不由得浮想联翩。

在自己想了一段时间无果之后，张亚决定以关心的名义在合适的机会问问素素。一天中午吃饭时，张亚端着快餐盒来到独自就座的素素面前，问："主任，我可以坐在这里吗？"素素当然表示欢迎，还把自己特意准备的辣酱与张亚分享。她们有一搭没一搭地一边吃饭一边闲聊，张亚突然猝不及防地问："主任，你的戒指呢？怎么没见你戴了啊？"张亚此话一出，素素愣住了，很久才尴尬地掩饰："夏天太热了，我取下来了。"张亚依然不依不饶："看你手上的印记，戒指应该带了很多年了吧？你看看我也是的，我的戒指一取下来，就能看到明显的印记，这是从我结婚的时候一直戴了十几年的戒指。"素素不知如何应对，只好勉强笑了笑，说："我吃好了，你慢慢吃吧。"很快，关于素素离婚的消息从张亚的嘴里流传出来，素素非常苦恼，也因此对张亚极不满意。在聘用期满后，素素找了个借口，把张亚辞退了。

张亚估计做梦也没有想到，好奇心和大嘴巴会让她失去工作。而素素呢，也因为张亚的多事，不得不面对诸多同事的关心和好奇，由此给她带来很大困扰。实际上，素素的确离婚了，但这完全是她自己的事情，和他人无关。素素更愿意自己一个人面对婚姻的改变，也更愿意独自迎接新的人生阶段的到来。

感情原本就是每个人自己的问题，其他人即使再好奇，也不应该发问。倘若张亚能够管住自己的好奇心，更不要当个大嘴巴的长舌妇，那

么她也许还安安稳稳地工作呢！朋友们，张亚的教训是每个人都应该记住的，因为这样肤浅的原因失去工作无疑让人感到惋惜。

聊天点睛：

现代职场，人际关系尤为复杂。我们不但要管好自己的好奇心，不打听他人的感情隐私，更要注意保护好自己的感情隐私，把工作与生活更好地分开。常言道，说者无意，听者有心。我们只有管好自己的嘴巴和耳朵，才能谨言慎行地在职场上行走，不至于因为无关紧要的流言蜚语影响前程。

不要揭开他人的伤疤撒盐，这是不礼貌的

在伤口上撒盐的感受，相信很多人虽然经常这么说，但是却从未亲身感受过。然而，生活中我们难免磕磕碰碰，一不小心受伤时，总是要在伤口上涂抹消毒用的酒精的。在诸多消毒材料中，酒精的杀菌效果无疑是最好的，但是带给人的痛苦也是最大的。即使皮肤只是擦伤一层皮，在沾上酒精的那一刻也会有钝钝地而又让人难以忍受地尖锐地疼。也许，在伤口上撒盐就是这样的效果吧。

生活中，当我们受到心灵的伤害之后，总是想一个人静静地躲在某个角落中，自己疗伤，慢慢恢复。但是偏偏有些人，打着关心和照顾的旗号，一次又一次地带着我们重温那刻骨铭心的痛苦。让我们在感受他的关心时，不得不承担数倍的痛苦。这样的关心，有的时候的确出于真心，有的时候却是出于恶意。为人处世，谁没有过艰难痛苦的时刻呢？如果你不曾忘记自己的痛苦，你也就应该学会尊重他人的痛苦，并且以“无视”为最好的关心方式，帮助他人消减痛苦。这样，你才能真正得到他人的尊重和感激，并且更好地与其交往。

曾经，有个10岁的孩子经历了唐山大地震的惨痛。那一次，他不但失去了所有的亲人，而且还失去了宝贵的双腿。地震之后，这个孩子被远在外地的姑妈收养了，从此在姑妈家生活。虽然姑妈视他如同自己的孩子，但是他依然感受到寄人篱下的凄凉。最悲惨的还远远不止这些，每次亲戚朋友去姑妈家时，都会一再地问他："地震发生时，你在哪里？为什么会被砸断双腿？""很多人都在地震中失去了亲人，你也不要过于悲伤。""这就是命啊，每个人在命运面前都无能为力。幸好还活着，一定要乐观。"这些话，都是那些专程去看望他的亲人们说出来的，本意是想安慰他，但是却一次又一次地在他的伤口上撒盐。面对这一张张关切的脸，他真想大喊："不要再说了，我不想再提起那些让我害怕的事，求求你们都放过我吧！"然后，他被这些亲情和善意绑架了，不得不一次又一次地重复着惨痛的回忆，掀开伤口，接受这些"无情"的关心。

当人处于极度的痛苦中时，最需要的不是重复讲述，也不是把惨痛经历说出来接受他人的安慰，而是想要一个人独自待着，消化"痛苦"。记得冯小刚导演执导的《唐山大地震》中，张静初饰演的女孩，在亲耳听到妈妈说出"保住儿子"的艰难抉择之后，心死了。当雨水把已经被宣告死亡的她淋醒，她没有去找妈妈，而是一个人寻求生路。在此后的近二十年时间里，她从未说过自己的经历，也不愿意回味往事。她就这样把自己封闭起来，把过去的一切都封闭起来。这是她自我疗伤的方式，她一直恨着妈妈，不知道妈妈为什么要放弃她。直到一个偶然的机会，她才知道妈妈当时作出那样的决定，心都碎掉了。她选择原谅妈妈，妈妈也终于能够在晚年拥有完整的心。因此，在面对悲痛欲绝的人时，只需要给他一个空间，给他足够的时间，让他痛哭就好了。事情已然发生，无尽的追问又有什么用呢？！

生活中，我们经常有探望病人的经历。对于重病的人而言，千万不要当着他们的面讨论病情，即使他对自己的病情心知肚明。聪明人会装作若无其事的样子，给病痛的人讲讲笑话，说一些让人高兴的事情，让

他们变得快乐起来。这才是最好的安慰。对于很多痛苦都是如此，我们应该学会最好的安慰方式。

聊天点睛：

我们总是想要给予伤心的人最好的安慰，却忽略了他们最希望的是能够安安静静地一个人待着，舔舐伤口，消除痛苦。需要注意的是，在安慰他人时，除了不要往他人的伤口上撒盐，更要避免以开玩笑的口吻与对方说话。否则，你就会被误解为在说“风凉话”，甚至会因此失去朋友。

不要关心他人的是非，这与你无关

有人的地方，就有是非。曾经有人说，谁人背后无人说，谁人背后不说人。这句话生动地描述了人们在是是非非的旋涡中挣扎沉浮的情形。的确，自从有人类以来，即便是在温饱都不能保证的情况下，也无法抵挡人们背后说人的热情。正是因为议论是非的需求如此强烈，所谓社会生活才会变得更加热闹。一旦流言蜚语传播得满天飞，就会有各种各样的麻烦和纠纷出现。作为一个现代社会的人，作为一个在职场上打拼的人，其实真正的明智就是不关心他人的是非，做好自己。唯有如此，才能帮助我们从是非的旋涡中抽身而出，过上清净的日子。

很小的时候，我们每当寒暑假，总是被来家里的亲戚朋友问及成绩的问题；长大之后，读大学了，又被问及找到合适的工作没有；工作稳定之后，人们的眼光自然而然地开始盯着你的个人感情问题，随时关注你有没有找到合适的女朋友；等到好不容易结婚了，七大姑八大姨又开始讨论传宗接代的难题……总而言之，只要活着，这日子似乎就没有消停的时候。每当被追问，每当被关心，作为当事人的我们，总是万般无奈。难道找什么样的女朋友、生闺女还是生儿子，不应该是只与我们自身有关的事情吗？！偏偏有些人，就喜欢以此作为茶余饭后的谈资，恨不得取代我们去做这些事情！

说起是非，人们总是觉得女人更容易陷入流言蜚语，也更具有传播流言蜚语的天赋。事实的确如此，这是因为自古以来男主外，女主内，因为作为家庭主妇总是有更多的时间关心这些无关紧要的事情。随着妇女地位的提高，很多女性不但要照顾家庭，而且还要和男性一样在职场上打拼，与男性平分秋色，因而女性朋友们也失去了闲聊的闲情逸致。即便偶尔与他人闲聊，也更加愿意说些有意义的话题。因而，现代社会女性朋友已经不再能“三人一台戏”了。退一万步说，如果同是职业女性，想要三个人都凑齐也不容易呢！当然，议论和传播是非并不是女性朋友的专利，很多男性朋友同样也喜欢说他人的是非，惹人生厌。因此，不管是男性朋友还是女性朋友，都应该管好自己的嘴巴，尽量少打听他人的是非，这样才能明哲保身，为自己减少麻烦。

刚刚进入公司时，领导还是挺喜欢小黄的。然而，有一次小黄去向领导汇报工作，恰巧遇到领导正在办公室里通过电话和媳妇吵架，似乎闹得很不愉快的样子。偏偏小黄是个大嘴巴，出了办公室马上就和要好的同事窃窃私语：“刚才我去找领导汇报工作，他正与媳妇吵架呢！吵得可凶了，看起来马上就要散伙的样子。不过我琢磨着他们不能散伙，领导都四十多岁了，肯定有孩子了。就算夫妻情分不在了，为了孩子也得勉强维持家庭。对了，我和你说的话，你可千万别告诉别人。要是被领导知道是我出来散播小道消息的，非得把我开除了不可。”当时，听话的人信誓旦旦，发誓为这件事情保密，也为小黄保密。然而，几天之后，几乎整个部门的人都知道了领导与媳妇吵架的消息。领导又不傻，稍微想了想，就知道一定是小黄在背后嚼舌头根子。

后来，恰逢另外一个部门缺人，领导就把小黄调走了。小黄离开了办公室，原本刚刚熟悉的工作戛然而止。到了新部门之后，他因为不能很好地适应，没过多久就辞职了。

古人云，谣言止于智者。作为谣言的源头，而且是当事人一看就可知的谣言传递者，小黄的做法无疑是愚蠢的。在关系越来越复杂的职场上，要想明哲保身，必须做到谨言慎行，千万不要在背后说他人的是非。尤其是对于领导，不管得到什么小道消息，都不要四处散播，否则就会影响职业生涯，得不偿失。

不管出于什么样的原因，我们都坚决不能在背后议论他人。常言道，世界上没有不透风的墙。只要你在背后说了他人的是是非非，他人就总有一天能够知道。如此一来，你非但背上散播谣言的罪名，还会得罪朋友，可谓损失惨重。因而，聪明人从来不做这种糊涂事。

聊天点睛：

所谓病从口入，祸从口出。要想身体健康，我们必须把好关，千万不要让不利于身体的食物进入体内。要想做人清净，我们也一定要把好关，千万不要让不该说的话从嘴巴里溜出去。只要管好了这一进一出，我们的人生就会变得更加简单纯粹，也会少一些烦恼。

面对他人的软肋，不是敌人，不要攻击

人在一生之中，总要面临各种各样的关系。从呱呱坠地开始，就要和父母、兄弟姐妹相处；随着学会走路，牙牙学语，又要开始和其他小朋友一起玩耍、交流；等到进了幼儿园，更是从家庭走上社会，成为幼儿园里的一分子，每天与其他同学同吃同住同学习……总而言之，从出生开始，人就处于复杂的关系网络中。这其中，除了父母亲人，我们最在乎的是朋友。往往是朋友陪伴我们走过人生的风风雨雨，感受人生的酸乐甘甜。然后就是敌人。曾经有位名人说，看一个人的底牌看他的朋友，看一个人的能力看他的敌人。由此可见，敌人对于我们的人生也是

有极大的推动和促进作用的。

然而，尽管古代的哲人们有的主张人之初性本善，有的主张人之初性本恶。实际上，生活中的敌人还是很少的。尤其是在和平年代，每个人都按部就班地过着自己的生活，就更没有敌人了。那么，为何在没有敌人的情况下，有些人说起话来依然充满火药味，且总是找那些刺伤人心的话说呢？这实在是大可不必。毫无疑问，每个人都是有软肋的。对于不是敌人的人，我们完全不用攻击他人的软肋。唯有如此，我们才能抓住每一个机会，尽量结交更多的朋友，减少敌人。

近来，小雅所在的部门新调来一个主管，因为原先的主管辞职了。所谓新官上任三把火，新主管上任之后，的确也采取了很多卓有成效的措施，极大地改善了办公室的面貌。而且，新主管还制定了很多规章制度，让原本如同一盘散沙般自由散漫的同事们，全都不得不改头换面才能符合新主管的要求。

在三把火轰轰烈烈地烧完之后，新主管想：所谓有松有紧，不能只紧不松。为此，她特意利用周五下班后的休息时间，请办公室的全体同事去海底捞吃火锅。同事们看到新主管也有人性化的一面，不由得很高兴。席间，酒过三巡，新主管问："我的前任李主管人也很好，为什么就辞职不干了呢？"这时，刚刚进入公司没多久的张骞抢嘴说道："她呀，脾气太坏，而且能力也不足。"新主管纳闷地说："脾气还好吧，我和她交接工作时打过一次交道，感觉还好啊！"张骞又不假思索地说："一个快四十的女人，离了婚，还带着孩子，心情能好到哪里去呢？！"张骞的话说完之后，在场的同事们全都默不作声，一时间气氛非常尴尬。原来，除了张骞不知道，大家都知道新主管也是一个离婚的女人。自此之后，新主管处处看张骞不顺眼，没过几个月就找了个理由把张骞辞退了。

每个人都有自己的软肋，每个人的软肋都是不可触碰的。除非你与这个人是敌人，否则千万不要为了逞口舌之快，而攻击他人的软肋。要知道，凡事有因必有果，有果必有因。当你无意间攻击了别人的软肋，旁观者未必会觉得你口齿伶俐，思维敏捷，反而会觉得你心肠歹毒，对

人没有任何同情心。如此一来，得与失哪个更大，显而易见。

每个人心中都有完美主义情节，希望自己展现在他人眼中的是最美好的形象。既然如此，我们何不成全他人呢？只有我们尊重他人，不攻击他人的软肋，他人才会也回应我们尊重，并且也不会与我们为敌。

上帝造人的时候三心二意，尤其是对于那些有生理缺陷的人，我们更应该给予足够的尊重，而不要无所顾忌地对其指指点点。否则，心地不善良的人，一定会受到命运的惩罚。此外，对于他人生命中不堪回首的过往，除非他人主动提起，否则也不要轻易涉及。很多情况下，面对不熟悉的人或者陌生人，我们不知道对方的软肋是什么。在这种情况下，就应该尽量说些不会伤人的话，且在交谈过程中要察言观色，及时跳转谈话的方向和话题。

聊天点睛：

当你对他人满怀善意，总是赞美他人的优点，忽视他人的缺点，给足他人面子时，那么他人一定会对你留下好印象，甚至也相应地回报给你赞美。古人云，三思而行，我们要说，三思而说。所谓祸从口出，在说每一句话之前，我们都应该权衡这句话引起的后果，与其说得别人跳脚，不如说得别人眉开眼笑，这样才能皆大欢喜。

第 15 章

聊天的基本礼仪：要使谈话变得容易，你应该这样做

谈话，说容易就很容易，说难则显得特别难。要想与他人更加友好地交谈，我们就应该掌握聊天的基本礼仪。尤其是当我们想让交谈变得轻松愉悦时，则更应该掌握交谈的技巧，这样才能把话说到他人心里去，让他人发自内心地喜欢我们，欣赏我们，接纳我们。很多事情都是取决于人们的内心，一旦敞开心扉，聊天就变得水到渠成。

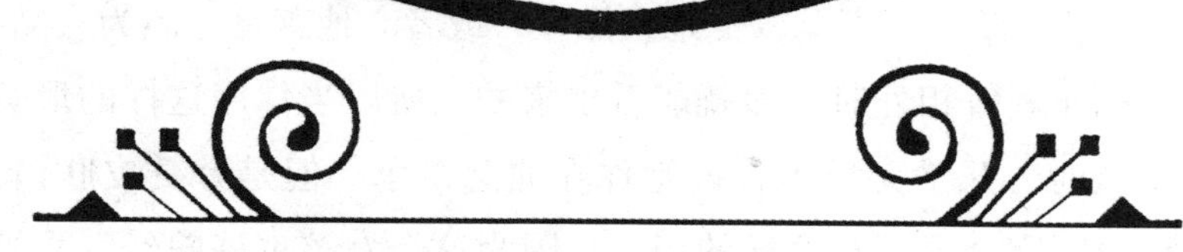

赞美那些每个人都显而易见的“部分”

在与一个人四目相对时，如果是熟悉的人还可以随便找些什么话题作为交谈的由头，如果是不熟悉的人甚至是陌生人呢，要想打开话匣子可就没那么容易了。英国人见面习惯于说天气，但是在中国可没有这个传统，因而冒昧地说天气并非好主意，很有可能导致对方不知如何应答。那么，除了天气，面对陌生人，总不能问对方“吃饭了没”吧，这是熟悉的人见面时的寒暄话。其实，完全无须这么费脑筋，因为面对陌生人或者不熟悉的人，有个话题是非常保险也基本不会闯祸的，那就是赞美对方。

没有人不喜欢被赞美，每个人都会因为被赞美的感觉沉醉。不过，需要注意的是，你的赞美必须是真实具体的。如果让对方觉察到你的赞美完全是敷衍了事，甚至是睁着眼睛说瞎话，只怕你就无法如愿以偿啦。要想避免赞美时把马屁拍到马蹄子上，我们应该掌握一个原则，即赞美那些每个人都显而易见的“部分”。也许有人会觉得这样的赞美不够独特，但是与独特相比，初次见面当然是保险最重要。赞美每个人都显而易见的“部分”，虽然对方不会觉得特别欣喜，但是你却能保证自己的赞美不会过分出错。例如，对于一个女孩子，你当然应该赞美她白皙的皮肤、大大的眼睛，而不能赞美她人品好，或者心地善良。因为人品好、心地善良远非短暂相处时一眼就能看出来的，所以当你用这样的形容词来夸赞女孩时，几乎无异于告诉她你在曲意奉承。但是夸赞皮肤白皙、大大的眼睛则完全无须有这样的担心。因为这个女孩也许曾经数次被人这样夸赞，所以作为初次见面的你有这样的感慨也完全是合理的，正当的。自然，她会欣然接受你的夸赞，并且觉得你是一个很擅长发现他人优点的人，也会变得乐意与你相处。如此一举数得，简直没有不这么做的理由！

作为节目主持人，薇薇总是与嘉宾相谈甚欢，甚至毫无隔阂感。这一切，都得益于薇薇擅长赞美他人的优点。每次节目开始，薇薇总是以赞美开始与嘉宾寒暄，如称赞女嘉宾的裙子非常漂亮、飘飘欲仙，或者称赞男嘉宾的西服颜色特别好，领带搭配得也很别致。尽管那些参加节目的大明星曾经得到无数的赞美，也始终顶着大明星的光环，但是当他们听到薇薇如此赞美他们时，依然觉得非常高兴，瞬间就与薇薇亲近起来。如此，薇薇主持的访谈节目总是能够得到嘉宾们更多的互动，也让嘉宾在兴之所至的时候更多地透露信息给薇薇。

人与人之间的交谈，表面看起来是谈得是否投机，实际上是看能否打开心扉。对于两个完全打开心扉、非常坦诚的人而言，不管谈什么都能做到兴致盎然。如果与此相反，则即便再怎么努力，交谈也总是让人觉得艰涩。由此可见，我们应该赞美他人显而易见的部分，只要能够以此打开他人的心扉，一切交谈的难题都将迎刃而解。

聊天点睛：

生活中，他人值得我们赞赏的显而易见的部分有很多，比如男士的领带、西服的颜色、皮鞋的款式、妻子的美丽和儿子的活泼可爱。再如，女士的衣裙、发型、妆容，甚至是腮红的颜色，都是可以赞美的地方。因而，对于很多人所说的没有那么多值得赞美的，事实并非如此。古人云，处处留心皆学问。在与人交谈的过程中，只要我们处处留心，就能发现非常多的可赞美之处。如此一来，你还发愁无法成功与他人搭讪吗？你还担心交谈不能愉快地进行下去吗？只要你认真细心地观察，真心诚意地赞美，这一切都不成问题。

任何话题，首先表示肯定都能避免反感

生活中，很多人在说话时都有口头禅，如有些人不管听到他人说什么，都无一例外地先表示否定，说“不”“但是”“事实并非如此”等。这样的话即便是真理，听起来也总是让人心生厌烦。试想，谁愿意被否定呢？可以说，如果从本真的内心而言，没有任何人愿意被否定。但是，却常常发生我们与他人意见不一致的情况。在这种时候，放弃原则，一味地奉承别人，不停地妥协，显然不是长久之计。那么，如何才能做到既表达了自己的真实想法，又不得罪他人呢？最正确也最常用的做法是，不管他人说的是什么，也不管他人说的是对还是错，先肯定他人，然后再表达自己的不同观点。如此一来，他人一定会对你的理解和宽容表示感激，同时也会更加尊重和认可你的观点。这就是互惠心理的作用。

所谓互惠心理，简单来说，是指一个人从他人那里得到好处，就也会想方设法地给他人以相应的好处。即便表现在对观点的接纳程度上，互惠心理的作用也是显而易见的。当你毫无条件地、真诚地接纳和认可了他人的观点，那么在你表达自己的观点时，即便对方并不完全认可你的观点，也不会表示反感，而是尽量地表示理解和认可。如此双方都很努力地交谈，自然会更加和谐融洽。

周末的时候，小豆和隔壁班的男朋友一起去看了《泰坦尼克号》，被剧情感动得眼泪哗哗直流。回到学校之后，小豆马上向好友介绍这部电影，不想，好友已经看过了。正当小豆想要就剧中的主角杰克发表感慨时，好友却不以为然地说：“杰克有什么好的呢，你们都这么迷恋他！我觉得他很低俗，而且也配不上露西。如果我是露西，一定会和贵族结婚，这样世世代代都是贵族，多好。”小豆一下子觉得兴致索然，说：“你说得没错，与贵族结婚当然可以一劳永逸。我也觉得良好的物质基础，是感情发展的必要条件。不过，我觉得没有爱情的婚姻也是很可怕的，你觉得呢？要是露西爱贵族，当然不会因为贵族有权有势就排斥他。遗憾的是，露西根本不爱他，这才是露西拒绝贵族的本质。尤其是在最后的生死关头，那个贵族居然贪生怕死，苟且偷生，借助人家的孩子混上了救生艇，而不管那些老幼妇孺，实在缺乏风度。”

听到小豆的话，好友依然有不同意见：“那个贵族想要求生也是正常的人之本能啊。其实杰克也未见得多么高尚，他只是因为喜欢露西，所以才救露西的。要不是露西和他一起逃生，说不定他自己也早就死了呢！”小豆耐着性子，依然非常平静地说：“是的。在极端的情况下，各种事情都有可能发生。归根结底，爱情的力量是伟大的，如果没有杰克，露西生还的希望就很小了。”好友这才缓和地说：“是啊，露西为了杰克拒绝上救生艇，杰克为了露西不停地寻找生机。毕竟，他们是相爱的。”

在这次交谈中，小豆是一个非常包容的人。面对好友的不以为然，面对好友截然不同的观点，她虽然打心眼儿里不赞同，但是自始至终都没有否定好友。正因如此，她们的交谈才能顺利进行下去。试想，如果小豆在女友发表不同意见之后马上反驳，也许她们之间会闹得很不愉快呢！

不管是在生活中，还是在工作中，我们常常会遇到与他人意见不一致的情况。每当这时，千万不要急着否定对方，否则很容易招致对方反感。我们唯有先接纳或者肯定对方的想法，然而再表达自己的观点，才能尽量与对方获得相互的理解。还有些明明没有什么坏心眼儿，在人际交往中却总是被排挤。他们为此喊冤叫屈，却不知道他们在交谈时总是否定他人，这让他们渐渐失去了好人缘。愉悦的交谈一定是始于认可，即便对方所说的话题你不感兴趣，或者对方所持的观点你表示反对，你也要先认可和接受对方，然后再找到彼此之间的共通之处，委婉地表达自己的观点。如此皆大欢喜的结局，不恰恰是人际关系的最佳状态吗？

聊天点睛：

古人云，知己难求。很多时候，我们遇到的或者面对的人，未必是

与我们志同道合或者有着共同兴趣爱好的人。在这种情况下，唯有怀着一颗宽容的心，努力地认可和接受对方的观点，我们才能让交谈更加愉悦地进行下去。在这种情况下，直截了当、毫不掩饰地否定他人的观点显然是不可取的，因为没有人愿意被否定，因而这种行为也就很有可能导致对方在第一时间里就躲得你远远的，不愿意搭理你。如此一来，还谈何好人缘呢！

实在无言以对时，不如虚心求教

爱人间的相对无言，静默相处，实际上是默契的表现，是彼此相看两不厌的绝佳境地。然而，如果相对无言的情况发生在非爱人关系的人之间，则往往显得有些尴尬。人们长着一张嘴，似乎就是为了吃饭和说话的。在不吃饭的时候，如果有说话对象却不知该说什么，岂不是让人尴尬吗？还有些人实在是口才欠缺，因而总是觉得闲聊无趣。每当不得不闲聊时，也总是如坐针毡，连一个字都想不出来。遇到这种情况，该怎么办呢？其实，我们完全没有必要主动自愿地充当谈话主导者的角色，如果你觉得自己木讷寡言，不如把谈话主导权交给对方，这样也可乐得轻松自在。

所谓把谈话的主导权交给对方，意思就是说让对方主导谈话，你只要作为辅助者给予适当回应和回答即可。当对方开启话题，你就可以随遇而安，根本无须绞尽脑汁地想话题与对方搭讪。不过，如果你总是老老实实地回答问题，那么这样的被动闲聊也是很痛苦的。要想让对方说更多的话，而你自己只需要说很少的话，你就要学会以“问题”的形式对对方作出回应。那么，到底要怎么做呢？例如，对方告诉你他最近进行了一场旅行。如果你只是点点头作为回应，那么就会再次让现场陷入尴尬的沉默。在这种情况下，你应该成为一个抛砖引玉的人，马上问对方："你去哪里旅行了，觉得好玩吗？"如此两个问题，一定能够让对方喋喋不休地说上半天。如果你再问："你有什么好的旅游攻略可以介绍给我吗？"所谓旅游攻略，完全是自己旅行过程中的感受心得，这样对方又可以滔滔不绝地说上很久。因此，你就可以洗耳恭听啦！这样把谈话的主导权交给对方，如果对方是个健谈的人，还会非常感激你呢！即使对方也同样木讷，看到你如此热心地求教，也一定会乐于传授旅行经验，可谓一举两得。

作为大龄女青年，艾伦经常在亲戚朋友或者父母的安排下相亲。要知道，与一个陌生的男性沉默相对是很尴尬的事情，偏偏艾伦又不是很健谈。后来，她特意求教一个关于人际交往方面的专家，才学会了与陌生人毫不费力交谈的好办法。原来，专家告诉她要把谈话主导权交给对方。

这次相亲，艾伦明显觉得轻松很多。她先是安静地坐着，根本不烦应该以什么话题为由开始谈话。果然，那位文质彬彬的男士开始说话了："艾伦，你的头发颜色很漂亮。我觉得，这应该是当季的流行色吧？！"艾伦笑了笑，说："你对时尚有研究？"男士笑着说："当然。现在的年轻人都很关心时尚，男士也应该跟上时尚的脚步。"艾伦又问："你觉得现在最时尚的事情是什么呢？"男士想了想，说："这个问题很大。要不我就以户外运动为例吧，现在特别流行滑翔。上周我还去滑翔了，当双脚离开地面时，我觉得自己简直成为了鸟，就像一只真正的鸟儿那样自由自在。"艾伦很感兴趣，赶紧问："你在哪里滑翔的？"男士回答："就在虎峪。那里有一片山头，很适合滑翔。"艾伦又问："你有团队吗？"男士点点头，开始滔滔不绝地说起来："当然。滑翔是一项比较危险的运动，我们有团队。我已经加入这个团队三年多了。这个团队里有经验丰富的人可以指导新人，也有懂得野外求生和医学常识的人。总而言之，如果你也想去滑翔，我可以介绍你加入。我想，只要感受过，你就一定会爱上滑翔的。怎么样，你愿意吗？"说了很多话之后，男士才把主动权交给艾伦。此时此刻，艾伦的谈话兴致完全被调动起来了。在随后的时间里，

她与男士相谈甚欢，甚至到分别的时候依然意犹未尽。他们还约定周末一起去滑翔了呢！

在不知道与男士应该谈论些什么时，艾伦按照专家的意见，把谈话的主动权交给了男士。幸好男士不负所托，很快就找到了恰当的话题，与艾伦展开了愉快的交谈。后来，艾伦也谈兴渐浓，因而与男士相谈甚欢。对于相亲的人来说，这个结果无疑是很圆满的。其实，不仅相亲如此，在很多与他人交往的情况下，我们都可以采取这个策略。这个策略的好处是，在不想说话时，我们只要作为辅助交谈的对象。在有了谈兴时，我们也能很快得到交谈主动权，从而畅所欲言。如此进退自如，不是很好吗？

聊天点睛：

当实在不知道应该谈些什么时，最好的选择就是成为求教者，不停地提出问题，这样才能引导对方滔滔不绝地说下去。与此同时，你也可以从对方口中获得大量信息，可谓一箭双雕。需要注意的是，每个人都对自己感兴趣的话题口若悬河。因而，如果你想让对方不停地说，就应该寻找他感兴趣的话题提问，这样才能让谈话渐入佳境。

你的最佳话题，就隐藏在对方的谈话中

记得上学时期，尤其是小学高年级和初中阶段，最让人发愁的就是阅读理解。每次做阅读理解，明明做的时候自我感觉良好，但是最终老师的批改结果一出来，就伤心地发现自己半张试卷都是红叉叉，让人无颜面对江东父老。这是为什么呢？当老师痛心疾首地给我们讲解已经在考试前练习过很多遍的阅读理解时，总是不忘第一千次重复：“阅读理解的答案，要从文本中去找。一切答案，都隐藏在那段文字中。只要认真

细心，肯定能找到。”哇噻，满堂欢呼声，原来答案就在眼前，但是等到下次考试时却依然如故。那么艰难晦涩的阅读理解，都能在文本中找到答案。那么，如今已经没有考试的压力，我们害怕与他人随口交谈吗？当然不怕。聪明如你，一定知道话题就隐藏在对方的话语中吧！人们在说话时，总是喜欢听自己感兴趣的话题，也总是不知不觉地说自己最感兴趣的话题。所以，如果你想找到对方的兴趣点，找到最佳话题，就要认真倾听对方的谈话。接下来依然是老生常谈：只要你认真用心地倾听他人的谈话，就一定能从中找到最佳话题。这句话是不是听起来很耳熟？没错，只要你全力照做，一定会有意外的收获。

在这次相亲活动中，艾伦简直大开眼界。原来，这次单身俱乐部组织的相亲活动，完全打破了以往的模式，不再一对一，而是采取车轮战。所谓车轮战，就是所有相亲的男士面朝外呈圆圈形坐着，女士则在圆圈外围与男士交谈，每轮三分钟。等三分钟时间一到，女士就移向下一位男士，如此循环。最终，所有女士逐个与所有男士进行了交谈。当时，在现场的一共有三十位男士，因而整个过程进行了九十分钟。这种形式让所有参加相亲的男士和女士压力很大，因为时间紧迫，他们只有三分钟形成对一个人的印象。既害怕无话可说，也害怕错过那个命中注定的人，这几乎是所有人的担忧。

当艾伦在一位男士面前坐下时，突然间就感到羞涩。这位男士相貌英俊，仪表堂堂，衣着考究，一看就是成功人士。在艾伦坐下后，男士笑着介绍自己：“你好，我叫皮特，今年36岁。我在宝洁日化工作，是华东地区的经理，很高兴认识你。”听了男士的介绍，艾伦觉得脑中灵光一闪，马上找到了话题，说：“宝洁日化？那我可得好好巴结你啊，因为我用的大多数日用品都是宝洁旗下的。比如海飞丝、沙宣、玉兰油等。”男士马上微笑起来，说：“那可太好了。等到公司需要对客户进行回访时，我会来访问你，请你给出真实的消费和使用体验。如何？”艾伦当然没问题，因而连连点头，说：“我还可以为你找到更多的消费者呢！不过，宝洁的产品铺天盖地，你一定不发愁找到消费者。但是我可以保证我找的

消费者，都会给予你最真诚的建议。”男士马上伸出手，调侃地说：“先谢谢啦，我的忠实用户。那么，你可以告诉我你的一些情况吗？”接下来的时间，艾伦开始介绍自己。不知不觉间，让人紧张的三分钟就在轻松愉悦的聊天中度过了。艾伦马上就要与下一位男士接触，这时，这位宝洁男士马上拿出联系方式，并且也留下了艾伦的联系方式。

在与陌生人进行三分钟短暂接触的过程中，艾伦很好地从对方的话中找到了让双方都比较轻松的最佳话题，这就是他们彼此都很熟悉的宝洁。对于男士而言，他是宝洁的高管；对于艾伦而言，她是宝洁的忠实用户。如此一来，他们之间必然有了联系的纽带，能够更加畅通无阻地交流。

很多时候，我们能够找到的最佳话题就隐藏在对方的谈话中。所以，不管在什么情况下，如果你觉得无话可说，不如就从对方的谈话入手，找到最能够激发对方谈话兴致和必然能够得到回应的话题，这样你才能更加快乐地享受谈话的过程。

聊天点睛：

语言，本质上就是传递信息的方式。人们通过语言交流信息，也通过语言表达自己的很多观点。因而，要想了解一个人，我们必须做到认真倾听。当我们真正地把交谈对象的话听到自己的心里，我们也就能够水到渠成地找到对方的回应点，从而使最佳交谈话题呼之欲出。

任何时候，都不要心不在焉地面对他人

不管在什么情况下，咖啡馆都是闲聊的最佳圣地。当然，在中国，也有可能是茶馆。在咖啡馆或者茶馆中，人们怀着悠然自得的心态，安之若素地享受时光的抚摸。很多原本行色匆匆的人，一旦步入咖啡馆和茶馆，心绪也马上会平缓起来。有些职场人士，即使中午休息只有一个小时，也不愿意待在让人无端紧迫的办公室，而是选择去咖啡馆或者茶馆消遣。难道只是想要喝一杯咖啡或者品一壶茶吗？更多的可能性，是他们喜欢那份安然恬适的感觉和氛围。

虽然咖啡馆和茶馆是让人放松的地方，但是人们并不喜欢被漫不经心地对待。通常情况下，每个人都希望得到他人全心全意的对待，即使这份对待只是倾听。因为全心全意代表着一种态度，是谈话必须具备的态度。所以，不管什么情况下，我们都应该专注，而不应该心不在焉。

结婚一年多来，这已经是莎莎不知道第几次和王强吵架了。在热恋的时候，王强总是对莎莎百依百顺，即使莎莎打个喷嚏，他也会马上嘘寒问暖。然而，自从结婚之后，这一切都变了。

原本，早在昨天晚上，莎莎就对王强说："明天是我的生日，你来公司接我一起吃晚饭，然后咱们去喝咖啡吧！"实际上，咖啡家里也能喝，莎莎只不过是想与王强重温恋爱的感觉。王强漫不经心地点点头。次日下午，他忘记去接莎莎，且在莎莎给他打电话质问时完全不知所以。他说："什么？你昨天没有告诉我一起在外面吃饭喝咖啡的事情啊！"听到王强这么说，莎莎更加生气了。她口不择言地说："对，我冲着牛说了。我早就应该知道，你现在对我就是敷衍了事，心不在焉。亏得我还想与你去喝咖啡，简直是浪费！"这次吵架，莎莎气得回娘家好几天都不理王强，王强却根本不知道自己错在哪里。王强想得很简单："就算我真的忘记了头一天晚上的约定，也没关系啊。我再去接她一起吃饭不就得了，用得着这么上纲上线吗？！"他不知道，莎莎不是在乎一顿饭，也不是在乎咖啡，只是想要得到被呵护备至和全部关注的感觉。后来，朋友告诉王强他的确错了，王强才恍然大悟，赶紧怀抱鲜花去接莎莎回家。但是，谁也不知道他什么时候又会犯同样的错误。难怪有位名人说，男人来自金星，女人来自火星呢！

莎莎因为王强对她的心不在焉而生气，王强却不知道自己错在哪里，直到朋友点醒他为止。很多时候，我们不管在什么样的情境中，在听他人说话时都应该全神贯注。唯有给予他人这份尊重，他人才会更加尊重

我们，这是相互的。

当然，任何人都有自己的生活，也有自己的精神世界。很多时候，当别人需要我们全神贯注时，我们却很有可能无法做到。凡事都不是绝对的，只有彼此成全，才能让我们的交谈更加轻松愉悦。

聊天点睛：

任何时候都不要忽视他人，除非你真的不想再与这个人继续交往下去。尤其是当面对面说话时，你明明答应得清清楚楚，却实际上对他人的话充耳不闻，这一定会让他人感到气愤和厌恶。归根结底，彼此尊重是交往的基本前提。很多时候，这种尊重体现在倾听方面。当你全心全意地倾听，你就得到了他人的理解和尊重。

作为回应，你应该在回答问题后也表现出兴趣

在与人交往的过程中，很多人非常不健谈，总是别人问一句，他就回答一句。因而，导致谈话总是无法进入状态。曾经有人认为，如果你总是老实本分地回答他人的谈话，而丝毫不表现出兴致，那么你就相当于在拒绝他人。通常情况下，要想让交谈兴致盎然，就必须在回答他人的问题后表现出兴趣，这样才能有来有往，礼尚往来。很多人在与上司或者长辈交谈时，总是这样的状态，即别人问一句，他就答一句，弄得好像小学生回答问题一样，让人完全失去了交谈的兴趣。对于这种情况，倘若谈话陷入僵局，则一定是回答问题的一方出了问题。枯燥乏味的回答，很容易让人觉得你对谈话根本没有兴趣，甚至觉得你是在敷衍了事，恨不得早早结束谈话呢！

职场上，很多人都不知道如何与上司相处，其实就是因为没有掌握谈话的技巧。在办公室里作为下级向上级汇报工作时，你是应该毕恭毕

敬的。但是如果与上司一起出差，在长达几个小时的旅程中却一直与上司保持沉默，间或上司提问一句，你作为下属只三言两语就打发了，那么上司也一定会觉得乏味。一个优秀的下属，不但在工作上表现突出，而且能够让上司感到饶有趣味。这才是最重要的。其实，不管与谁交谈，即使处于礼貌，我们也应该礼尚往来，给予适当的回应。这样，才能让谈话的氛围更加愉悦。

上次随同老板去美国出差，让丽娜大大增长了见识。作为老板的助理，她理所当然认为老板每次出差都会带着自己一起去。然而，在即将到来的法国之行的筹备阶段，老板点名几个人跟他一起去法国，但是丽娜却不在其列。这让丽娜很意外，难道自己上次在美国之旅没有很好地照顾老板的工作和日常起居？为什么老板这次不让她一起出差了呢？丽娜困惑不解。

让丽娜感到安慰的是，代替她陪同老板去法国出差的是杜鹃，是丽娜的好朋友。好不容易等到杜鹃回来，丽娜赶紧问杜鹃旅行见闻，还问杜鹃有没有去埃菲尔铁塔看一看。杜鹃显然非常兴奋，迫不及待地把从法国带来的香水送给丽娜。丽娜既高兴，又有些羡慕嫉妒地说："真不知道我怎么得罪老板了，他这次为什么就不带我一起去法国出差呢？"杜鹃想了想，突然恍然大悟地说："哦，也许我知道原因。"丽娜赶紧问："快说，快说。我可愿意跟老板出差呢！"杜鹃若有所思地说："在去往法国的途中，我们在闲聊的时候，老板突然说：'杜鹃，你可比丽娜有趣多了。上次出差，我问一句丽娜就回答一句，从来不多说一个字，弄得我很无趣，觉得旅途也特别无聊。'"听了杜鹃的话，丽娜直呼冤枉，说："哎呀，其实我也很想说话闲聊啊。但是老板那么高高在上，我怎么敢放开了说呢！"杜鹃笑着说："老板啊，其实就是个纸老虎。你只要在单位与他一本正经，把他当老板就行了。出差原本就是兼顾旅行的，你放不开，他也会很累呢！实际上，老板也想借助于出差的机会，好好地休闲一番。"听了杜鹃的话，丽娜才恍然大悟。

在与老板一起出差时，丽娜当然也是非常紧张的。因而处处都小心

万分，不敢在老板面前放松，结果把老板弄得也紧张兮兮。正因如此，老板在再次出差时，才会没有选择丽娜。实际上，不管做事说话都应该分场合。在枯燥乏味的旅途中，老板自然也想轻松愉悦地闲聊。倘若丽娜不是以有问有答的方式对待老板的提问，让老板隐约觉得丽娜是不愿意与他交谈的，这次的法国之行也许就是丽娜的了。

不管什么时候，一问一答都会让人感觉到被拒绝。正如青春期叛逆的孩子们一样，总是对父母关切的提问很不耐烦，因为不管父母问什么，他们都是以简单的几个字作为回答。如此一来，父母自然知道孩子不愿意被提问。在这种情况下，即使问得再多，谈话的效率也是很低的。因而聪明的父母会选择结束谈话，尊重孩子的意愿。但是在人际交往中则不同。只有更好地回答他人的提问，并且对此也表示出兴趣，甚至恰到好处地以问题作为回应，才能让谈话更加愉悦地进行下去。

聊天点睛：

上司也是人，而不是神。因此，在与上司相处时，虽然要尊重上司，但是也应该学会区分合适的场合，给予上司更好的回应，以免让上司误以为你是不愿意与他交谈的。很多时候，他人向我们提问，只是想以此为借口更多地交流，消除彼此间的隔阂而已。所以，你千万不要过于紧张，只有坦然轻松地面对，才能让闲聊更加顺畅和愉快！

闲聊时不要敏感，他人不会随便践踏你的自尊

生活中的很多人就像是一只只刺猬，哪怕是与他人闲聊，也总是充满戒备，恨不得张开满身的刺，随时保护自己。实际上，大多数人在聊

天时并非都是别有用心的，因而他们的很多话都是顺口说出，你千万不要对此耿耿于怀。说者无意，听者有心，恰恰是交谈的最坏状态，会给原本轻松愉悦的交谈带来莫大的障碍。

有些人因为担心自己不会很好地聊天，因而就总是对闲聊避而远之。他们美其名曰是怕自己说不好，伤害别人，其实隐藏在这个冠冕堂皇的理由背后的真正原因是，他们过于敏感，总是被别人的无心之话伤害，因而只好对闲聊敬而远之。所谓闲聊，顾名思义，就是谈话并没有预先设定的目的，只是有一搭没一搭地说着，从而帮助彼此相对的人缓和氛围，变得放松。因而，闲聊不同于正式的谈话，也不同于会议，你对自己说的一些话无须担当责任。既然如此，我们何必还那么紧张呢？随性自然地表达自己的想法，你就会获得最愉悦的感受。

很多人之所以面对闲聊也紧张万分，就是因为他们的自我意识过强。任何时候，“我”都不是最重要的。只有更好地放开小我，才能真正融入交谈的氛围。

十年的同学聚会上，十年未见的同学们全都变了模样。男同学大多数都发福了，女同学也都为人母了。眼看着十年的光阴弹指一挥间，女同学们全都感慨万千。小娜高兴地大喊：“哈哈，快来看看当初班里最苗条的笑笑同学吧。笑笑，你长了至少得有四五十斤吧。”当时，笑笑刚刚生完孩子半年，体型还未恢复，因而很不好意思地说：“哪个产妇不胖啊！”小娜依然不依不饶地说：“你还算是产妇吗？孩子都半岁了耶！”笑笑有些不悦，说：“敢不敢把你生完孩子的照片拿出来看看！况且，我还瘦过，你呢，一直都像个产妇！”笑笑的话让小娜瞬间变了脸色。原本，小娜只是调侃笑笑，却没想到笑笑居然说出这么毫不客气的话来！一时之间，气氛仿佛凝固了一般。旁边的女同学赶紧打岔：“嗨，殊途同归，殊途同归。你看看，我们大家都长胖啦，这可不是单指哪一个！”

长久的沉默之后，笑笑才意识到自己的确反应过激了。如今面对的是同学，是十年不见彼此想念的同学，而不是单位里那些各怀鬼胎的同事，又何必因为一句玩笑话而大动干戈呢？想到这里，笑笑又故意与小

娜说话，彼此取得了谅解。

很多女性生完孩子之后都对身材的恢复尤其介意，而且会因为身材变形走样而心怀忧虑。恰恰小娜高兴地要与笑笑开玩笑，最终导致笑笑心生不悦。其实，小娜根本没有恶意，想当年大家在宿舍里开卧谈会的时候，不是什么都能明目张胆地说出来！然而，物是人非，大家彼此再见的心境已经不与以前相同了。

闲聊的时候，我们一定要把握好心境，不要总是神经过敏。只有怀着一颗轻松愉悦的心，我们与他人的交谈才能也是轻松愉悦的。任何谈话，都是建立在至少双方的基础上。如果我们总是对交谈对象过于敏感，那么我们的谈话就会艰难晦涩，很难进行下去。

聊天点睛：

其实，交谈对象给你回应，无非就是为了打消你们彼此之间的隔阂。既然闲聊说的都是没有实在目的的话，我们何不放松心情，做一次语言的畅游呢？只要我们心怀坦荡，就会发现交谈对象也是那么真诚美好，一切都值得人心怀喜悦。

信手拈来的小麻烦，就能成就你绝佳的闲谈

很多人都不知道如何进行闲聊，尤其是闲聊正式开始前的搭讪，因而对待闲聊总是万分紧张，如临大敌，恨不得能手握武器开始。实际上，闲聊不是打仗，根本没有必要这样严阵以待。所谓闲聊，就是人们彼此之间为了消磨时间、消除隔阂而进行的漫无目的的谈话。因而，闲聊的话题无所不在，从关于菲律宾对南海问题的态度，再到今天吃了什么饭，

有没有遛过狗，都可以作为闲聊的话题。很多在北京生活过的人都有一个鲜明的感触，在北京，在中国政治和经济文化的中心，北京的老少爷们，即便只是平民百姓，也非常关心国家大事。与很多小地方的百姓张嘴闭嘴吃没吃饭相比，显然北京老少爷们的聊天格调高了很多。他们见面一张嘴，就开始讨论国际形势、国家大事，仿佛这些都是他们的家里事一般。当然，这是由整体的生活环境决定的。作为普通百姓，生活在名不见经传的小地方，我们还是更关心衣食住行，家长里短。因而，闲聊的话题也就更加琐碎和富有人间烟火气息。

当你为闲聊找不到话题时，不如就以自己日常生活中碰到的小麻烦作为开头吧。要知道，你在生活中遇到的麻烦，有很大的概率别人也会遇到，这样一来你们就有了共同语言。相反，假如对方没有遇到过你这样的麻烦，恰恰也可以作为经验吸纳，或者对你的经历表示好奇。总而言之，你们总是能够聊得起来，甚至兴致盎然。

这次面试，林丹因为地铁上有个年轻人卧轨自杀，导致地铁暂时停运，因而不得不换乘公交车，又遭遇堵车，面试居然迟到了。当林丹气喘吁吁感到面试地点时，面试已经开始了。林丹不得不等候在门外，等到集体面试结束之后，再与面试官解释。

原本，看着迟到的林丹，面试官根本没有耐心再重复一遍面试工作。然而，当林丹说起有个年轻人卧轨自杀时，面试官突然感慨地说："哎呀，现在的年轻人怎么心理这么脆弱呢！"林丹马上接口道："听说年轻人是因为工作压力太大了。我想，没有承受压力的能力，的确是很难在这个社会上生存的。如果是我，我一定会迎难而上，而不会倒下。这下子，只是苦了他的亲人，地球还照常转动。"听了林丹的话，原本已经收拾东西准备离开的面试官饶有兴趣地看着她，问："你会怎样与压力对抗？"林丹看到面试官暂时驻足，高兴地回答："人是需要调节的。只有坦然接受这些生活的挫折和磨难，并且善于调节自己，才能分散压力。例如我喜欢蹦极，每当有难以排遣的压力，我会选择做一些极限运动。这能够很好地帮我解压。我还会选择求助。尤其是在职场上，很多工作都不是

一个人能够独立完成的，必须与整个团队齐心协力，才能如愿以偿。因而，我会选择和团队成员一起努力，这样，荣誉是大家的，压力也得以分散。”听到林丹的回答，面试官饶有兴趣地说：“虽然今天的面试结束了，但是我想如果你对销售工作感兴趣的话，我可以为你争取到职位。”就这样，林丹以乘坐地铁的麻烦事为开始，与面试官成功搭讪，最终获得了工作的机会。

每个人几乎每天在生活中都会遇到各种各样的麻烦，如堵车，如吃饭的时候吃到砂砾，再如手上不小心扎了一根刺，这些都是人人都会遇到的麻烦。说起这些事情来，人们彼此之间总是很容易就能产生共鸣，因而彼此之间距离感和陌生感消失。如果彼此有一些共同点，则对这些麻烦事更是感同身受。例如，同是孩子的妈妈，一定会有关于育儿方面的心得交流，也会面临相同的困扰，因而更容易彼此交流。再如，如果从事相同的职业，或者有着相同的兴趣爱好，则共同的感慨会更多。

经常坐飞机的人，都曾有过因为天气原因导致滞留机场的经历。那种焦灼不安、心急如焚，一说起肯定滔滔不绝，感慨万千。因而，同为滞留的旅客，很容易就会在焦急等待的过程中闲聊起来，而且非常投机。这都是因为他们面对着共同的麻烦，因而感受相近。

聊天点睛：

托尔斯泰曾说过，幸福的家庭都是相似的，不幸的家庭各有各的不幸。我们想要说，成功的人生都是与众不同的，但是每个人都有相似的苦恼，也曾遇到过相似的麻烦。因而，在以麻烦事为开始与他人一起探讨时，彼此之间轻而易举地就能够打开心扉，消除隔阂，畅谈无阻。

参考文献

[1] 闻言. 轻松聊出好心情 [M]. 北京：朝华出版社，2012.

[2] 项星. 每天学点幽默口才 [M]. 北京：中国纺织出版社，2010.

[3] 李安. 这样说话最受欢迎 [M]. 北京：中国城市出版社，2010.

[4] 高春燕. 聊天是一种非凡的能力 [M]. 北京：中国电力出版社，2015.

[5] 李华. 口才胜金：一分钟打动人心的82个说话技巧 [M]. 北京：九州出版社，2010.